Podcasting
Konzept | Produktion | Vermarktung

Brigitte Hagedorn

Podcasting
Konzept | Produktion | Vermarktung

mitp

Bibliografische Information der Deutschen Nationalbibliothek
Die Deutsche Nationalbibliothek verzeichnet diese Publikation in der Deutschen
Nationalbibliografie; detaillierte bibliografische Daten sind im Internet über
<http://dnb.d-nb.de> abrufbar.

Bei der Herstellung des Werkes haben wir uns zukunftsbewusst für umweltverträgliche
und wiederverwertbare Materialien entschieden.
Der Inhalt ist auf elementar chlorfreiem Papier gedruckt.

ISBN 978-3-95845-312-8
1. Auflage 2016

http://www.mitp.de
E-Mail: mitp-verlag@sigloch.de
Telefon: +49 7953 / 7189 - 079
Telefax: +49 7953 / 7189 - 082

© 2016 mitp Verlags GmbH & Co. KG, Frechen
Dieses Werk, einschließlich aller seiner Teile, ist urheberrechtlich geschützt. Jede
Verwertung außerhalb der engen Grenzen des Urheberrechtsgesetzes ist ohne
Zustimmung des Verlages unzulässig und strafbar. Dies gilt insbesondere für
Vervielfältigungen, Übersetzungen, Mikroverfilmungen und die Einspeicherung und
Verarbeitung in elektronischen Systemen.
Die Wiedergabe von Gebrauchsnamen, Handelsnamen, Warenbezeichnungen usw. in
diesem Werk berechtigt auch ohne besondere Kennzeichnung nicht zu der Annahme,
dass solche Namen im Sinne der Warenzeichen- und Markenschutz-Gesetzgebung als frei
zu betrachten wären und daher von jedermann benutzt werden dürften.

Lektorat: Sabine Janatschek
Sprachkorrektorat: Anja Stiller
Covergestaltung: Christian Kalkert, www.kalkert.de
Satz: Petra Kleinwegen
Druck: Medienhaus Plump, Rheinbreitbach
Bildnachweis: © phaitoon / fotolia.com

Inhalt

Vorwort		9
1	**Einführung**	**11**
1.1	Was ist ein Podcast?	12
1.2	Wie kann man Podcasts hören?	12
	Podcatcher	13
	Podcast-Apps	17
	Google Play Store	19
1.3	Was gibt es zu hören?	19
	Jeder kann zum Sender werden	22
1.4	Warum ist ein Podcast ein großartiges Marketinginstrument? ...	23
	Acht Argumente für Podcasts als Marketinginstrument	23
1.5	Wie Podcasts außerdem genutzt werden können	25
1.6	Jetzt sind Sie an der Reihe	25
2	**Das Podcastkonzept**	**27**
2.1	Was macht einen Podcast hörenswert?	28
2.2	Das Podcastziel	28
	Kunden binden oder Kunden gewinnen	29
	Formulieren Sie ein smartes Ziel!	30
2.3	Die Zielgruppe	32
2.4	Der Inhalt	33
	Zwei Fliegen mit einer Klappe	34
2.5	Länge und Frequenz	35
2.6	Struktur und Form	37
	Klare Struktur	37
	Darstellungsformen	37
2.7	Das Kind braucht einen Namen	39
2.8	Drei Fragen an ...	39
2.9	Jetzt sind Sie an der Reihe	41
3	**Aufnahmetechnik und Audioschnittsoftware**	**43**
3.1	Mikrofone	44
	Dynamische Mikrofone	45
	Kondensatormikrofone	45
	Niere, Kugel oder Richtrohr	47

Inhalt

		Frequenzgang	49
		Hör-Sprech-Garnitur und Popschutz	49
		Anschlüsse	50
	3.2	Digitale Aufnahmegeräte	51
		Digitalisierung oder »Sampling«	52
		Audioformate	54
	3.3	Kopfhörer	55
	3.4	Audioschnittsoftware	56
		Audacity	56
		Hindenburg Journalist	56
		Weitere Audioeditoren	57
		Mobiles Podcasten	57
	3.5	Drei Fragen an ...	58
	3.6	Jetzt sind Sie an der Reihe	61
4	**Inhalt und Aufnahme**		**63**
	4.1	Frei sprechen oder Manuskript erstellen	64
		Schreiben fürs Hören	65
		Frei sprechen	70
		Unterstützung durch Spracherkennungssoftware	71
		Über das Warum oder unser Gehirn	71
	4.2	Die Sprache im Podcast	72
	4.3	Sprechwerkzeuge	73
		Warm-up für die Stimme	73
	4.4	Achtung Aufnahme!	77
	4.5	Darstellungsformen	78
		Das Interview	78
		Der gebaute Beitrag	85
	4.6	Das Intro und Outro	86
	4.7	Drei Fragen an ...	87
	4.8	Jetzt sind Sie an der Reihe	90
5	**Alles was Recht ist**		**91**
	5.1	Nicht alles, was geht, ist erlaubt	92
		Telemediengesetz	92
		Verwertungsgesellschaften	94
		Creative Commons	97
		»Podsafe Music«	100
	5.2	Drei Fragen an ...	103
	5.3	Jetzt sind Sie an der Reihe	106

Inhalt

6	**Podcasthosting**		107
	6.1	Fremdhosten mit einem Hostingservice	109
		Podigee	109
	6.2	Selbsthosten auf WordPress	120
		Podcaster-Plugins für WordPress	121
	6.3	Ein Mix aus Fremd- und Selbsthosten	129
	6.4	Podcasten mit SoundCloud	132
		Podcast hosten auf SoundCloud	133
	6.5	Drei Fragen an ...	136
	6.6	Jetzt sind Sie an der Reihe	137
7	**Podcastpromotion**		139
	7.1	Podcastverzeichnisse	140
		Feed in die Podcastverzeichnisse eintragen	141
	7.2	Podcastcover	146
		Podcastcover erstellen	148
	7.3	Kooperationen	149
	7.4	Podcastplattformen oder Podcastnetzwerke	151
	7.5	Fremdgehen auf anderen Plattformen	152
	7.6	Grimme Online Award und andere Auszeichnungen	158
	7.7	Social-Media-Kanäle	160
	7.8	Kommentare, Foren und Gruppen	162
	7.9	Flyer, Karten und Pressemitteilungen	163
	7.10	Hörertreffen – virtuell oder real	163
	7.11	Drei Fragen an ...	164
	7.12	Jetzt sind Sie an der Reihe	166
8	**Effizient Podcasten**		167
	8.1	Zeitmanagement	168
		Motivation durch Zielvorstellung	168
		Redaktionsplan und Vorlagen	169
		Online-Tools für die Planung	171
	8.2	Schneller ans Ziel mit Auphonic	174
		Die »Production« mit Auphonic	174
	8.3	Externe Dienstleister	179
		Im Studio aufnehmen	179
	8.4	Drei Fragen an ...	180
	8.5	Jetzt sind Sie an der Reihe	182

Inhalt

9	**Extras**		**183**
	9.1	Kapitelmarken	184
	9.2	Episodenbilder	188
	9.3	Monetarisierung	189
	9.4	Mehrfachverwertung oder Recycling	193
	9.5	Drei Fragen an ...	194
	9.6	Jetzt sind Sie an der Reihe	195
10	**Es bleibt spannend**		**197**
	10.1	Zahlen, Daten, Fakten	198
	10.2	Drei Fragen an ...	203
	10.3	Jetzt sind Sie an der Reihe	208
11	**Audacity®**		**209**
	11.1	Erste Schritte	210
		Schnellstart	210
		Aufnahme bearbeiten	216
		Musik einfügen	223
		Einstellungssache	228
	11.2	Behalten Sie den Überblick	229
	11.3	Drei Fragen an ...	232
	11.4	Jetzt sind Sie an der Reihe	233
Anhang			**235**
	A.1	Unterstützende Angebote	235
	A.2	Literaturliste	235
Index			**237**

Vorwort

Liebe Leserinnen und liebe Leser!

Ich höre Podcasts und beobachte die Welt der Podcasts im Prinzip, seit es sie gibt. Also seit 2004. Das heißt, die Idee gab es wohl bereits 2000, doch 2004 entstand das Wort *Podcast*. 2005 integrierte Apple diese Technologie in iTunes.

2005 bekam ich auch – zu meinem vierzigsten Geburtstag – meinen ersten iPod, und seitdem bin ich begeistert von den Möglichkeiten, die dieses Medium bietet. Sowohl als Hörerin als auch als Podcasterin!

Ich freue mich sehr, dass ich dieses Buch schreiben konnte und dass ich meinen Teil dazu beitragen kann, Podcasts noch ein Stück aus ihrer Nische zu befreien. Ich hoffe, dass es die Barrieren senkt, Podcasts souverän zu nutzen und die Medienlandschaft so um spannende Episoden zu bereichern.

Dieses Buch richtet sich an Einsteiger und Neugierige, die wissen wollen, was genau hinter Podcasts steckt. Welche Möglichkeiten es gibt, sie zu hören, welche Vielfalt in diesem Medium steckt und wieviel Freiheit.

Gleichermaßen soll dies Buch aber auch Podcastkolleginnen und -kollegen weitere Tipps und Anregungen liefern.

Ich konnte insgesamt 10 Fachfrauen und Fachmänner gewinnen, die mir zu den unterschiedlichen Themen, die Sie hier finden, jeweils drei Fragen beantwortet haben. Diese Beiträge bereichern den Text um weitere interessante Perspektiven und machen einmal mehr deutlich, wie umfangreich und vielschichtig das Thema »Podcasting« ist.

Dafür danke ich Frederik Beyer, Markus Ellinger, Hendrik Efert, Nele Heise, Cordula Nussbaum, Martina Schäfer, Kathrin Schürmann, Jens Wenzel, Alexander Wunschel und Benjamin Zimmer.

Der Dramatiker Bertold Brecht hat in den 1930er-Jahren in seiner Radiotheorie gefordert, der Hörer müsse zum Sender werden. Das ist durch Podcasts möglich. Jede und jeder kann zum Sender werden und ihre oder seine Botschaften über das Internet verbreiten. Das begeistert mich an Podcasts, und ich hoffe, Sie anstecken zu können.

Viel Spaß beim Lesen und Hören!

Brigitte Hagedorn

PS: Es ist viel passiert in Sachen Podcast, während ich dieses Buch geschrieben habe. Ich beobachte das weiterhin und lade Sie ein, meinem Blog und Podcast auf *www.audiobeitraege.de* zu folgen.

Kapitel 1

Einführung

1.1	Was ist ein Podcast?	12
1.2	Wie kann man Podcasts hören?	12
1.3	Was gibt es zu hören?	19
1.4	Warum ist ein Podcast ein großartiges Marketingsinstrument?	23
1.5	Wie Podcasts außerdem genutzt werden können	25
1.6	Jetzt sind Sie an der Reihe	25

1 Einführung

1.1 Was ist ein Podcast?

Vielleicht scheint Ihnen diese Frage überflüssig oder Sie fragen sich sogar: »Hätte ich dieses Buch überhaupt in der Hand, wenn ich das nicht wüsste?«

Der Name Podcast wird heute häufig für alles benutzt, was im Internet hör- oder anschaubar ist. Da wird das Hörbuch zum Herunterladen zum Podcast oder das Video auf YouTube wird als Podcast bezeichnet.

Doch die Bezeichnung Podcast ist nur zutreffend, wenn das Audio oder das Video mit einem RSS-Feed verbunden ist. Denn dieser Feed ermöglicht es den Hörerinnen und Hörern, einen Podcast zu abonnieren und so auch offline zu hören. Wann sie wollen und wo sie wollen.

WICHTIG

Ein *Podcast* ist eine *Audio/Video-Datei* plus *RSS-Feed*.

Das heißt, ein Podcast ist eigentlich eine Technologie. In diesem Buch geht es in erster Linie um Audio-Podcasts. Und bereits in dieser Einführung werden Sie sehen, warum es sinnvoll ist, Podcasts von »normalen« Audios oder Videos im Internet zu unterscheiden.

Sollten Sie beim Lesen dieser Einführung ebenfalls bemerken, dass Ihnen der Unterschied bisher nicht so ganz klar war, erfahren Sie auch, wie und wo Sie Podcasts im Internet finden, sie hören und abonnieren können. Und sich so mit Hilfe dieser Technologie Ihr ganz individuelles Hörprogramm zusammenstellen können.

Nach dieser Einführung lade ich Sie ein, Schritt für Schritt Ihren eigenen Audio-Podcast zu starten. Sie bekommen hier das Rüstzeug dazu, mit ergänzenden Links und vielen Podcastbeispielen.

1.2 Wie kann man Podcasts hören?

Einen Podcast kann man auf unterschiedlichen Wegen hören. Der einfachste ist das Hören direkt auf der Webseite, auf dem Podcastblog.

Wie bei einem Textblog – Podcasten nennt man auch Audio-Bloggen – stehen die einzelnen Beiträge untereinander, der aktuelle oben, ältere Beiträge darunter. Unter dem Text (den sogenannten Shownotes) befindet sich ein Web-Player, über den man sich die Episode (so nennen Podcaster die einzelnen Beiträge) anhören kann.

Wie kann man Podcasts hören? 1.2

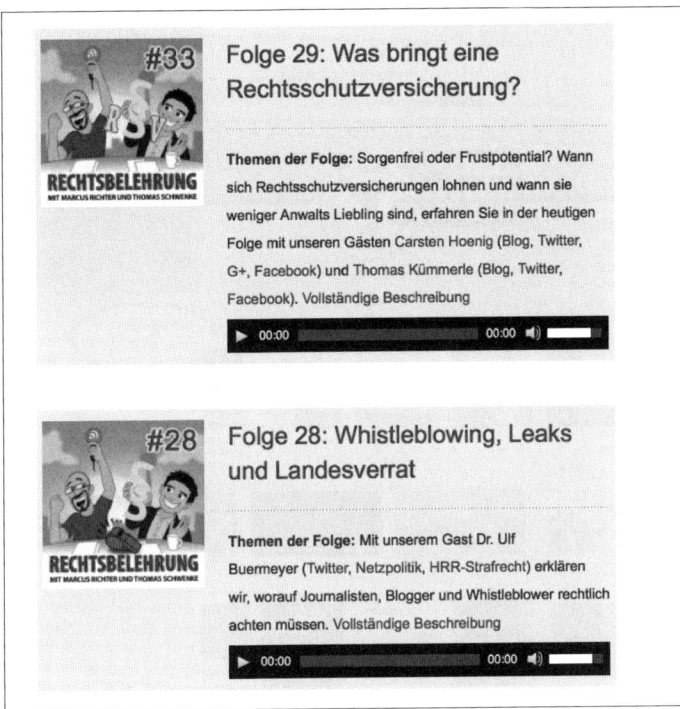

Abb. 1.1: Rechtsbelehrung im Internet

Der Nachteil an dieser Art, einen Podcast zu hören, ist, dass einem die URL der Seite bekannt sein muss, um die Seite im Netz aufzurufen. Auch muss ich, um zu schauen, ob es etwas Neues gibt, immer wieder diese URL aufrufen.

Podcatcher

Sehr viel komfortabler ist daher das Hören von Podcasts über einen Podcatcher. Das ist ein Programm, das den RSS-Feed eines Podcasts lesen kann. Der wohl bekannteste Podcatcher ist *iTunes*. *iTunes* können Sie sich im Netz herunterladen und auf Ihrem Rechner installieren. *iTunes* ist kostenlos, funktioniert sowohl unter Windows, Mac OS X als auch unter Linux. Sie benötigen allerdings einen Account bei Apple.

iTunes

Mit *iTunes* lassen sich Podcasts abspielen, abonnieren und verwalten. Im *iTunes Store* können Sie außerdem wunderbar nach Podcasts stöbern.

1 Einführung

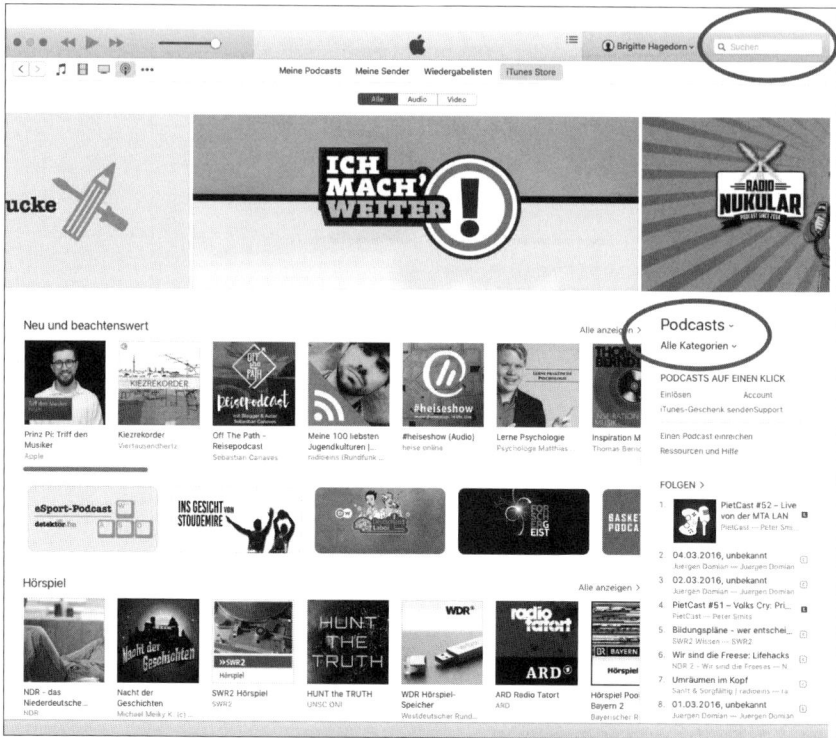

Abb. 1.2: Im iTunes Store mit Hilfe von Kategorien oder Stichworten suchen

Sie können Podcasts über Kategorien suchen oder Schlagworte in der Suche oben rechts eingeben. Werden Sie fündig, dann kommen Sie mit einem Klick auf das Podcastcover auf die Seite des Podcasts. Hier können Sie die einzelnen Episoden anhören, finden weitere Informationen und auch Bewertungen der Hörer.

Erscheint Ihnen ein Podcast so interessant, dass Sie ihn nicht aus den Augen verlieren möchten, klicken Sie unterhalb des Covers auf ABONNIEREN.

Er erscheint dann in *iTunes* unter »Meine Podcasts«. Es wird die letzte Episode auf Ihren Rechner geladen, weitere Folgen werden nur angezeigt, und Sie können sie per Mausklick laden.

Da der Podcast jetzt abonniert ist, wird *iTunes* ihn immer automatisch um neue Episoden aktualisieren, sobald das Programm wieder geöffnet wird. Das ist möglich, weil dieses kleine Programm, der Podcatcher, den RSS-Feed ausliest, und in diesem sind immer alle Aktualisierungen, also neue Episoden, enthalten.

Wie kann man Podcasts hören? 1.2

So müssen Sie nicht die Website im Internet besuchen, um zu sehen, ob es neue Folgen gibt, Sie verpassen nichts und können die Beiträge auch hören, wenn Sie mal nicht online sind.

Weitere Podcastverzeichnisse sind *podcast.de*, *podcast.at* und *podster.de*. *iTunes* bzw. der *iTunes Store* ist das größte Podcastverzeichnis, auf dem Sie vermutlich alle – auch fremdsprachige – Podcasts finden.

> **TIPP**
>
> Damit Sie nicht von der Vielzahl der Podcasts erschlagen werden, gibt es auch einige kleinere kuratierte Plattformen. Diese wollen die »Spreu vom Weizen« trennen. Auf *kulturpodcasts.de* finden Sie Sendungen, die unter das Stichwort »Kultur« fallen, und zu wissenschaftlichen Themen tummeln sich Podcasts auf *wissenschaftspodcasts.de*.
>
> Zunehmend bieten auch die öffentlich-rechtlichen Rundfunkanstalten Apps an, die die Auswahl für ihre Hörer erleichtern soll.

Miro

Neben *iTunes* können Sie als Podcatcher auch auf den Open-Source-Player Miro zurückgreifen. Auch der läuft unter Mac OS X, Windows und Linux.

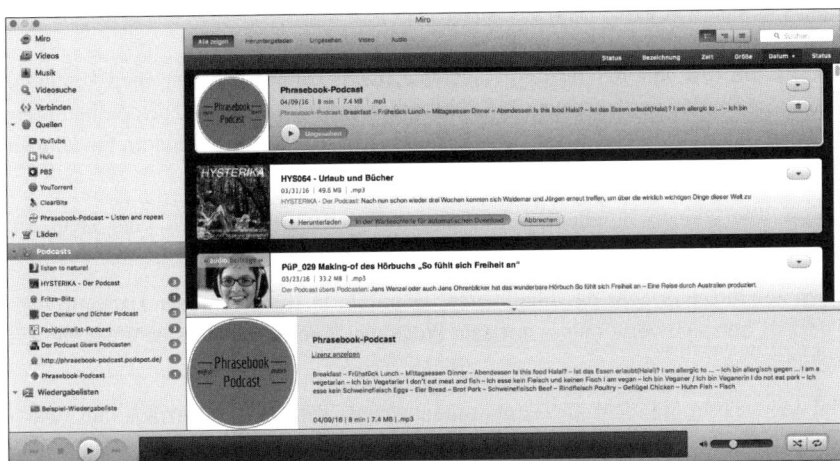

Abb. 1.3: Miro: Audio-, Videoplayer und Podcatcher

1 Einführung

Miro ist ebenfalls kostenlos und es wird nicht nach der E-Mail-Adresse gefragt, sondern um Spenden gebeten. Das Podcastverzeichnis, der *Miro Guide*, ist weniger umfangreich, doch lassen sich in *Miro* ebenfalls sehr einfach Podcasts abonnieren.

Gehen Sie dazu in der Menüleiste auf SEITENLEISTE und PODCAST HINZUFÜGEN.

Abb. 1.4: Podcast abonnieren mit Miro

Im sich öffnenden Fenster geben Sie den RSS-Feed des Podcasts ein. Den finden Sie auf dem entsprechenden Podcast-Blog. Entweder wird hier direkt auf ihn hingewiesen und Sie sehen einen Link PODCAST ABONNIEREN oder Sie finden das typische orangefarbene Symbol für RSS-Feeds oder das ältere lilafarbene Icon von Apple.

Abb. 1.5: Unterschiedliche Icons, die auf einen Podcast hinweisen

Klicken Sie hier mit der rechten Maustaste, dann können Sie den Feed kopieren. Fügen Sie ihn bei INTERNETADRESSE ein, und schon wird die aktuelle Episode heruntergeladen. Auch hier werden nicht alle Episoden heruntergeladen, sondern Sie können genau auswählen, welche Sie hören möchten.

Diesen Weg können Sie ebenfalls mit dem Podcatcher iTunes gehen. Hier fügen Sie den Feed im Menü unter ABLAGE und PODCAST ABONNIEREN ein.

Noch komfortabler geht das Abonnieren, wenn Sie in Ihrem Browser angeben, dass Podcasts beispielsweise immer mit dem Programm Miro oder iTunes geöffnet werden sollen.

Bei ABO müssen Sie nicht an Zeitungsabonnements denken und Verträge, aus denen Sie nicht mehr herauskommen. Das Abonnieren von Podcasts geht einzig und alleine von Ihrer Initiative aus. Keiner erfährt, welche Podcasts Sie abonnieren, und wenn Sie genug haben, entfernen Sie die Sendung einfach wieder aus Ihrem Podcatcher.

Wie kann man Podcasts hören? 1.2

Juice und andere »Früchtchen«

Abb. 1.6: Podcatcher Juice im Netz herunterladen

Der Podcatcher *Juice* ist ebenfalls ein Open-Source-Projekt und weitere kostenlose und kostenpflichtige Programme finden Sie im Netz. Schauen Sie, welcher Ihre Ansprüche am besten erfüllt.

Podcast-Apps

Die einfachste Möglichkeit, Podcasts zu hören, zu abonnieren und zu verwalten, haben Sie mit Ihrem Smartphone. Die Verbreitung dieser Geräte, ihre immer besser werdenden Anwendungsmöglichkeiten sowie das Angebot unterschiedlichster Tarife der Mobilfunkanbieter haben der Podcastnutzung einen großen Schub verliehen.

So geht heute schon jeder zweite Internetnutzer mobil ins Netz und nutzt auch das vielfältige Medienangebot.

Eine Podcast-App auf dem Smartphone versorgt Sie mit Sendungen, wenn Sie unterwegs sind, beim Sport, im Auto oder in der Wohnung beim Saubermachen.

Apple bietet eine Podcast-App an, die auf jedem iPhone bereits installiert ist: *Podcasts*. Weitere Apps für das iPhone sind *Overcast*, *Castro* oder *Downcast*.

17

1 Einführung

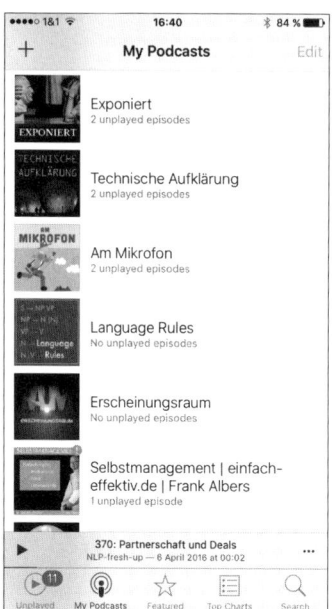

Abb. 1.7: Podcast-App auf dem iPhone

Für Androidphones gibt es die Apps *BeyondPod*, *Antenna Pod* oder *Pocket Casts*.

Und auch auf dem Windows-Phone gibt es eine App für Podcasthörer mit dem Namen *Podcasts*.

Nicht alle Apps sind kostenlos, einige bieten zusätzliche Funktionen zum In-App-Kauf, und viele Entwickler bitten um Spenden. Einige können Sie mit dem Podcatcher auf Ihrem Rechner synchronisieren, so dass Sie einen Beitrag in der U-Bahn starten und später am Rechner einfach weiterhören können. Auch *iTunes* und *Miro* bieten eine Verbindung mit dem Smartphone oder Tablet an.

Schauen Sie im App-Verzeichnis Ihres mobilen Gerätes nach, was angeboten wird. Podcast-Apps verschwinden auch wieder vom Markt oder es gibt neue innovative Programme.

Sie können in den Apps selbst bestimmen, welche Episoden geladen werden und wann diese wieder gelöscht werden, so dass der Speicher auf dem Mobiltelefon nicht so schnell an seine Grenzen gerät. Die Episoden lassen sich über die Datenverbindung Ihres Anbieters herunterladen oder auch streamen. Ressourcenschonend bringen Sie die Podcasts via WLAN auf Ihr Smartphone.

Google Play Store

Analog zum *iTunes Store* existiert der *Google Play Store*. Hier können Sie ebenfalls Musik und Bücher herunterladen, Apps für Android-Phones auswählen und Zeitungen kaufen.

Seit Kurzem ist es auch möglich, hier Podcasts zu hören und zu abonnieren. Bisher ist dieses Angebot allerdings noch nicht in allen Ländern verfügbar. In Deutschland beispielsweise ist es noch nicht möglich, Podcasts über *Google Play* zu nutzen.

Doch behalten Sie das im Auge. Hier wird sich sicherlich bald etwas tun.

Abb. 1.8: Der Google Play Store

1.3 Was gibt es zu hören?

Das Angebot an Podcasts ist riesig. Zum einen bietet der öffentlich-rechtliche Rundfunk viele seiner Sendungen als Podcast »zum Nachhören« an.

> **TIPP**
>
> Besonders bei Sendungen des öffentlich-rechtlichen Rundfunks lohnt es sich, die Episoden auch auf den Rechner herunterzuladen, da der Rundfunk aus rechtlichen Gründen einige Sendungen nur für einen bestimmten Zeitraum im Netz zur Verfügung stellt.
>
> Zum Beispiel den »ARD Radio Tatort«. Diese Hörspiele sind ein Gemeinschaftsprojekt der ARD-Landesrundfunkanstalten und werden in der gesamten ARD gesendet. Die Folgen sind jeweils knapp eine Stunde lang und speziell fürs Hören produziert. Sie werden seit 2008 regelmäßig gesendet.

1 Einführung

Viele Menschen haben Podcasten für sich entdeckt und sind sehr engagiert und professionell bei der Sache. Da gibt es den Podcast »Auf Distanz«, der regelmäßig über Astronomie und Raumfahrt berichtet. Aufbereitet werden die Inhalte für den interessierten Laien.

Abb. 1.9: ... von Lars Naber

Der Podcast »In trockenen Büchern« hat den schönen Untertitel »Unlesbares hörbar gemacht«. Die Schriftstellerin Alexandra Tobor sucht hier »die Rosinen aus den Wissensbuchregalen und fasst deren Inhalt aus ihrem persönlichen Blickwinkel in 20-minütigen Podcast-Episoden zusammen«.

Abb. 1.10: ... von Alexandra Tobor

Es gibt eine ganze Reihe Podcasts zu technischen Themen, auch über das Podcasten und über technische Tipps und Tools.

Was gibt es zu hören? 1.3

Für Rätsel- und Hörspielfreunde ist der Podcast »Puerto Patida« interessant. Ein sehr aufwendig und liebevoll produziertes Rätselhörspiel zum Mitmachen, das 2016 für den Online Grimme Award nominiert war.

Abb. 1.11: ... von Johannes Wolf und Team

Die Bezeichnung »Laberpodcasts« wird – nicht abwertend – für Podcasts genutzt, in denen sich Menschen über ihren Alltag, ihr Studium oder ihren Urlaub unterhalten. Nicht für die Ohren der ganzen Welt gemacht, sondern aus Freude und dem Interesse an der Produktion. Hier bringen die Podcaster locker Episoden von drei Stunden oder länger zustande.

Auch die DIY- und Kreativecke ist in der Podcastszene vertreten. Da macht sich Monika Andrea im Podcast »Fiberthermometer« »Gedanken aus der Faserpraxis« oder in »Nahtzugabe5cm« berichtet Muriel über Schnittmuster, Nähtreffen und vieles mehr rund ums Nähen.

Abb. 1.12: ... von Muriel

1 Einführung

Hochschulen podcasten und stellen ganze Vorlesungen kostenlos ins Netz. NGOs, beispielsweise die Körber-Stiftung, transportieren ihre Themen mit diesem Medium, und die Bundeskanzlerin Angela Merkel wendet sich mit »Die Kanzlerin direkt« wöchentlich an Wähler und Nichtwähler. Und das mittlerweile seit zehn Jahren.

> **HINWEIS**
>
> Hochschulen haben die Möglichkeit, bei *iTunes U* eigene Websites anzulegen. Hier können neben PDFs, Präsentationen und anderen Lernmaterialien auch Audio- und Videopodcasts angeboten werden.

Verlage machen podcastend auf ihre Magazine aufmerksam (und umgekehrt) und veröffentlichen hier Material, das es nicht in das Printprodukt geschafft hat oder bei dem sich eine akustische Verwendung anbietet. Beispiele dafür sind »ZEIT Wissen« oder der »Spotlight Podcast« vom Spotlight-Verlag.

Journalisten podcasten und zeigen so ihre Expertise und machen auch potenzielle Auftraggeber auf sich aufmerksam. Interessante Kooperationen entstehen, wie etwa beim »Braincast, auf der Frequenz von Gehirn und Geist«. Der Podcaster Arvid Leyh gehört zu den Podcastpionieren und seit 2007 ist sein Podcast unter dem Dach von SciLogs, einem Blogportal von »Spektrum der Wissenschaft Verlagsgesellschaft mbH« präsent. Oder »Was mit Medien«, ein Gemeinschaftsprojekt mit Daniel Fiene, hat mittlerweile bei »DRadio Wissen« eine Heimat gefunden. Hier unter dem Titel »Eine Stunde Was mit Medien«.

Große und kleine Unternehmen haben sich für einen Podcast entschieden, um sich regelmäßig persönlich an ihre Zielgruppe zu wenden und ein gutes Bild – oder besser: einen guten Ton in der Öffentlichkeit zu machen.

Trainer, Berater und Coaches überzeugen podcastend mit ihrem Know-how und ihrer Persönlichkeit. Alleine auf der Plattform »Das Abenteuer Leben« finden Sie mehr als 30 aktive Podcasts und zahlreiche ältere Sendungen im Archiv. Vom »Abenteuer Auftritt« bis zum »Abenteuer Zukunft« können Sie sich hier inspirieren lassen.

Jeder kann zum Sender werden

Diese Vielfalt an Inhalten wird auf ganz unterschiedliche Art und Weise dargestellt. Da gibt es viele Interview- und Gesprächs-Podcasts, Berichte und Vorträge. Aber auch Features, gebaute Beiträge, O-Ton-Collagen und alle möglichen Zwischenformen.

Auch in der Qualität unterscheiden sich die Podcasts. Die perfekten Studioproduktionen sind neben weniger perfekten Aufnahmen aus dem Heimstudio zu hören.

Professionell ausgebildete Moderatoren stehen genauso selbstverständlich vor dem Mikrofon wie Menschen, die ihre selbsterstellten Texte vorlesen.

Diese Vielfalt, die ganz demokratisch nebeneinander in den Podcastverzeichnissen zu finden ist, macht die Welt der Podcasts aus. Die Forderung von Bertolt Brecht aus den 30er-Jahren ist mit der Podcast-Technologie Realität geworden: Jeder kann zum Sender werden! Jedes noch so kleine Nischenthema wird seine Hörerinnen und Hörer finden und Wissen wird auf einem für jeden zugänglichen kostenlosen Weg verfügbar gemacht.

1.4 Warum ist ein Podcast ein großartiges Marketingsinstrument?

Jeder Podcaster verfolgt vermutlich ein anderes Ziel mit ihrem oder seinem Podcast. Geht es den einen um den Spaß, ihr Thema für ein Hörmedium aufzubereiten, und um die Freude, sich auf diese Art damit zu beschäftigen, haben andere einen ganz klaren Nutzenanspruch. Ihr Podcast soll ihre Öffentlichkeitsarbeit unterstützen, Kunden binden und neue Kunden gewinnen. Wenn sie dabei auch Spaß am Podcasten haben, ist das umso besser.

Ein Podcast ist ein Instrument, das hervorragend in ein zeitgemäßes Marketing passt. Zeitgemäßes Marketing bedeutet schon lange, auch online aktiv zu sein, und die Grenzen zwischen klassischem und Onlinemarketing verschwimmen immer mehr. Aber auch die Kunden und die potenziellen Kunden ernst zu nehmen und mit ihnen auf Augenhöhe zu kommunizieren.

Da Anzeigen häufig nicht mehr den erhofften Erfolg bringen, bietet Contentmarketing einen neuen Weg, um Kunden für sich zu begeistern. Ein Podcast ist dafür das ideale Instrument, um Inhalte zu verbreiten und dabei Hörerinnen und Hörern einen Nutzen zu bieten.

Acht Argumente für Podcasts als Marketinginstrument

1. Hören ist persönlicher als Lesen

Die direkte, authentische Ansprache der Hörerinnen und Hörer ist sehr persönlich. Das schafft Vertrauen und sorgt für Transparenz. Besonders für Dienstleister bedeutet das, dass deren Kunden nicht die »Katze im Sack kaufen« müssen.

1 Einführung

2. Podcasts stärken die eigene Marke

Vieles in einem Podcast kann zum Markenzeichen werden. Wir können Geräusche schnell einordnen, wie das Klingeln des Telefons oder der Türglocke. Bei Marken funktioniert das ebenfalls, wie Krugmann und Pallus in »Podcasting – Marketing für die Ohren« ausführen. Als Beispiel führen sie das 5-tönige Audio-Logo der Telekom an, welches bei Hörern sowohl Assoziationen zur Produktkategorie als auch zum Markennamen und zum visuellen Logo hervorrufe.

Und die eigene Stimme ist sogar unverwechselbar. Sie hat einen hohen Wiedererkennungswert und gibt Ihnen die Möglichkeit, sich von Ihren Mitbewerbern zu unterscheiden. Da in der Stimme auch immer mehr »mitschwingt«, ziehen Sie außerdem die Kunden an, die zu Ihnen passen.

Auch ein gutes Intro kann zum Markenzeichen werden, die besondere Gestaltung Ihrer Episoden oder die Art, wie Sie an Ihr Thema herangehen.

3. Podcasts sind zielgerichtet

Nur Menschen, die auch an Ihrem Thema interessiert sind, werden Ihren Podcast hören und abonnieren. Das heißt, Sie haben wenig Streuverluste und betreiben mit einem Podcast alles andere als Gießkannen-Marketing.

4. Podcasts sind unaufdringlich ...

... und entsprechen ganz der Pull-Strategie im Marketing. Sie erreichen damit auf sehr kundenfreundliche Art und Weise Ihre Zielgruppe. Denn diese muss keine E-Mail-Adresse angeben, wie es bei einem Newsletter nötig ist. Das reduziert die Hemmschwelle, einen Podcast zu abonnieren.

5. Podcasten bildet

Podcasten bildet Ihre Hörer und Sie selbst. Bei der Aufbereitung Ihres Themas für das Hören setzen Sie sich wieder neu damit auseinander: Wie können Sie es in kleine Häppchen verpacken, wie strukturieren und wie Ihr Thema deutlich machen ohne Bilder, Flipchart oder Beamer?

6. Podcasts machen Sie sichtbar

Podcasts können Sie schnell und preiswert im Internet über die Social-Media-Kanäle verbreiten. Die Technologie des RSS-Feeds sorgt für eine automatische Aktualisierung ohne Mehraufwand bei den Abonnenten.

7. Podcasts sind nachhaltig

Podcasts sind keine Eintagsfliegen, da in der Regel keine tagesaktuellen Themen behandelt werden. So schaffen Sie wertvollen Content für Ihre Website, der 24 Stunden am Tag und sieben Tage in der Woche für Interessierte erreichbar ist.

8. Podcasts sind anders

Podcasts sind in der Kommunikation noch kein Mainstream. So können Sie sich mit einem Podcast leicht von Ihren Mitbewerbern unterscheiden – und noch könnten Sie für Ihr Thema die oder der Erste sein.

1.5 Wie Podcasts außerdem genutzt werden können

Sie müssen Ihren Podcast natürlich nicht der Öffentlichkeit zur Verfügung stellen. Der Feed kann durch ein Passwort geschützt werden und der Zugriff nur für eine geschlossene Gruppe erlaubt werden.

Unternehmen, deren Mitarbeiter häufig und lange im Auto oder mit anderen Verkehrsmitteln unterwegs sind, können beispielsweise firmeneigene Podcasts produzieren, die die Mitarbeiter informieren, motivieren oder weiterbilden.

Im Bildungsbereich dienen Podcasts als Unterrichtsmaterial und unterstützen das Selbstlernen und Üben.

Oder wie wäre es mit einem akustischen Mailing an die Belegschaft? Ein Podcast, in dem sich der Chef persönlich an seine Mitarbeiter wendet statt schriftlich im Editorial der internen Unternehmenszeitung?

Da Audio-Podcasts ohne großen technischen und finanziellen Aufwand zu produzieren sind, die Dateien verhältnismäßig klein sind und über den Feed automatisch aktualisiert werden, bietet sich diese Technologie für ganz unterschiedliche Zwecke an.

1.6 Jetzt sind Sie an der Reihe

- Begeben Sie sich auf Entdeckungsreise in die Welt der Podcasts! Schauen Sie sich die unterschiedlichen Wege an, um Podcasts zu hören und zu abonnieren, und finden Sie heraus, wann und wie Sie Podcasts am besten nutzen können.

1 Einführung

- Sie sind schon davon überzeugt, dass Sie selbst zum Podcaststar werden wollen? Dann lassen Sie sich anregen von Ihren zukünftigen Kolleginnen und Kollegen, entdecken Sie, was es noch nicht gibt oder was Sie mit Ihrem Wissen, Ihrer Persönlichkeit ergänzen können.
- Die folgenden Kapitel unterstützen Sie auf Ihrem Weg zum eigenen Podcast!

# Kapitel 2
Das Podcastkonzept

2.1	Was macht einen Podcast hörenswert?	28
2.2	Das Podcastziel	28
2.3	Die Zielgruppe	32
2.4	Der Inhalt	33
2.5	Länge und Frequenz	35
2.6	Struktur und Form	37
2.7	Das Kind braucht einen Namen	39
2.8	Drei Fragen an ...	39
2.9	Jetzt sind Sie an der Reihe	41

Bevor Sie mit Ihrem Podcast an den Start gehen, sollten Sie sich über ein paar Dinge Gedanken machen. Ein gut durchdachtes Konzept erleichtert Ihnen die Umsetzung des Podcasts und das Dranbleiben. Ein gutes Konzept dient Ihnen als Richtschnur beim Podcasten und als Messlatte für Ihren Erfolg!

2.1 Was macht einen Podcast hörenswert?

Die Entscheidung, ob man einen Podcast hört und sogar abonniert, damit man keine Sendung verpasst, ist natürlich sehr subjektiv. Das Thema muss von Interesse sein und auch die Länge muss in den eigenen Tagesablauf passen. Die Art der Darstellung sollte gefallen. Die Sprache, die Stimme und vieles mehr spielen dabei eine Rolle.

Doch es gibt natürlich auch objektive Qualitätsmerkmale. Dazu gehören die technische, die sprachliche und die stimmliche Qualität.

Sie müssen sich nicht an den Normen des öffentlich-rechtlichen Rundfunks messen, doch stehen Sie im Netz nebeneinander und werden unweigerlich verglichen. Ihre Beiträge sollten natürlich gerne gehört werden und verständlich sein. Auf der technischen Ebene bedeutet das, dass Ihre Aufnahmen nicht verrauscht sind und auch keine anderen störenden Geräusche hörbar sind. Sie sollten nicht im Badezimmer aufnehmen, die Lautstärke insgesamt sollte nicht zu leise sein und es sollten keine starken Lautstärkeschwankungen auftreten.

Authentizität, Passion und Profession

Technische Perfektion sei nicht ausschlaggebend für den Erfolg eines Podcast, meinte Alexander Wunschel bereits 2007 in »Weblogs, Podcasting und Videojournalimus.«, sondern Authentizität, Passion und Profession. Und die werden über die Stimme transportiert!

Also, seien Sie Sie selbst beim Podcasten!

2.2 Das Podcastziel

Nur wer sein Ziel kennt, findet den Weg – solche und ähnliche Zitate werden Sie kennen. Und auch wenn sie Sie nerven, sie haben einen wahren Kern. Auch beim Podcasten! Denn wenn Ihnen nicht bewusst ist, was Sie mit Ihrem Podcast erreichen wollen, dann können Sie Entscheidungen, wie die der Sendefrequenz, der Dauer Ihres Podcasts und auch der Vermarktung Ihrer Beiträge gar nicht beantworten. Und wie wollen Sie den Erfolg Ihres Podcasts messen, wenn Sie gar kein Ziel definiert haben?

Das Podcastziel   2.2

Wenn Sie Ihren Podcast als Marketinginstrument einsetzen wollen, sind dieses Konzept und die Definition eines Zieles besonders wichtig. »Marketing« hört sich für Sie zu groß an? Doch ein Ziel hat vermutlich auch der, der einen Podcast just for fun produziert. Und auch in diesem Fall motiviert ein Ziel.

Der Einfachheit halber unterstelle ich Ihnen die Absicht, mit Ihrem Podcast etwas erreichen zu wollen. Das kann für Ihr Unternehmen sein, Ihren Verein, Ihre Organisation ... Und Mitglieder oder Teilnehmer werden im Folgenden zu Kunden.

Nun sind Ziele im Marketing nicht immer so klar zu definieren und zu messen. Und häufig führt ein Weg, der zu Ziel A führen soll, ebenso zu Ziel B. Ohne Ziel eiert Ihr Podcast allerdings so vor sich hin. Sie wissen nicht so richtig, an welchen Schrauben Sie drehen könnten, um – ja um was eigentlich ... zu erreichen? Dann wird Ihnen schnell die Motivation abhanden kommen, sich regelmäßig vor das Mikrofon zu setzen, und es gibt wieder eine Podcastleiche mehr zu vermelden.

Kunden binden oder Kunden gewinnen

Möchten Sie bestehende Kunden an sich und Ihr Unternehmen binden? Schließlich ist es schade, einmal gewonnene Kunden wieder zu verlieren. Denn in diesem Fall ist die Chance größer, dass sie wieder auf Produkte oder Dienstleistungen eines Unternehmens zurückgreifen; vorausgesetzt, sie haben damit positive Erfahrungen gemacht. Dann besteht bereits Vertrauen und Sie müssen es sich nicht mühsam erarbeiten.

Hier kann ein Podcast Sie dabei unterstützen, Kunden zu *glücklichen* Kunden zu machen. Glückliche Kunden »kaufen« bei Ihnen und empfehlen Sie weiter, machen also kostenlose Werbung für Sie.

Häufig geht es Podcasterinnen und Podcastern darum, Neukunden zu gewinnen und sich durch ihren Podcast die lästige Kaltakquise zu ersparen. Durch die persönliche Ansprache bauen Sie Vertrauen auf, überzeugen mit Ihrem Know-how und Sie werden automatisch die Kunden bekommen, die zu Ihnen passen. Ihre Hörerinnen und Hörer bekommen sehr schnell mit, ob Sie der richtige Partner für sie sind.

BEISPIEL

Bernd Geropp erzählt im Interview mit mir, dass er, nach anfänglicher Skepsis, schon nach vier Monaten auf die Akquise verzichten konnte. Die Kunden riefen ihn an, um seine Beratungen und Trainings zu buchen. Durch den Podcast hätten sie sich bereits länger mit ihm beschäftigt und dann entschieden, »ja der passt zu uns« oder eben auch nicht. Und die, die feststellen, »der ganz bestimmt nicht«, die rufen dann eben gar nicht erst an, und das sei auch wunderbar. Und die, die anrufen, wissen dann auch schon, was sie erwartet. Das sei ein Riesenvorteil beim Podcasten, so Bernd Geropp.

Sein erfolgreicher Podcast heißt »Führung auf den Punkt gebracht« (*http://www.mehr-fuehren.de/buecher-und-tools/podcast-fuehrung/*). Hier bietet er Wissenswertes rund um das Thema Führung. Er spricht Klartext und will weder Beraterdeutsch an seine Hörerinnen und Hörer bringen noch »Konzerngeschwätz«. Seine Zielgruppe honoriert das! Er sendet wöchentlich und heute zählt er 3000 bis 4000 Downloads pro Tag!

In meinem Podcast »Der Podcast übers Podcasten« können Sie das gesamte Gespräch mit ihm nachhören: »Podcasten statt Kaltaquise«

www.audiobeitraege.de/podcasten-statt-kaltaquise

Danach, ob Sie eher Kunden binden oder neue Kunden gewinnen wollen, richtet sich auch die Art der Verbreitung und Veröffentlichung, die Sendefrequenz Ihrer Beiträge und die Aktionen, über die Sie Ihren Podcast vermarkten möchten.

Der Weg ist das Ziel ...

... oder zumindest ein Teil des Ziels. Denn auf dem Weg von der Podcastidee zum erfolgreichen Podcast lernen Sie so viel – durchs Tun und durch das Feedback Ihrer Hörer –, dass das Ergebnis immer besser wird.

Formulieren Sie ein smartes Ziel!

Ziele zu formulieren ist sinnvoll, wenn Sie sie »smart« formulieren. Die einzelnen Buchstaben stehen hier für

s – spezifisch

m – messbar

a – aktionsreich oder attraktiv

r – realistisch

t – terminiert

Das Podcastziel 2.2

Ein Beispiel

	Beispiel	Tipp
spezifisch	Der Podcast soll die Besucherzahlen auf meiner Website um 10 % erhöhen, und die Nachfrage nach meinen Angeboten steigt. Mein Umsatz steigt um x %.	In diesem Fall müssen die Hörer auch auf die Website gelenkt werden, z.B. durch interessante Downloads, die es nur dort gibt und auf die Sie im Podcast hinweisen.
messbar	500 Hörer/Downloads pro Episode ab Episode 10	Prüfen Sie, was realistisch ist. Die Downloads steigen in der Regel von Episode zu Episode und nehmen auch bei älteren Episoden langsam, aber kontinuierlich zu.
aktionsreich/ attraktiv	Ich bekomme Feedback das mich motiviert und mir hilft, meine Kunden besser einzuschätzen.	Notieren Sie sich auch Ergebnisse wie Feedback. Vielleicht regt Sie das zu neuen Produkten oder Dienstleistungen an.
realistisch	Das meint schon »hoch«, doch nicht unrealistisch.	Haben Sie bereits ein großes Netzwerk, werden Sie andere Hörerzahlen erreichen, als wenn Sie gerade starten und der Podcast ein Puzzleteil ist, das Ihnen helfen soll ein Netzwerk aufzubauen. Bedenken Sie außerdem die Größe Ihrer Zielgruppe.
terminiert	Nach einem halben Jahr, bei einer Sende-Frequenz von 14 Tagen, habe ich die 500 Downloads erreicht, nach einem Jahr erkenne ich einen Anstieg meines Umsatzes.	Downloadzahlen anderer Podcaster finden Sie hier: *www.audiobeitraege.de/ ?s=podcaster+packen+aus* und hier: *podseed.org/logs*

TIPP

Besonders wenn Sie nicht alleine für Ihr Podcastprojekt verantwortlich sind, ist es wichtig, die Ziele genau zu definieren. Für Sie kann »erfolgreich« etwas ganz anderes bedeuten als für Ihre Kollegen oder Ihren Chef. 500 Downloads ab dem Zeitpunkt x ist für alle Beteiligten eine klare Ansage.

> **HINWEIS**
>
> Das »a« in smart kann auch für »akzeptiert« stehen. Wenn Sie sich ein Ziel setzen, dann sind Sie in der Regel auch damit einverstanden. Im Team sollte die Frage auf jeden Fall geklärt werden, damit alle an einem Strang ziehen. Doch auch wenn Sie alleine podcasten, ist die Überlegung, ob Sie das wirklich wollen, nicht die schlechteste. Es wäre schade, wenn Sie halbherzig an die Sache herangingen. Wenn Sie vielleicht bei jeder Episode zweifeln, ob Ihnen und Ihrem Unternehmen das wirklich etwas bringt oder ob Sie nicht doch besser einen Newsletter schreiben sollten ...

2.3 Die Zielgruppe

Wollen Sie für alle senden? – Dann erreichen Sie vermutlich keinen! Überlegen Sie sich gut, wen Sie ansprechen wollen. Denn nur so ist gewährleistet, dass Sie den richtigen Ton finden.

Duzen oder siezen Sie Ihre Hörer? Sprechen Sie in erster Linie Frauen oder Männer an? Bringen Sie Beispiele, die auf die Arbeitswelt von Angestellten zugeschnitten sind oder auf die von Unternehmern? Bringen Ihre Inhalte einen Mehrwert für alleinerziehende Mütter oder Menschen der Generation »Baby Boomer«?

In der EKS, der engpasskonzentrierten Strategie, heißt es, eine Zielgruppe seien Menschen mit gleichen Wünschen, Problemen und Bedürfnissen. Machen Sie sich die Wünsche, die Probleme und die Bedürfnisse Ihrer Hörer klar. Nur so können Sie ihnen einen guten Nutzen bieten.

> **BEISPIEL**
>
> Ivan Blatter podcastet sehr erfolgreich über Zeitmanagement. Er hat die Forderungen der EKS erfüllt und punktgenau in seinem Intro formuliert: »Der Podcast über das neue Zeitmanagement, das Solopreneuren zu mehr Inspiration und Freiheit bei der Arbeit verhilft.«
>
> Seine Zielgruppe sind Solopreneure, also Einzelunternehmer und Freiberufler. Sein Thema ist nicht herkömmliches Zeitmanagement, sondern **neues** Zeitmanagement. Er berücksichtigt daher auch Tools und Techniken, welche die modernen Arbeitsformen betreffen, er beschränkt sich nicht auf das »Eisenhower-Prinzip« und kennt die modernen Zeitfresser.

Ivan Blatter nennt auch gleich den Nutzen seines Podcasts: Er verhilft seiner Zielgruppe zu mehr Inspiration und Freiheit bei der Arbeit.

ivanblatter.com/zeitmanagement-podcast

2.4 Der Inhalt

Ich empfehle Ihnen, bereits bei der Konzeptionierung Ihres Podcasts die Themen für die ersten fünf Episoden festzulegen. So vermeiden Sie, dass Sie nach der zweiten Episode nicht mehr wissen, worüber Sie sprechen können, und Sie verpulvern Ihre Informationen nicht gleich alle in der ersten Episode.

Vielleicht haben Sie bereits ein Buch veröffentlicht und andere Medien mit Inhalten gefüllt? Dann können Sie sich hier daran orientieren, sollten allerdings den Unterschied der Medien bedenken.

Sie können Ihrem Podcast auch von vornherein eine bestimmte Laufzeit geben. Olaf Dammann beispielsweise plant seinen Podcast »LEBEN-FÜHREN« in Staffeln. Im Prinzip ist das die Salamitaktik aus dem Zeitmanagement. Er teilt so das Projekt Podcast in für ihn handhabbare Stücke. Mehr Tipps dazu finden Sie in Kapitel 8.

Natürlich können Sie einen Podcast auch als abgeschlossenes Projekt planen. Ein Podcast ist nur eine Technologie! Planen Sie beispielsweise zehn Episoden.

BEISPIEL

Petra Philipp hat 12 Episoden zum Thema »Verhandeln« gemeinsam mit professioneller Unterstützung produziert. Die fertigen Episoden veröffentlichte sie dann monatlich.

So war die Produktion ein »Aufwasch« und sie hatte das ganze Jahr gute Inhalte für ihre Zielgruppe.

Die Beiträge von Petra Philipp sind auf dem Portal »Das Abenteuer Leben« mittlerweile ins Archiv gewandert. Doch von dort und auf ihrer Homepage kann man immer noch darauf zugreifen. Inklusive des Materials, das jeweils ihre Episoden begleitet. Da es sich hier nicht um kurzlebiges Know-how handelt, sind diese Beiträge noch immer hörenswert. – Also nachhaltiger Content!

www.mindspots.de/nuetzliches/podcasts.html#verhandeln

In diesem Fall ist ein gutes Konzept besonders wichtig, da man ja nicht von Episode zu Episode an bestimmten Stellschrauben drehen kann. Also das Intro und Outro sollten wirklich gut durchdacht sein, die Inhalte eventuell an besondere Daten im Jahr angepasst werden, an den eigenen Seminarkalender, andere Veröffentlichungen oder Veranstaltungen.

Auch bietet es sich an, ein besonderes Themenjahr mit einem Podcast zu begleiten. So wurde beispielsweise das Jahr 2015 von den Vereinten Nationen zum Internationalen Jahr der Böden erklärt. Wäre das nicht etwas für die Deutsche Bundesstiftung Umwelt (DBU) gewesen?

Wenn Sie ohne zeitliche Begrenzung starten, überlegen Sie sich die Inhalte der ersten fünf Episoden. Und dann podcasten Sie so lange, wie es Ihnen Spaß macht. Und keine Angst vor Themenflaute! Ich bin mir sicher, dass Sie immer wieder Ideen für neue Episoden finden. Hörerfeedback wird Sie anregen und bei den Recherchen für Ihre Beiträge werden Sie über neue Ideen stolpern. Und wenn Ihnen mal gar nichts einfällt, dann sprechen Sie darüber.

Feilen und schrauben Sie an den Produktionsabläufen, versuchen Sie unterschiedliche Längen oder Darstellungsformen. Natürlich heißt das nicht, dass Sie nun ständig alles verändern sollen – denken Sie an den Wiedererkennungswert und daran, dass wir alle Gewohnheitstiere sind – doch an der Feinjustierung dürfen Sie natürlich drehen. Und darüber können Sie wiederum mit Ihren Hörerinnen und Hörern ins Gespräch kommen.

Zwei Fliegen mit einer Klappe

Falls Sie die Frage umtreibt, was sie denn überhaupt senden sollen, dann denken Sie doch mal um die Ecke.

So können Sie beispielsweise eigene Veranstaltungen aufzeichnen und diese als Podcast veröffentlichen, wie es beispielsweise Stefan Fädrich mit »GEDANKENtanken« macht. (*www.gedankentanken.com/category/podcast*) Die Reichweite seiner Veranstaltungen steigt dadurch enorm und so auch die eigene bzw. die seiner Akademie.

Der DFJV, der Deutsche Fachjournalisten Verband, bietet bereits seit 2008 Journalisten und Journalistenschülern die Möglichkeit, erste Schritte mit dem Medium Audio zu machen und eigene Beiträge auf dem Blog *www.fachjournalist-podcast.de* zu veröffentlichen. So generieren sie nicht nur Content für das Onlinemagazin »Fachjournalist«, sondern fördern den journalistischen Nachwuchs.

Oder Schulen starten Radio-AGs und berichten im Podcast aus dem Schulalltag und machen sonst allerlei Audioexperimente. Die Schülerinnen und Schüler bekommen so Medienkompetenz und die Schule bekommt Aufmerksamkeit.

2.5 Länge und Frequenz

Wie lang sollte denn eine Podcastepisode sein? Das ist eine häufig gestellte Frage in meinen Seminaren. Vor einigen Jahren wurde in einer Studie die Dauer von 18,7 Minuten als bei den Hörern bevorzugte Länge festgestellt. 18,7 Minuten war die durchschnittliche Fahrzeit der Menschen zu ihrem Arbeitsplatz. Tatsächlich haben Podcasts häufig eine Länge von ungefähr zwanzig Minuten. Doch Sie finden auch Episoden, die nur drei Minuten dauern, und Episoden, die drei Stunden dauern.

Beim Podcasten sind Sie vollkommen frei von Beschränkungen und Sie sollten eine Zeit wählen, die Ihrem Thema und Ihrem Anliegen gerecht wird sowie Ihrer Zielgruppe. Einen Podcast zum Thema Zeitmanagement hören vermutlich Menschen, die mit ihrer Zeit gut haushalten wollen. Ich denke, drei Stunden wären in dem Fall zu viel.

> **TIPP**
>
> Berücksichtigen Sie bei der Wahl der Länge auch Ihre eigenen zeitlichen und finanziellen Ressourcen. Eine Episode mit einer Länge von zehn Minuten ist schneller produziert als eine, die 30 Minuten dauert. Und wenn Sie einzelne Schritte der Produktion abgeben an Dienstleister, dann berechnen diese ihren Aufwand in der Regel nach Minuten.

Die Länge Ihrer Episoden gehört auch zu den Wiedererkennungsmerkmalen Ihres Podcasts. Das heißt, wenn Sie immer zehn Minuten senden, dann wären Ihre Hörer über eine Folge, die plötzlich 60 Minuten dauert, in jedem Fall irritiert. Im schlimmsten Fall sogar verärgert. Hatten sie sich doch auf die zehn Minuten mit Ihnen beim Frühstück gefreut.

Ebenso zu den Wiedererkennungsmerkmalen gehört die Frequenz Ihres Podcasts. Hier ist nicht die Frequenz Ihrer Audiodatei gemeint, sondern, wie oft Sie einen neuen Beitrag veröffentlichen. Die Sendefrequenz. Auch die ist natürlich wieder von Ihren Ressourcen abhängig. Den zeitlichen und finanziellen.

Viele Podcaster senden monatlich. Wenn Sie schnell viele Hörer gewinnen möchten, dann sollten Sie eine höhere Frequenz nehmen. Wöchentlich oder alle 14 Tage. Mit einer hohen Sendefrequenz ist Ihr Podcast vermutlich häufiger in den Podcastverzeichnissen sichtbar. In iTunes beispielsweise unter »neu und beachtenswert«. Diese prominenten Positionen sorgen natürlich für mehr Aufmerksamkeit.

Viele Podcaster starten ihren Podcast daher häufig in einer sehr dichten Folge. Jens Voigt hat zum Start seines Podcasts »Bring dein Hirn zum Leuchten« gleich neun Episoden innerhalb der ersten 23 Tage veröffentlicht und damit 3200 Downloads provoziert. Und Monika Birkner hat die ersten drei Episoden ihres »Freedom Business Podcasts« an einem Tag veröffentlicht, um dann zu einer etwa 14-tägigen Frequenz überzugehen.

Wonach genau sich das Ranking im *iTunes Store* richtet, bleibt allerdings ein Geheimnis. Vermutet wird, dass sowohl die regelmäßige Frequenz eine Rolle spielt als auch positive Bewertungen des Podcasts in iTunes. Apple selbst weist darauf hin, dass es ebenfalls eine Rolle spielt, wie oft auf den Podcast über die *iTunes ID* zugegriffen wird.

Doch immer wieder beschweren sich Podcaster, dass sie nicht prominent angezeigt werden, obwohl sie doch viel mehr Bewertungen als Podcaster XY hätten ...

TIPP

Es ist schön, wenn der eigene Podcast schnell und leicht bei *iTunes* gefunden wird, doch setzen Sie darauf nicht zu viel Energie. Immer wieder um Bewertungen zu bitten, kann Ihre Hörerinnen und Hörer auch nerven. Und Angebote wie »für eine Fünf-Sterne-Bewertung bei iTunes bekommen Sie von mir ...« verwässern dieses Ranking. Und es gibt ja auch noch andere Plattformen.

Dient Ihr Podcast in erster Linie als Kundenbindungsinstrument, dann sind monatliche Sendungen ausreichend. Und wenn auch das Ihr zeitliches Budget nicht zulässt, dann senden Sie nur viermal im Jahr. Auch das wird – gut geplant – eine interessante Sammlung relevanter Inhalte, auf die Sie immer wieder verweisen können.

2.6 Struktur und Form

Klare Struktur

Ihr Podcast sollte aus zwei Gründen eine klare Struktur haben:

Zum einen ist auch die Struktur ein Merkmal der Wiedererkennung und eine *klare Struktur* ein positives Merkmal. Zum anderen hilft eine klare Struktur Ihren Hörerinnen und Hörern, Ihnen zu folgen.

Die Struktur betrifft sowohl das große Ganze als auch einzelne Abschnitte und Sätze. Mehr dazu finden Sie im vierten Kapitel.

Vielleicht soll Ihr Podcast, also die einzelnen Episoden, jeweils feste Rubriken enthalten? Ein Zitat am Anfang oder News am Ende, regelmäßig einen ganz speziellen Tipp oder ein Interview? Dann sollten Sie diese Rubriken immer bringen und immer an der gleiche Stelle. Das Zitat also nicht mal am Anfang, mal in der Mitte oder mal gar nicht. Das irritiert Ihre Stammhörer. Wären Sie nicht auch irritiert, wenn bei der Tagesschau das Wetter plötzlich am Anfang käme oder mittendrin?

Besonders interessante Rubriken, die immer am Ende kommen, bewegen Ihre Hörer, dranzubleiben. Denn nicht immer interessiert jeden jedes Thema gleichermaßen, doch wenn am Ende beispielsweise noch etwas Spannendes für Ihre Zielgruppe kommt, etwa Neuigkeiten aus der Szene, dann lassen sie sich das vermutlich nicht entgehen.

Darstellungsformen

»Darstellungsform« ist ein Begriff aus dem Journalismus und er bezeichnet die unterschiedlichen Arten, einen Inhalt zu verpacken, also darzustellen. Klassische Darstellungsformen sind zum Beispiel die Nachricht, der Bericht oder das Interview.

So können Sie beispielsweise die Form des Interviews nutzen, um Ihr Thema zu präsentieren, Gespräche zu führen oder über Ihr Thema zu berichten. Wobei das Interview im Journalismus neben der Darstellungsform auch zur Recherche dient. Die Formen sind nicht immer deutlich voneinander zu trennen und es gibt häufig Mischformen. Haben Sie sich für eine Darstellungsform entschieden, so wird diese auch zu einem Wiedererkennungsmerkmal Ihres Podcasts. Doch es spricht natürlich nichts dagegen, die Formen zu wechseln und die für das Thema geeignetste Form zu wählen.

Und manchmal ist man sogar gezwungen, eine bestimmte Darstellungsform anzuwenden. Zum Beispiel wenn Sie ein Interview geführt haben, von dem Sie aufgrund der schlechten Aufnahmequalität nur wenige Teile verwenden können. Dann machen

2 Das Podcastkonzept

Sie aus diesem Interview einen gebauten Beitrag oder einen Bericht mit O-Ton. Das heißt, Sie entscheiden sich für einige Originaltöne Ihres Interviewpartners und verbinden diese mit einem berichtenden Text, den Sie einsprechen.

Die am häufigsten genutzte Form der Darstellung ist neben dem Bericht (der beim Podcasten in der Regel weniger sachlich ist als im öffentlich-rechtlichen Rundfunk) sicherlich das Interview.

Das hat zum einen den Vorteil, dass es für die Hörerinnen und Hörer durch die unterschiedlichen Sprecher lebendiger klingt, und es ist einfacher, im Dialog ein Thema zu präsentieren als im Alleingang. Denn hier besteht immer die Gefahr des Monologisierens oder Dozierens. Und wenn wir ein Gegenüber haben, müssen wir uns der Regel nicht bemühen, »ansprechend« zu reden.

BEISPIEL

Hören Sie sich folgende Episoden an und achten Sie auf die Gestaltung:

- *Alleinunterhalter:*
  »Führung auf den Punkt gebracht« von Bernd Geropp: »Kommunizieren als Führungskraft: So reden Sie richtig!«
  bit.ly/29oPXn9
- *Zu zweit ist man weniger allein*
  Dr. Nils Köbel und Patrick Breitenbach im »SOZIOPOD«: »Erziehung – we don't need no education?!«
  bit.ly/29xdpwa
- *Experte und Moderator:*
  In »Rechtsbelehrung« achtet der Moderator darauf, dass der Anwalt nicht in Kanzleideutsch verfällt: »Das Impressum«.
  bit.ly/29Irvra
- *Der flotte Dreier:*
  »NLP-fresh-up«-Podcast der fresh-academy: »Gut geplant ist fast gewonnen«
  bit.ly/29oRhpS
- *Mal ganz etwas anderes:*
  Der »Werbedschungel-Podcast« von der Agentur Thoxan GmbH: »Den Kundennutzen formulieren«
  bit.ly/29xdNe8

Mehr zur Interviewführung und zur Produktion finden Sie in Kapitel 4.

2.7 Das Kind braucht einen Namen

Beim Erstellen Ihres Podastkonzepts reicht ein Arbeitstitel. Doch spätestens wenn Sie das Podcast-Cover erstellen und den Feed generieren, braucht das Kind einen Namen.

Auch hier können Sie sich in den Podcastverzeichnissen anregen lassen. Viele Podcasts haben das Wort Podcast im Namen. Einer meiner Podcasts heißt beispielsweise »Der Podcast übers Podcasten«, es gibt den »Einschlafen Podcast« und den »Selfpublisher-Podcast«. Einige spielen mit dem Wort Podcast und haben nur »cast« im Namen, wie der schon erwähnte »Braincast – auf der Frequenz von Geist und Gehirn« oder nur »pod«, wie der »SOZIOPOD«.

Andere setzen auf »FM«. Das erinnert an Radio, wo es für Frequenzmodulation steht. Die Verbreitung eines Podcasts hat damit natürlich gar nichts mehr zu tun. Trotzdem gibt es »GuerillaFM« oder »segel.fm«.

Andere sagen einfach, worum es inhaltlich geht (»Rechtsbelehrung«, »erfolgreich Netzwerken«) oder machen neugierig, wie etwa der Podcast »In trockenen Büchern«.

Die Podcasts auf dem Portal »Das Abenteuer Leben« heißen alle analog zum Portalnamen »Das Abenteuer Präsentation«, »Das Abenteuer Stimme« usw.

Wenn Sie Ihren Podcast als Marketinginstrument einsetzen möchten, ist es sinnvoll, einen aussagekräftigen Namen zu finden, der auch relevant für die Suchmaschinen ist. Auch ein Untertitel kann hierbei helfen, wie beim »Zendepot Podcast: Erfolgreich Vermögen bilden in Eigenregie«.

Meinen Blog habe ich damals »Schon gehört?« genannt, was ich sympathisch fand, aber Google und Co. als nur wenig attraktiv eingestuft haben.

2.8 Drei Fragen an ...

Mit seiner Strategie- und Kommunikationsberatung für digitale Medien *nextperts.net* berät **Alexander Wunschel** Unternehmen, Medien und Verlage bei der Integration neuer Kommunikationskanäle in Marketing- und Mediastrategien.

Und der Wirtschaftswissenschaftler ist Podcastpionier. Von 2005 bis 2014 hat er 306 mal den »Blick über den Tellerrand« gewagt. Er hat regelmäßig für seine Hörer auf die digitalen Medien geschaut, Trends gezeigt und über Kampagnen berichtet.

2 Das Podcastkonzept

Was kann der Podcast als Marketinginstrument leisten? Was sind seine Stärken und was seine Schwächen?

Zuerst: Podcasts (im Sinne von Audio-Podcasts) sind im intermedialen Vergleich ein sehr eigenwilliges Instrument. Sie konterkarieren den scheinbar unabwendbaren Megatrend zu immer schneller und zunehmend visueller werdender Kommunikation. Damit haben sie per se einen schweren Stand im Kommunikations-Mix. Zudem stoßen Podcasts im Intermedia-Vergleich an weitere Grenzen: Die Verbreitung ist schwer messbar und das passt somit gar nicht in den aktuellen Reichweiten-Controlling-Wahn.

Aber: Podcasts sind eine Königsdisziplin der Rezeptionswirkung. Podcasts sind in ihrer seriellen und narrativen Struktur auf eine sehr enge Hörerbindung angelegt. Ein erfolgreicher Podcast basiert auf einem Storyboard mit gekonntem Storytelling, verknüpft mit Erfolgselementen serieller Medien wie z.b. authentischen Medienakteuren, diversen Handlungssträngen, Überraschungselementen und inhaltlichen Bindegliedern (z.b. Cliffhangern) zwischen den Episoden. Durch ihre enge Sender-Hörer-Bindung erzeugen sie eine Art parasozialer Interaktion, mit der Botschaften mit höchster Effizienz vermittelt werden können.

Podcasts können gehört und abonniert werden und das ganz anonym: Wie ist es trotzdem möglich, Hörer zu Kunden zu machen?

Podcast bringen durch die mobile Mediennutzung einen Medienbruch mit sich. Hier führen nur klare, akustisch eingebundene Call-to-Action-Elemente und einfache Ziel-Adressen zu einer Aktivierung der Hörer. Das können dann Newsletter-Abonnements oder der Abruf eines speziellen Angebots wie ein White-Paper etc. sein. Gerade für Personenmarken wie Trainer oder Coaches sind Podcasts aufgrund der Authentizität ein optimales Vertriebsmedium.

Was würden Sie jedem empfehlen, der einen Podcast als Instrument für sein Unternehmen einsetzen will?

Zuerst sollte man sich auf die Suche nach Geschichten und einem roten Faden machen. Jeder gute Podcast hat eine »Core Story«, einen Handlungsstrang oder eine konsequente Informationsebene. Aus der Kernbotschaft lassen sich Akteure, serielle Elemente und ein Storyboard ableiten. Dann folgen die technisch-funktionalen Entscheidungen wie z.b. Dramaturgie und Länge der Episoden, Frequenz, begleitender Blog, Hosting und Tracking. Zuletzt dann der Gang ins Studio oder einfach ans Mikrofon. Nach der Montage geht's online ...

2.9 Jetzt sind Sie an der Reihe

- Kein Podcastkonzept ist in Stein gemeißelt, doch unterstützt es Sie im Vorfeld, und auch später können Sie es nutzen, zur Motivation oder sogar als Leitfaden bei Entscheidungen, die Ihren Podcast betreffen.
- Nur gedachte Konzepte sind ein Anfang, doch besser ordnen und verfeinern lässt sich Ihr Konzept, wenn Sie es schriftlich fixieren.
- Damit können Sie jetzt gleich mit der Liste unten beginnen oder Sie machen es wie Jens Voigt mit einem MindMap.
- Vermutlich werden Sie es nicht in einem Wurf erstellen, doch nehmen Sie es sich immer mal wieder vor. Am besten liegt es griffbereit, so dass Sie neue Ideen direkt einfügen können.

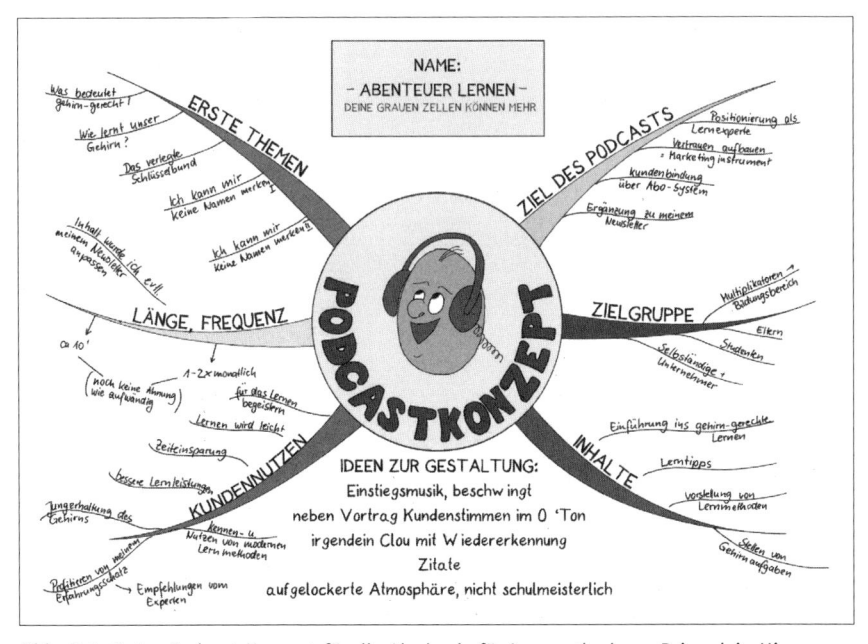

Abb. 2.1: Erstes Podcast-Konzept für die Akademie für Lernmethoden, »Bring dein Hirn zum Leuchten«

2 Das Podcastkonzept

Ckeckliste Konzepterstellung

Konzept	für den ………………………… - Podcast
Ziel	
Zielgruppe	
Inhalt und Kundennutzen	
Themen für die ersten 5 Episoden	
Machen Sie es alleine oder mit Verstärkung?	
Sendefrequenz	
Ideen zur Gestaltung und Gliederung: Begrüßungsformel, Musik, Originaltöne, Rubriken, Zitate u. ä.	

Kapitel 3

Aufnahmetechnik und Audioschnittsoftware

3.1	Mikrofone	44
3.2	Digitale Aufnahmegeräte	51
3.3	Kopfhörer	55
3.4	Audioschnittsoftware	56
3.5	Drei Fragen an ...	58
3.6	Jetzt sind Sie an der Reihe	61

3 Aufnahmetechnik und Audioschnittsoftware

Ganz ohne Technik geht es beim Podcasten nicht. Doch sollte, auf der einen Seite, Ihr Respekt davor nicht zu groß sein oder Ihnen gar den Mut vor dem Start rauben. Auf der anderen Seite dürfen Sie aber auch nicht denken, alleine mit einer guten und vor allem teuren Technik sei ein guter Podcast bereits garantiert.

Zum Podcasten gehören ganz unterschiedliche Fertigkeiten und ein bisschen Hintergrundwissen über die technische Seite schadet nicht. Besonders wenn etwas nicht klappt, erkennen Sie leichter die Ursache und können diese vielleicht schnell beheben.

Heute können Sie sehr gute Technik für das Home-Studio für ein paar hundert Euro erwerben und mittlerweile gibt es für mobile Aufnahmen gute und bezahlbare Geräte. Sie können die Aufnahmen direkt am PC bearbeiten und in das jeweils gewünschte Format umwandeln.

Die Nachrichten und Botschaften von Podcastern nehmen in der digitalen Welt folgenden Weg:

Das analoge Signal – Ihre Stimme – trifft auf ein Mikrofon. Die Schallwellen werden hier in elektrische Spannung umgewandelt. Diese Spannung wird dann von einem A/D-Wandler (Analog-Digital-Wandler) in digitale Signale gewandelt und diese können Sie an Ihrem PC mit einem Audioeditor bearbeiten. Sie speichern das Ergebnis in einem Dateiformat und laden es auf einen Speicherplatz im Netz. Die Hörer laden die Datei herunter und sie wird mit einem D/A-Wandler (Digital-Analog-Wandler) wieder in analoge Signale umgewandelt, damit sie von Ihren Hörern wahrgenommen werden kann.

Die Vorteile der Digitalisierung, des »Samplings«, gegenüber einer analogen Technik liegen auf der Hand:

- geringer Speicherplatz
- bessere Möglichkeiten der Bearbeitung durch Anwendung von Algorithmen
- verlustfreies Kopieren

3.1 Mikrofone

Das wichtigste Kriterium bei der Auswahl des Mikrofons ist der Klang, den es abbildet. Doch daneben spielen weitere Faktoren eine Rolle bei der Auswahl des passenden Mikrofons. Nicht zuletzt der Preis.

Ein Hauptunterscheidungsmerkmal ist das Wandlerprinzip. Es beschreibt die Art und Weise, wie die eingehenden Schallwellen – Ihre Worte – in elektrische Signale umgewandelt werden. Unterschieden werden – ganz grob – Kondensator-Mikrofone und dynamische Mikrofone.

Dynamische Mikrofone

Beim dynamischen Mikrofon treffen die Schallwellen auf eine dünne Membran, welche dadurch zu schwingen beginnt. Mit Hilfe einer Spule und eines Magneten werden diese Schwingungen in elektrische Spannung umgewandelt (Tauchspulenmikrofon). Alternativ funktioniert das mit einem Bändchen, das, zwischen den Polen eines Magneten eingespannt, in Schwingungen versetzt wird (Bändchenmikrofon).

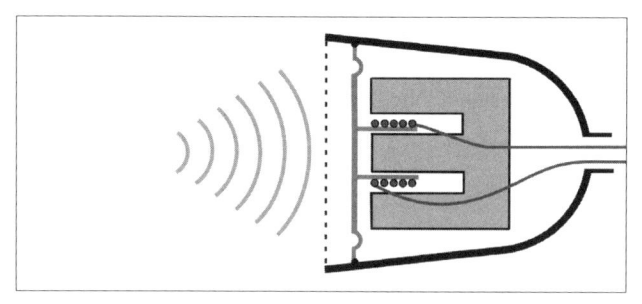

Abb. 3.1: Dynamisches Mikrofon

Dieses Wandlungsprinzip zeichnet laute Töne besonders gut auf (die Membran kommt kaum in Bewegung bei leisen Tönen) und die einfache Bauweise sorgt für ein sehr robustes Mikrofon.

Dynamische Mikrofone sind vielseitig verwendbar und eignen sich aufgrund ihrer Robustheit gut als Reportermikrofone und für Auftritte auf der Bühne.

In Tonstudios werden sie weniger verwendet, hier sind eher Kondensatormikrofone anzutreffen. Doch hochwertige dynamische Mikrofone, besonders Bändchenmikrofone, können es mittlerweile klanglich mit ihnen aufnehmen. Und das Preis-Leistungs-Verhältnis spricht ebenfalls für das dynamische Mikrofon.

Kondensatormikrofone

Bei Kondensatormikrofonen gibt es ebenfalls eine Membran, die zu schwingen beginnt, sobald Schallwellen auf sie treffen. Diese Membran ist gleichzeitig auch die Elektrode eines Kondensators, der unter einer Spannung steht. Beim Schwingen kommt die Membran (Elektrode) der Gegenelektrode des Kondensators näher, ein Spannungsunterschied entsteht, der wiederum ein elektrisches Signal erzeugt.

3 Aufnahmetechnik und Audioschnittsoftware

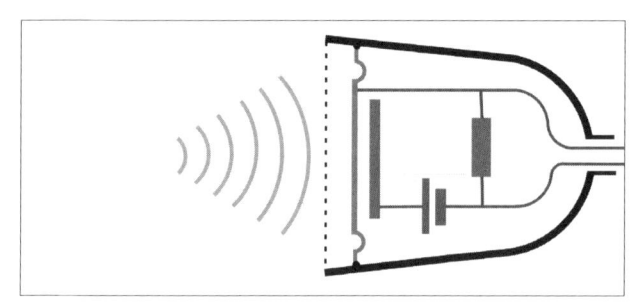

Abb. 3.2: Kondensatormikrofon

Der Kondensator muss immer aufgeladen werden, das heißt, diese Art Mikrofone benötigen eine Phantomspeisung. Außerdem sind Kondensatormikrofone empfindlich und werden, um Störgeräusche durch Vibrationen zu vermeiden, in einer Spinne aufgehängt.

Abb. 3.3: Kondensatormikrofon in Spinne

Mikrofone 3.1

Ein weiteres Kriterium bei der Anschaffung ist das »Eigenrauschen«. Je rauschärmer ein Mikrofon ist, desto mehr Möglichkeiten haben Sie bei der Nachbearbeitung der Aufnahmen. Die Anwendung des Dynamikkompressors oder eines Equalizers würden dieses Rauschen noch verstärken. Hier sind Werte bis 14 Dezibel (dB) sehr gut, ab 20 dB ist das Rauschen hörbar und über 23 dB wird es kritisch.

> **HINWEIS**
>
> Kondensatormikrofone werden übrigens von der Seite besprochen. Klingt Ihre Aufnahme fern und alles andere als klangvoll, dann prüfen Sie, ob Sie von der richtigen Seite hineinsprechen. Nicht immer ist die Vorderseite des Mikrofons deutlich markiert.

Elektret-Mikrofone

Elektret-Mikrofone arbeiten ähnlich wie Kondensatormikrofone. Sie verfügen jedoch über eine dauerpolarisierte Spannung, die Jahrzehnte anhält. Sie eignen sich ebenfalls gut für leise Töne und finden auch Verwendung in Mobiltelefonen oder Hörgeräten.

Große oder kleine Membran

Ein weiteres interessantes Merkmal von Kondensatormikrofonen ist die Bauform. Und hier stellt sich die Frage: Kleinmembran oder Großmembran? Kleinmembranen haben einen Durchmesser von circa 17 Millimetern, von Großmembranen spricht man ab etwa 25 Millimeter.

Der Klang von Kleinmembranmikrofonen gilt als »neutraler«. Die größere Membran macht Mikrofone empfindlicher und benötigt eine geringere Vorverstärkung. Dadurch sind sie rauschärmer und lassen die menschliche Stimme »größer« und »fülliger« klingen – und das ist nicht das Schlechteste für einen Podcaster.

Niere, Kugel oder Richtrohr

Daneben werden Mikrofone nach ihrer Richtcharakteristik unterschieden. Also, aus welcher Richtung der Schall vorwiegend aufgenommen wird.

Die Niere ist die verbreitete Richtcharakteristik. Hier ist die Empfindlichkeit für die frontal auftretenden Schallwellen am größten.

3 Aufnahmetechnik und Audioschnittsoftware

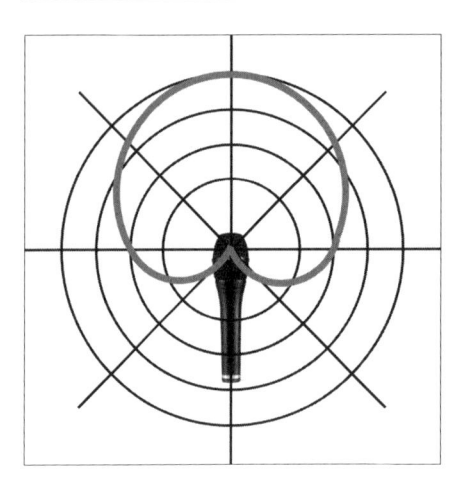

Abb. 3.4: Niere

Die Kugel nimmt den Schall aus allen Richtungen gleich auf. Kugelmikrofone klingen sehr natürlich, nehmen jedoch auch Geräusche aus der Umgebung und den Raumklang stark auf.

Abb. 3.5: Kugel

Das Richtrohrmikrofon hat eine noch stärkere Richtwirkung zum frontal auftretenden Schall als die Niere. Sie müssen sehr genau auf die Schallquelle zielen und man sieht sie auf Kameras, da hier oft eine größere Entfernung zur Quelle überbrückt werden muss.

Mikrofone 3.1

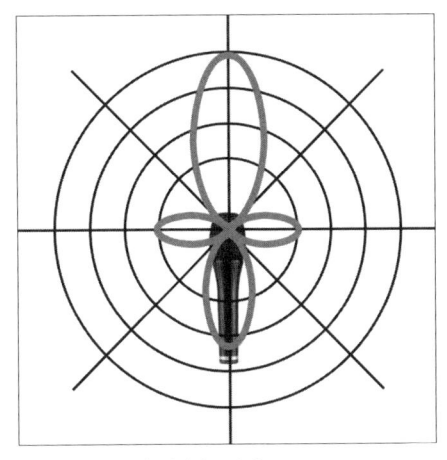

Abb. 3.6: Keule (Richtrohr)

Frequenzgang

Der Grundton männlicher Stimmen liegt bei einer Frequenz von 125 Hertz, der weiblicher Stimmen höher – bei 250 Hertz – und bei kleinen Kindern noch höher, bei 440 Hertz. Der gesamte Bereich der menschlichen Stimme, mit allen seinen Teiltönen, umfasst einen Bereich von 80 Hertz bis 12000 Hertz.

Es macht ebenfalls einen Unterschied aus, wie diese Frequenzen vom Mikrofon übertragen werden, und spielt damit bei der Wahl des passenden Mikrofons eine Rolle. So sind Kondensatormikrofone im Bereich der oberen und unteren Frequenzen den dynamischen oft überlegen.

Hör-Sprech-Garnitur und Popschutz

Das, was wir gewöhnlich als »Headset« bezeichnen, heißt »Hör-Sprech-Garnitur«. Sie sind sehr praktisch für die Aufnahme. Der Abstand zum Mikrofon ist immer gleich und daher sehr praktisch, wenn Sie sich gerne bei der Aufnahme im Raum bewegen. Sie benötigen keinen zusätzlichen Ständer für das Mikrofon und der Kopfhörer ist gleich mit dabei.

Auch ein Popschutz gehört meist dazu. Der sollte auch bei einem Standalone-Mikrofon nicht fehlen. Er verhindert, dass der Atem zu stark auf die Mikrofonmembran trifft und übersteuerte Ausschläge provoziert. Das passiert besonders leicht bei den Plosivlauten »P«, »T« und »K«.

3 Aufnahmetechnik und Audioschnittsoftware

Anschlüsse

Achten Sie bei der Wahl Ihres Mikros auf die Anschlüsse. Kondensatormikrofone haben häufig XLR-Stecker, die Sie nicht direkt an Ihren PC anschließen können. Hier benötigen Sie eine zusätzliche Schnittschnelle, ein Audiointerface, welches Sie via USB mit Ihrem Rechner verbinden.

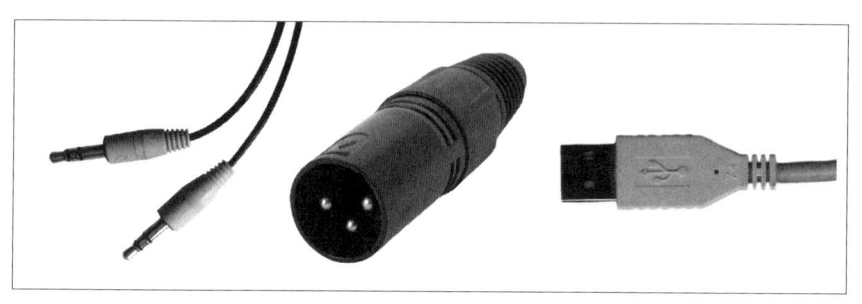

Abb. 3.7: Miniklinke – Durchmesser 3,5 mm, XLR und USB

Ein Audiointerface benötigen Sie auch, wenn Sie von mehreren Quellen aufnehmen möchten. Also wenn Sie beispielsweise zu zweit Ihre Sendungen bestreiten. Dann können Sie hier mehrere Mikrofone anschließen.

Abb. 3.8: Audio-Interface (Quelle: www.m-audio.de)

Klinken- oder Miniklinken-Stecker sind in der Audiotechnik ebenfalls weit verbreitet. Ohne zwischengeschaltetes Interface geht deren Signal direkt über die Soundkarte des PCs. Da an der Soundkarte für das Eingangssignal gerne gespart wird, kann dadurch die Aufnahmequalität vermindert werden.

Auch besitzen viele moderne Laptops keine Buchsen mehr für die Miniklinken-Stecker und für die Klinke mit einem Durchmesser von 6,35 mm finden Sie ebenfalls selten den passenden Anschluss. Hier könnten Sie jedoch mit einem USB-Adapter oder mit Kupplungen Abhilfe schaffen.

> **TIPP**
>
> Das Mikrofon muss auch zu Ihrer Stimme passen und Klang lässt sich nicht in Zahlen wiedergeben. Das weiß auch das Musikhaus Thomann. Hier haben Sie 30 Tage Rückgaberecht und können testen, was Ihnen wirklich gefällt. Im Onlinestore von Thomann finden Sie auch mehr Details und Hintergründe über Mikrofone. Dort werden außerdem speziell für Podcaster zusammengestellte Bundles angeboten. Mit Mikrofon, Ständer und mehr.
>
> *www.thomann.de*

3.2 Digitale Aufnahmegeräte

Wenn Sie Interviews vis-à-vis führen wollen oder wenn Sie Atmosphären und Geräusche einfangen möchten, dann sind mobile Aufnahmegeräte, digitale Rekorder, sehr praktisch.

Auch hier ist die Auswahl groß und richtet sich nach Ihren Bedürfnissen und Ihrem Geldbeutel. Daher bekommen Sie wieder keine konkreten Empfehlungen, sondern eine Liste unterschiedlicher Aspekte, die Sie bei der Anschaffung bedenken können.

- Das Aufnahmeformat: Der Rekorder sollte unkomprimierte Daten aufnehmen und das Format muss mit Ihrem Rechner kompatibel sein. Mit WAV oder PCM machen Sie nichts falsch.
- Ist eine manuelle Aussteuerung möglich? Besonders in schwierigen (lauten) Aufnahmesituationen kann das die Rettung sein!
- Handling und Displaygröße
- Robustheit
- Anschlussmöglichkeiten externer Mikrofone (Kondensatormikrofone benötigen eine 48 V Phantomspeisung.)
- Stromversorgung: Akkus, die sich nicht auswechseln lassen, können Nachteile mit sich bringen.
- Speichermedium: Größe, Preis und Qualität
- Die Klangqualität richtet sich nach der Aufnahmesituation. Wollen Sie Grillenzirpen aufnehmen oder Interviews führen und aufzeichnen?

3 Aufnahmetechnik und Audioschnittsoftware

- Richtcharakteristik/-wirkung der Mikrofone: Wollen Sie Diskussionsrunden oder Interviews aufzeichnen? Häufig lässt sich der Winkel, in dem aufgenommen wird, verstellen.
- Grundrauschen: je geringer, desto besser!

Zwei Fliegen mit einer Klappe ...

... können Sie schlagen, wenn Sie sich für einen Rekorder entscheiden, den Sie sowohl unterwegs nutzen können als auch als Mikrofon an Ihren Rechner anschließen können.

Viele der digitalen Rekorder haben sehr gute Mikrofone und lassen sich via USB so mit dem Computer verbinden, dass man sie quasi nur als Mikrofon nutzen kann. Ist das eine interessante Lösung für Sie, dann achten Sie bei der Auswahl darauf, dass das Gerät auch als Audio-Interface genutzt werden kann.

HINWEIS

Sehr hilfreiche und nachvollziehbare Tests von digitalen Audiorekordern – mit Hörproben – finden Sie auf den Seiten von audiotranskription.de.

www.audiotranskription.de/rekorder

Digitalisierung oder »Sampling«

In den Informationen (Spezifikationen) zu den digitalen Aufnahmegeräten bekommen Sie Angaben zur Samplingfrequenz, zur Quantisierung, zur A/D- und D/A-Wandlung. Und vermutlich sind das für Viele »böhmische Dörfer«.

Bei der Arbeit mit einem Audioschnittprogramm begegnen Ihnen diese Begriffe wieder und daher möchte ich Ihnen einen kleinen Einblick in den Vorgang der Digitalisierung geben, der Ihnen ein paar Erklärungen liefert.

Das, was wir hören, also was an unser Ohr dringt, sind analoge Audiosignale, Schallwellen. Genau wie unsere Stimme Schallwellen »sendet«. Diese werden vom Mikrofon in elektrische Spannung umgewandelt und können auf diese Weise grafisch dargestellt werden.

Digitale Aufnahmegeräte 3.2

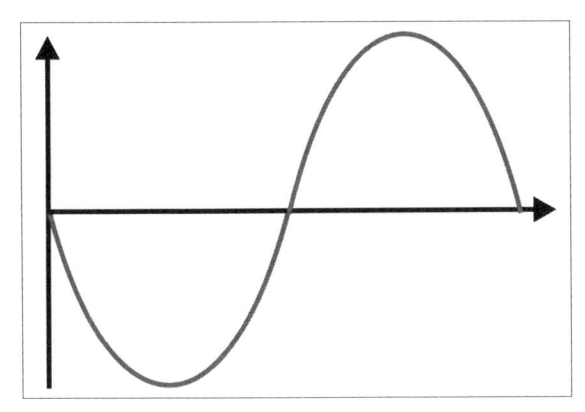

Abb. 3.9: Kontinuierlicher Verlauf

Diese kontinuierlichen Daten werden nun in einer bestimmten Abfolge (Frequenz) abgetastet und gemessen.

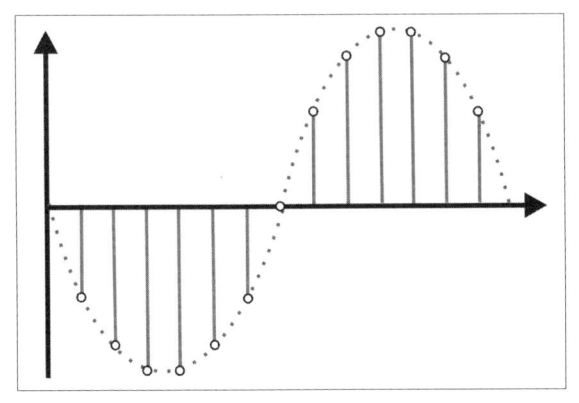

Abb. 3.10: Konstante Abtastrate

Die Anzahl der Messungen pro Sekunde bezeichnet man als »Samplingfrequenz« oder »Abtastrate«. Das Ergebnis wird hier in Bit angegeben und als »Sampleformat« oder als »Samplingtiefe« bezeichnet. Es gibt den »Informationsgehalt« der Messung an.

Bei Audio-CDs beispielsweise wird eine Abtastrate von 44,1 kHz benutzt, also 44.100 Abtastungen pro Sekunde, und eine Auflösung von 16 Bit. Je mehr Bits aufgezeichnet werden, desto näher kommt man an das analoge Signal, an die Echtheit der Aufnahme.

3 Aufnahmetechnik und Audioschnittsoftware

Bei der Bearbeitung Ihrer Audiodateien mit einem Audioeditor fordern hohe Werte beim Sampleformat jedoch auch den Rechner mehr. Verfügt Ihr PC also über geringe Speicherressourcen, sind 16 Bit beim Sampleformat ausreichend. In *Audacity* beispielsweise lässt sich das Sampleformat auf »32-bit float« erhöhen.

Audioformate

Die Samplefrequenz und das Sampleformat bestimmen die Größe Ihrer Audiodatei. Unterschieden werden unkomprimierte und komprimierte Audiodateien. Das, was Sie auf einer Audio-CD bekommen, sind unkomprimierte Dateien. Das ist kein Problem, denn eine Audio-CD hat Platz für bis zu 700 MB, das sind 80 Minuten Spielzeit.

700 MB auf einem Smartphone oder auf dem Server einer Webseite nehmen viel zu viel Platz ein. Und es dauert auch zu lange, diese Datenmenge hochzuladen. Daher werden im Internet und für die mobile Nutzung komprimierte Dateien verwendet. Die sind – je nach Komprimierungsverfahren – etwa 10-mal kleiner.

Unkomprimierte Audiodatei-Formate

- WAV (Windows Wave Format) wurde von Microsoft und IBM entwickelt. Es kann keine Metadaten speichern.

- AIFF (Audio Interchange File Format) ist das von Apple entwickelte Pendant zu WAV. Allerdings kann AIFF auch Metadaten speichern.

Beide Formate beruhen auf Puls-Code-Modulation (PCM), einem Verfahren der Umsetzung von analogen in digitale Signale.

Komprimierte Audiodatei-Formate

- MP3 (MPEG 1, Layer 3) ist das am meisten verbreitete Format zur Speicherung und Übertragung im Internet, auf Smartphones und auf tragbaren Musikabspielgeräten. Das verlustbehaftete Kompressionsverfahren bedient sich dabei auch der Psychoakustik und entfernt Signale, die vom Menschen nicht wahrgenommen werden.

- WMA (Windows Media Audio) ist ein von Microsoft entwickeltes Verfahren, welches auf einem verlustbehafteten Kompressionsverfahren wie MP3 beruht.

- AAC (Advanced Audio Coding) ist ebenfalls ein verlustbehaftetes Audiodaten-Komppressionsverfahren. Es ist ein Standardformat und wird beispielsweise bei *iTunes* bevorzugt unterstützt. Bei Bitraten von 192 kbit/s und höher erhält man Ergebnisse in CD-Qualität.

- Ogg Vorbis ist ebenfalls ein verlustbehaftetes Format, welches als patentfreie Alternative zu MP3 entwickelt wurde. Im Bereich von 150 bis 170 kbit/s soll es die besseren Ergebnisse liefern. In der IT-Branche hat sich Ogg Vorbis neben MP3 und AAC etabliert, doch wird es nicht von allen Playern abgespielt. Einige Internetradio-Sender setzen ebenfalls auf dieses Format.

- Opus, ebenfalls ein verlustbehaftetes Audioformat, eignet sich besonders für Echtzeitübertragungen (Streaming) im Internet.
- FLAC (Free Lossless Audio Codec) ist ein noch junges Verfahren für die *verlustfreie* Audiodatenkompression. FLAC wird noch nicht von allen Abspielprogrammen unterstützt und verringert die Dateigröße nur etwa um die Hälfte.

3.3 Kopfhörer

Der Kopfhörer findet selten die Aufmerksamkeit, die er verdient, wenn es um die Technik beim Podcasten geht. Dabei ist er doch das Wichtigste, wenn ich überprüfen möchte, ob meine Aufnahme gelungen ist.

Neben dem Tragekomfort sind der Klang und auch die technischen Details interessant bei der Wahl des richtigen Kopfhörers.

Offen oder geschlossen?

Wie immer haben beide Systeme ihre Vor- und Nachteile. Doch für die Audioproduktion ist das geschlossene System das bessere. Offene oder halboffene Systeme sind zwar häufig bequemer und leichter, doch dringt Ton nach außen und stört dadurch nicht nur Ihre Mitmenschen, sondern kann auch Ihre Aufnahme ruinieren. Denn der Sound, der eben nicht nur auf Ihre Ohren geht, wird natürlich auch von Ihrem Mikrofon wahrgenommen. Echos entstehen oder sogar hässliche Rückkopplungen.

So wie nichts nach außen dringt bei einem geschlossenen System, dringt auch wenig nach innen. Die Kopfhörermuscheln umfangen das gesamte Ohr und liegen am Kopf auf.

Nicht alle bevorzugen für Studiosituationen geschlossene Kopfhörer. Der Hersteller Shure beispielsweise stellt den Klang an erste Stelle und empfiehlt offene Kopfhörer auch für das Recording. Denn geschlossene Modelle gelten klanglich als »weniger ausgewogen und eng«.

Frequenzbereich, Empfindlichkeit und Impedanz

Wir Menschen hören Frequenzen in einem Bereich von 20 bis maximal 20000 Hertz. Im Alter abnehmend. Diesen Bereich sollte ein Kopfhörer also abdecken.

Die Empfindlichkeit oder der Schalldruck in Dezibel (dB) gibt die Lautstärke an, die ein Kopfhörer »kann«. – Die Schmerzschwelle des menschlichen Gehörs liegt bei 134 dB. Ab 90 dB über einen längeren Zeitraum handeln Sie sich Gehörschäden ein.

Die Impedanz wird auch als »Scheinwiderstand« oder »Nennimpedanz« bezeichnet und in Ohm angegeben. Diese Angabe ist interessant bei der Frage, wo Sie den Kopfhörer anschließen möchten. Eine hohe Impedanz ist bei guten Hifi-Anlagen oder in einem Tonstudio nötig. Für die Soundkarten Ihres Rechners, für Smartphones und MP3-Player sollte man Kopfhörer mit einer niedrigen Impedanz auswählen. Denn diese Quellen können nicht die nötige Spannung liefern, die ein Kopfhörer beispielsweise mit einer Impedanz von 250 Ohm benötigt. Kopfhörer für mobile Geräte haben in der Regel eine Impedanz von 16 bis 80 Ohm.

Eine nicht abgestimmte Impedanz kann dazu führen, dass Ihr Kopfhörer nicht die volle Lautstärke erreicht, und spitze Ohren nehmen auch Einschränkungen beim Klang war.

3.4 Audioschnittsoftware

Eine Audioschnittsoftware benötigen Sie, um Ihre Podcastepisoden aufzunehmen, zu bearbeiten und in ein für das Internet taugliches Format zu exportieren. Auch hier bieten sich wieder verschiedene Programme an.

Audacity

Audacity ist ein freies (und kostenloses) Open-Source-Programm und bei Podcastern sehr beliebt. Es läuft unter Windows, Mac OS X und Linux. *Audacity* gehört zu den *destruktiven* Audioeditoren. Das bedeutet, dass das, was Sie entfernen, auch tatsächlich weg ist, und ähnelt damit dem analogen Arbeiten mit Tonbädern sehr. Denn auch hier war es vermutlich schwierig bis unmöglich, einen einmal entfernten Schnipsel wieder aus dem Papierkorb herauszufischen.

Der Vorteil ist, dass *Audacity* nur geringe Rechnerressourcen braucht und man damit auch an älteren PCs, Laptops oder Netbooks komfortabel arbeiten kann.

Audacity ist schnell und unkompliziert installiert. Sie finden am Ende dieses Buches alles, was Sie für einen Schnellstart mit dem Editor brauchen.

Hindenburg Journalist

Hindenburg Journalist ist eine Audioschnittsoftware, die speziell auf die Bearbeitung von Wortbeiträgen zugeschnitten ist. (*Audacity* und viele andere Programme richten sich auch oder vorwiegend an Musiker.) *Hindenburg Journalist* läuft ebenfalls unter Windows und Mac OS X. Für 85,- Euro bekommen Sie eine Lizenz, die schon alles hat, was man als Podcaster braucht. Die *PRO Lizenz* für 350,- Euro bietet einige Features mehr, wie die Unterstützung zusätzlicher Audioformate, eine Anbindung an *Skype* oder die Erstellung von Stimmprofilen.

Für Radiosender, Schulen und andere Organisationen bietet *Hindenburg Journalist* spezielle Lizenzen an.

Hindenburg Journalist ist ein nicht-destruktiver Audioeditor. Sie können einmal beschnittene Tracks wieder aufziehen, Tracks zusammenschieben oder Lautstärkeänderungen wieder rückgängig machen. Die Ursprungsdatei wird nicht verändert.

Hindenburg Journalist können Sie 30 Tage kostenlos testen.

Weitere Audioeditoren

Ebenfalls unter Windows und Mac laufen *Reaper* von Cockos Inc., *Studio One* (PreSonus) und *WaveLab Elements* (Steinberg).

Reaper ist eine »Digital Audio Workstation« und wird ebenfalls von einigen Podcastern in Verbindung mit Ultraschall zur Optimierung genutzt.

Samplitude von Magix ist nur für Windowsfreunde interessant und *GarageBand* steht nur Apple-Nutzern zur Verfügung.

Mobiles Podcasten

»Mobile Reporting« oder »Mobile Journalism« werden immer relevanter im Journalismus. Dabei wird das Smartphone zum Schweizer Taschenmesser für die Journalisten. Die Technologie der kleinen Geräte – mit denen man auch telefonieren kann – eignet sich für die Aufnahme von Fotos, Videos und Audios und zahlreiche Apps machen sogar die Bearbeitung möglich. Hochgeladen auf einen Server oder direkt in ein soziales Netzwerk sind die fertigen Beiträge dann schnell mit einem Klick.

Auch für das Podcasting sind die Produktion, die Bearbeitung und das Veröffentlichen über das Smartphone oder ein Tablet interessant.

Um eine gute Tonqualität zu gewährleisten, reichen die Mikrofone im Smartphone häufig nicht aus. Sie benötigen eine App, um das Eingangssignal zu kontrollieren, und damit das externe Mikrofon erkannt wird.

Bei den Mikrofonen ist die Auswahl übersichtlich und Sie können wählen zwischen Handmikrofonen und Ansteckmikrofonen, Lavaliermikrofonen. Manchmal gibt es dazu dann gleich die passende Aufnahme-App. Auch der bereits genannte Audioeditor *Hindenburg Journalist* bietet eine solche App an oder *Auphonic*.

Damit Ihre Aufnahme nicht gestört wird, ist es sinnvoll, das Smartphone vor der Aufnahme in den Flugmodus zu versetzen.

3.5 Drei Fragen an ...

Jens Wenzel (*www.jenswenzel.de*) ist Sprecher, Musiker und Toningenieur. Er »betrachtet die Welt durch die Ohren« und teilt seine gesammelten Ohrenblicke im Podcast auf *ohrenblicke.de*.

Podcasterinnen und Podcaster produzieren selten im Tonstudio, sondern vielleicht aus einer Ecke ihres Büros oder im Wohnzimmer. Welche Faktoren können hier die Aufnahme beeinträchtigen?

Aufnahmen in der eigenen Wohnung sind immer mit Kompromissen verbunden. Wer an einer stark befahrenen Straße wohnt oder laute Nachbarn hat, wird zwangsläufig mit Störeinflüssen von außen konfrontiert. Ein Tonstudio ist gegen solche Einflüsse durch besondere Baumaßnahmen gedämmt, eine Mietwohnung in der Regel nicht.

Ein anderes Kapitel ist die Innenakustik. Sämtliche Geräusche, die wir erzeugen, dazu gehören auch Musik und Sprache, werden von Wänden, Boden, Decke und anderen Oberflächen reflektiert. Vereinfacht kann man sagen: je größer der Raum und je glatter die Wände, desto größer die Nachhallzeit. Man kann es ausprobieren, indem man laut in die Hände klatscht. Die Reflexionen sind dann in Form einer mehr oder weniger kurzen Hallfahne oder als *Flatterecho* zu hören. Während bei Musikaufnahmen Hall durchaus erwünscht sein kann, sollten reine Sprachaufnahmen möglichst »trocken« klingen, damit die Sprachverständlichkeit nicht leidet. Flatterechos entstehen in kleineren Räumen dadurch, dass der Schall zwischen den Wänden mehrfach hin und her reflektiert wird und sich die Schallwellen überlagern. Das führt zu Auslöschungen und Verstärkungen bestimmter Frequenzbereiche und somit zu unerwünschten Klangverfärbungen. Man spricht hierbei auch vom *Kammfiltereffekt*, da die Auslöschungen und Verstärkungen über den Frequenzbereich wie die Zinken und Zwischenräume eines Kamms verteilt sind.

Abgesehen von der Akustik hängt eine gute Aufnahme auch vom Sprecher oder der Sprecherin selbst ab. Wer leise vor sich hin nuschelt, nach jedem Satz laut schmatzt oder seinen Text herunterleiert wie eine Durchsage der Deutschen Bahn, dem höre ich selten lange zu. Wer es schafft, mir etwas ansprechend zu erzählen, bei dem höre ich gerne mal über etwas Rauschen oder Nachhall hinweg.

Drei Fragen an ... 3.5

Lassen sich diese Beeinträchtigungen nicht mit der Audiobearbeitungssoftware entfernen?

Stellen wir uns vor, wir kochen einen Eintopf. Wenn wir den versalzen oder versehentlich Zucker hineinschütten, ist er im Normalfall nicht mehr zu retten. Eine Tonaufnahme ist im Grunde nichts anderes als ein akustischer Eintopf, das gilt auch für Sprachaufnahmen. Die Stimme ist ein Gemisch unterschiedlicher Frequenzen, die sich beim Sprechen ändern. Nachhall und Störgeräusche fügen weitere Anteile hinzu, die dem Nutzsignal, also der Stimme, überlagert werden. Diese Anteile gilt es schon bei der Aufnahme zu minimieren. Wenn der Eintopf erst damit verunreinigt ist, wird es schwierig.

Am einfachsten sind noch tiefe Frequenzen zu entfernen: das Grollen entfernter Lastwagen oder tiefes Rumpeln. So etwas liegt oftmals unter dem Frequenzbereich der Stimme. Hierbei hilft ein sogenannter *Hochpassfilter*: Der schneidet die unteren Frequenzbereiche weg und lässt das Nutzsignal, also die Stimme, unberührt. Generell kann man bei einer Männerstimme alles unter 80 Hz und bei einer Frauenstimme alles unter 150 Hz wegfiltern, ohne dem Nutzsignal zu nahe zu kommen. Das hängt aber auch stark von der *Steilheit* des Filters ab, denn je weniger steil die Filterkurve ist, desto stärker werden auch Frequenzen oberhalb der Grenzfrequenz abgeschwächt. Daher sollte man die Nachbearbeitung immer mit kritischen Ohren überprüfen. Manche Audioprogramme bieten auch Werkzeuge zur Frequenzanalyse, damit kann man sich den Frequenzumfang der Aufnahme und die Eingriffe des Filters grafisch anzeigen lassen.

Weitere Eingriffsmöglichkeiten bieten die Pausen. Diese treten zwischen den Sätzen, aber auch zwischen einzelnen Wörtern und sehr kurz auch innerhalb von Wörtern auf. In den Pausen fallen Nachhall und Störgeräusche am deutlichsten auf. Wenn wir dort den Pegel absenken, bleibt das Nutzsignal unangetastet. Das lässt sich mit einem sogenannten *Expander* bewerkstelligen. Dieser senkt alles ab, was einen vorgegebenen Pegel (*Threshold*, zu Deutsch: Schwellwert) unterschreitet. Die Extremform eines Expanders ist das *Noisegate*, es schaltet alles stumm, was den Schwellwert unterschreitet. Wir kennen das vom Handy, wenn in den Pausen die Hintergrundgeräusche unterdrückt werden.

Um einen Expander richtig einzustellen, bedarf es einiger Erfahrung. Letztlich kann ein Audioeffekt nicht zwischen Nutz- und Störsignal unterscheiden. Die Folge kann sein, dass auch leisere Sprachanteile abgeschwächt oder Atmer abgehackt werden. Im Zweifelsfalle sollte man also lieber die Finger davon lassen, denn falsch eingestellte Effekte können das Ergebnis verschlechtern.

3 Aufnahmetechnik und Audioschnittsoftware

Es gibt noch weitere Werkzeuge, um Aufnahmen zu »verschlimmbessern«. Nicht alle sind brauchbar, manche sind teuer, einige benötigen Erfahrung, und oftmals macht es viel Arbeit, eine Aufnahme zu reparieren. Eine völlig verhallte oder von Störgeräuschen durchsetzte Aufnahme lässt sich ohnehin nicht in eine glasklare High-End-Produktion verwandeln. Deshalb sollte man lieber an anderen Stellschrauben drehen, um ein befriedigendes Ergebnis zu bekommen.

Was kann man tun – ohne die Wohnung in ein Tonstudio umzubauen –, um diese Einflüsse zu minimieren?

Bei Störgeräuschen von außen hilft natürlich das Naheliegende: Fenster zu, Tür zu und sich ggf. mit dem Nachbarn einigen, wann die beste Zeit für seine Posaunentüden ist. Ansonsten kann man leider ohne umfangreiche Baumaßnahmen nichts gegen Lärm von außen unternehmen. Man kann sich allenfalls noch das ruhigste Zimmer in der Wohnung suchen, wenn man sich nicht die Mühe machen will, eine geschlossene Aufnahmekabine zu bauen.

Den Nachhall im Zimmer kann man mit ein paar Maßnahmen minimieren. Eine Möglichkeit ist, sich eine Art Zelt aus Wolldecken oder Molton herzurichten und darin sein Mikrofon aufzustellen. Effektiver ist es, wenn die Decken dabei nicht glatt herunterhängen, sondern Wellen schlagen, wie bei einer Gardine. In kleinen Räumen können auch Polstermöbel und ein Teppichboden schon hilfreich sein. Nackte Wände kann man mit Decken oder Stoff (am besten mit etwas Abstand zur Wand) behängen, um Flatterechos zu minimieren.

Letztlich dämpfen dünnere Stoffe nur die hohen Frequenzen, was zur Folge haben kann, dass der Raum dumpf klingt. Effizienter ist Schaumstoff, den man an den Wänden befestigt. Der weit verbreitete und oft überbewertete Noppenschaum wirkt nur in den Höhen und macht den Raum vor allem dumpf. Eine breitbandigere Absorption liefern plane Schaumstoffplatten mit mindestens 5, besser noch 10 cm Dicke. Man kann sich auch Stellwände bauen und sie mit Schaumstoff bekleben und sich so eine flexible »Aufnahmekabine« schaffen. Wichtig ist, dass man den Raum mit übertriebenen Absorptionsmaßnahmen nicht akustisch »tot« macht. Solche Räume klingen unnatürlich, und man fühlt sich darin schnell unwohl. Daher sollten zwischen den Schaumstoffplatten immer noch reflektierende Flächen übrig bleiben.

In manchen Internetforen wird Schaumstoff aus Basotect empfohlen. Der hat zwar den Vorteil, dass er sehr leicht ist und als »schwer entflammbar« gilt, das hat aber auch seinen Preis. Wer beim Podcasten kein Lagerfeuer entzünden möchte, für den reicht der billigere PUR-Schaumstoff, wie er auch für Polster verwendet wird, völlig aus. Natürlich hilft auch eine Schaumstoffmatratze, die man an eine Wand seiner Aufnahmeecke stellen kann. Wem Schaumstoff zu hässlich ist, kann ihn auch mit einem leichten Baumwollstoff in seiner Lieblingsfarbe überziehen. Ein spezieller Akustikstoff ist hierzu nicht nötig.

Bücherregale können als *Diffusor* fungieren, wenn die Bücher nicht gleichmäßig darin aufgereiht sind, sondern unterschiedlich tief im Regal stehen. Ein Diffusor streut den Schall und verbessert den Raumklang. Er hilft z.b. gegen Flatterechos. Wer im Schlafzimmer aufnimmt, kann in den geöffneten Kleiderschrank sprechen, der einen guten Absorber abgibt, vorausgesetzt, er ist mit genügend Kleidung gefüllt.

Mit etwas Einfallsreichtum kann man aus seinem Zimmer also schon mit einfachen Maßnahmen ein passables Podcaststudio machen. Meine Empfehlung: einfach mal experimentieren und hören, wie sich der Raumklang durch die ein oder andere Maßnahme verändert, und dabei die Nachhallzeit mit einem lauten Händeklatschen überprüfen. Und noch ein Hinweis zum Schluss: Wer dem immer noch verbreiteten Ratschlag nachgehen möchte, seinen Aufnahmeraum mit Eierkartons auszukleiden, kann das gerne tun. Allerdings bringt es akustisch nicht viel und sieht zudem noch albern aus!

3.6 Jetzt sind Sie an der Reihe

- Schauen Sie, was bereits vorhanden ist. Vielleicht ist das Headset, das Sie bisher nur zum Skypen nutzen, gar nicht so schlecht und für die ersten Schritte mit Mikrofon und Audioeditor bestens geeignet.
- Stöbern Sie im Internet oder bei einem Fachhändler und lesen Sie Kundenmeinungen oder tauschen Sie sich mit anderen Podcastern aus. Ihr Podcastkonzept sollte Ihnen verraten, welche Aufnahmetechnik für Sie geeignet ist: Das Headset für »Alleinunterhalter«, ein Interface, wenn Sie mit mehreren Personen Ihren Sendungen erstellen, oder doch ein digitales Aufnahmegerät?
- Probieren Sie aus, was für Sie passt und welcher Klang Ihnen gefällt.
- Schauen Sie sich die Testversionen unterschiedlicher Audioeditoren an oder legen Sie gleich mit *Audacity* los. Den Schnellstart können Sie mit dem Editorial in Kapitel 11 machen.

Kapitel 4

Inhalt und Aufnahme

4.1	Frei sprechen oder Manuskript erstellen	64
4.2	Die Sprache im Podcast	72
4.3	Sprechwerkzeuge	73
4.4	Achtung Aufnahme!	77
4.5	Darstellungsformen	78
4.6	Das Intro und Outro	86
4.7	Drei Fragen an …	87
4.8	Jetzt sind Sie an der Reihe	90

Jetzt wird's ernst. Sie nehmen Ihre erste Episode auf!

Im besten Fall liegt eine Gliederung Ihrer Episode vor Ihnen. Hier steht, wie Ihre Begrüßung sein soll, und wenn Sie ein Intro einspielen, dann ist der Text hier notiert.

Die Rubriken wie »Interview«, »Zitat« oder »News« sind ebenfalls eingefügt und auch die Angaben zu Ihrer Homepage, ein »call to action«, Informationen zur verwendeten Musik und andere Hinweise, die Sie auf jeden Fall nennen wollen. Ihren Namen kennen Sie, doch schreiben Sie sich besser auf, wann und wo Sie ihn nennen wollen – oft wird das am Ende ganz vergessen. Ich empfehle übrigens, ihn am Anfang und am Ende zu nennen. Schon aus reiner Höflichkeit sollten Sie sich Ihren Hörern vorstellen und da Gehörtes oft etwas Flüchtiges hat, wiederholen Sie Ihren Namen am Ende noch einmal.

> **TIPP**
>
> Bei Gesprächsrunden, die aus mehreren Personen mit ähnlichen Stimmen bestehen, hilft es den Hörern außerdem, wenn der Moderator den Namen der Person nennt, die er gerade anspricht.

Grob lassen sich zwei Podcast-Formen unterscheiden: Podcasts, die als Gespräch gestaltet werden und Podcasts eines »Alleinunterhalters«.

Für einige ist es einfacher, gemeinsam vor dem Mikro zu sitzen und in einem Frage-Antwort-Dialog oder in einem Gespräch ihr Wissen zu präsentieren oder das Thema zu behandeln. Wie bereits gesagt: Die verschiedenen Stimmen vermeiden automatisch Eintönigkeit und die Gefahr des Monologisierens oder Dozierens besteht nicht. Wenn wir ein Gegenüber haben, müssen wir uns in der Regel auch nicht bemühen, »ansprechend« zu klingen. Ein paar Beispiele haben Sie bereits in Kapitel 2 kennengelernt.

Den größten Anteil der Podcaster machen die »Alleinunterhalter« aus. Damit sich der Hörer hier angesprochen fühlt, ist es hilfreich, wenn Sie sich ein Gegenüber vorstellen, einen »Ansprechpartner«. Klappt das nicht, stellen Sie das Foto einer Freundin oder eines Freundes auf den Schreibtisch und vermitteln diesem Ihr Know-how.

4.1 Frei sprechen oder Manuskript erstellen

Ob Sie frei sprechen oder ein Manuskript erstellen, liegt ganz bei Ihnen. Probieren Sie aus, was Ihnen besser liegt. Eine Liste mit Stichworten, die einen roten Faden vorgibt, reicht vielen Podcastern aus. Andere schreiben sich detaillierte Manuskripte.

Wenn Sie sich ein Manuskript erstellen, besteht das Risiko, dass die Inhalte abgelesen klingen. So ginge ein großer Vorteil des Podcastens verloren, nämlich der der Lebendigkeit und vielleicht auch ein wenig der Reiz des Unprofessionellen. Doch ist frei zu sprechen nicht jedermanns Sache und bedarf vielleicht noch der Übung.

Manuskript erstellen

Genauso braucht aber auch das Lesen vom Skript Übung. Versuchen Sie dabei, sich nicht Wort für Wort am Text entlangzuhangeln. Die Augen sollten immer schon einige Worte weiter sein. Das wird Ihnen nicht schwerfallen, da Sie Ihren Text ja kennen, und vermutlich werden Sie ihn fast frei sprechen können. Das Skript ist nur noch als Sicherheit da, als Geländer, an dem Sie sich zwischendurch mal festhalten können, wenn der Weg durch die Sendung etwas schwierig wird.

Beim Schreiben eines Manuskripts können Sie gut über den Inhalt nachdenken, an Formulierungen feilen, damit sie wirklich klar und verständlich sind, und darauf achten, dass Sie die richtigen Worte wählen.

Natürlich können Sie die Aufnahmen bearbeiten und wiederholen, doch klingt eine Aufnahme am Stück meistens besser – und macht beim Schnitt auch weniger Arbeit. Die Aufnahme wird außerdem meistens nicht besser, wenn sie x-mal wiederholt wird. Leicht verfällt man dann ins »Leiern«.

Einige Podcaster transkribieren ihre Beiträge und stellen sie neben dem Hörbeitrag ebenfalls zur Verfügung. Häufig in den Shownotes, in den Notizen zur Sendung. Das freut die Suchmaschinen und die Besucher Ihres Blogs können selbst entscheiden, ob sie lesen oder hören möchten. Arbeiten Sie mit einem Manuskript, existiert der Lesetext vor dem Hörbeitrag und Sie sparen sich das nachträgliche Transkribieren.

Sie wollen nicht den ganzen Text veröffentlichen? Dann können Sie aus diesem Text schnell und einfach die Shownotes erstellen.

Schreiben fürs Hören

Texte, die nicht *ge*lesen, sondern *vor*gelesen werden, müssen anders geschrieben werden, weil ein Leser den Inhalt anders aufnimmt als ein Hörer:

Lesen wir einen Text, bestimmen wir selbst das Lesetempo, wir können Sätze noch mal lesen, im Text zurückblättern, Zusammenhänge zurückverfolgen. Das können Hörer alles nicht. Radio zum Beispiel ist ein lineares Medium, welches unaufhaltsam abläuft. Stoppen wir es, verlieren wir den Anschluss.

4 Inhalt und Aufnahme

Den Hörerinnen und Hörern fehlt außerdem die visuelle Orientierung, die die Leser durch das Layout, durch Satzzeichen, Absätze, Fotos und vieles mehr angeboten bekommen.

Wenn die Hörer dem Inhalt eines Hörbeitrages nicht mehr folgen können, steigen sie aus. Lauschen Sie einem Hörbuch oder einem Podcast, können Sie im Prinzip »zurückspulen«, den Beitrag noch mal hören – aber mal ehrlich, wie oft macht man das? Und ist es nicht schöner, alles in einem Guss aufzunehmen und dabei auch auf Anhieb zu verstehen?

Daher gilt beim Schreiben fürs Hören: *Jeder Satz soll so geschrieben sein, dass man ihn auf Anhieb versteht!*

Das Schreiben fürs Hören orientiert sich sehr an der gesprochenen Sprache und gibt folgende Empfehlungen.

Verben

Benutzen Sie, wo immer es geht, Verben und ersetzen Sie Substantive durch Verben. Besonders Substantive, die auf »ung« enden, sind getarnte Verben.

So wird aus »Regulierung« »regulieren« oder »gestalten«, aus »Gliederung« »gliedern«, aus »Eröffnung« »eröffnen«. Worte wie »Klärung«, »Unterzeichnung«, »Herstellung« sind reinster Nominalstil. Sie machen einen Text – auch einen Text, der fürs Lesen geschrieben wurde – schwerfällig und erinnern an Amtssprache.

Verben nach vorne. Und besonders bei den sogenannten zerrissenen Verben mit »haben« sollte man den Hörer nicht zu lange im Ungewissen lassen, was denn nun eigentlich geschieht:

»Gestern Abend, es wurde schon langsam dunkel, habe ich, in Begleitung meines Hundes, auf dem Weg zum Supermarkt ...«

Benutzen Sie das Aktiv, die Tätigkeitsform, bei Verben:

»Der Bauer trieb die Herde auf die Straße.«

Diese Formulierung ist korrekter als:

»Die Herde wurde auf die Straße getrieben.«

Das Passiv, die Leidensform, sollten Sie nur nutzen, wenn tatsächlich etwas »erlitten« wird. Ansonsten ist es sprachlich ungenau. Im oben genannten Beispiel ist es vielleicht nicht wichtig, wer die Schafe auf die Straße treibt, doch wie sieht es aus, wenn Demonstranten in die Enge getrieben werden?

Ähnlich verschleiernd wirkt übrigens auch der Nominalstil: Wenn Sie das Verb substantivieren, dann müssen Sie nicht mehr sagen, wer etwas tut.

»Verben müssen schwitzen«, schreibt Doris Märtin in »Smart Talk«. Denn »schwitzende« Verben, Verben die ein Geschehen benennen, bringen Leben in Texte und natürlich auch in Hörtexte.

Wenn Sie Ihre Hörer zu einer Handlung auffordern möchten, Sie möchten beispielsweise Feedback zu Ihren Inhalten oder bieten einen Download auf Ihrer Webseite an, dann kommen Sie gar nicht um eine lebendige und motivierende Sprache herum.

Satzbau

Ein weiterer wichtiger Grundsatz beim Schreiben fürs Hören betrifft den Satzbau.

Bilden Sie kurze Sätze. Für jeden neuen Gedanken, für jede neue Information reservieren Sie einen eigenen Satz.

Entwickeln Sie Ihre Gedanken schrittweise, ohne etwas vorwegzunehmen oder einzuschieben. Die Hörer brauchen zuerst die Hauptinformation, um dann das Folgende Schritt für Schritt verstehen zu können. Je komplexer eine Sache ist, umso wichtiger ist diese Regel.

Variieren Sie den Satzbau. Subjekt, Verb, Zeit, Ort und Objekt, das ist das häufigste Satzmuster und es wirkt in der Wiederholung einschläfernd. Aber jede Abweichung von dieser Formel widerspricht zunächst der Erwartung der Hörer und weckt damit ihre Aufmerksamkeit.

Unvollständige Sätze sind durchaus legitim. Auch in unserer Alltagssprache nutzen wir sie häufig. Wenn wir zum Beispiel einem Satz nur eine kurze Information anhängen. Und *Schreiben fürs Hören ist Schreiben fürs Sprechen!*

Was für die Länge der Sätze gilt, gilt auch für die Wörter: Bevorzugen Sie **kurze Wörter.**

> **TIPP**
>
> Auf *www.textanalyse-tool.de* können Sie Ihre Texte analysieren lassen. Hier werden Wörter und Silben gezählt, die Textlänge bestimmt, Füllwörter identifiziert und vieles mehr. Die Arbeit mit diesem Tool sensibilisiert Sie und wird so schon bald überflüssig.

Adverbien und Konjunktionen

Benutzen Sie Adverbien und Konjunktionen. Wörter wie »dagegen«, »trotzdem«, »auch«, »denn«, »während«, »weil«, »obwohl«, »ohne dass« verknüpfen den Text und stellen Zusammenhänge dar oder unterstreichen sie.

Textaufbau

Schon bei der Gestaltung Ihres Textkonzeptes können Sie die Besonderheiten des Hörens berücksichtigen. Was für den Satzbau gilt, nämlich Gedanken schrittweise zu entwickeln, gilt natürlich auch für den ganzen Textaufbau. Lassen Sie Ihre Hörer wissen, was sie erwartet, und geben Sie ihnen die Orientierung, die sie auch bei einem Lesetext haben.

Formulieren Sie eingangs einen kurzen Überblick über die folgenden Themen:

»Heute möchte ich Ihnen die drei wichtigsten Regeln fürs Schreiben fürs Hören vorstellen.«

Diese kleine Einleitung kann natürlich auch spannender geschrieben werden, so dass sie als »earcatcher« dient und den Hörer neugierig macht auf das Kommende. Im Hörfunk übernimmt oft der Moderator diese Aufgabe.

Und im Verlauf des Textes sagen Sie, wo Sie sind:

»Die zweite Regel lautet ... Und als Letztes ...«

So weiß der Hörer immer, was noch kommt. Und haben Sie keine Hemmungen vor Wiederholungen und vor kleinen Zusammenfassungen zwischendurch.

Redundanz

Viele der bisher genannten Grundsätze gelten für alle Arten von Texten. Besonders für Texte, die im Internet gelesen werden, ist es wichtig, dass die Leser auch beim »Scannen« des Textes erfassen, worum es geht.

In der Schule haben wir gelernt, in einem guten Aufsatz solle ein Begriff nicht zweimal nacheinander auftauchen, und haben verzweifelt nach einem Synonym gesucht. Das gilt heute nicht mehr unbedingt für gute Texte und beim Schreiben fürs Hören gilt es gar nicht. Ganz im Gegenteil.

Wiederholungen erleichtern dem Hörer, dem Beitrag zu folgen, und Synonyme verwirren den Hörer eher.

Frei sprechen oder Manuskript erstellen   4.1

Das Gleiche gilt für Zusammenfassungen. Eine Zusammenfassung, ein Fazit am Ende einer Sinneinheit strukturiert Ihren Text. Besonders, wenn es um komplexe Inhalte geht.

Nicht Abwechslung, sondern Wiederholung schafft Verständlichkeit!

Verständlichkeit

Vorsichtiger Umgang mit Zahlen:

Sagen Sie besser »ein gutes Drittel« statt »34,7 Prozent« oder »knapp 10 Prozent« statt »9,8 Prozent«.

Suchen Sie anschauliche Vergleiche für die genannte Zahl. Besonders im Kinderfunk sind Vergleiche beliebt und auch Erwachsene merken sich Fakten so viel leichter. Da sind 20 Liter zwei Eimer Wasser oder die Oberfläche des Darms ist so groß wie ein Tennisplatz.

Damit Zahlen auch von Ihren Hörern besser eingeordnet werden können, setzen Sie sie in Relation. Dem Leser können Zahlen gut mit Tabellen und Diagrammen präsentiert werden. Auf einen Blick sehen sie das Verhältnis der Zahlen zueinander, ob es einen Anstieg gab oder eine Senkung. Aber Ihre Hörer brauchen etwas mehr.

»Die Zahlen der Podcasthörer sind von 2014 zu 2015 von 7 auf 13 Prozent angestiegen. Das sind 6 Prozentpunkte.«

Eindrucksvoller wäre: »Die Zahl der Podcasthörer hat sich nahezu verdoppelt«.

Wenn Sie von mir hören, dass es in Deutschland 7,3 Millionen Podcasthörerinnen und Hörer gibt, werden Sie vermutlich nur mit den Achseln zucken. Doch wenn ich Ihnen konkrete Beispiele gebe und sage, der »Führungskräftetrainer« erreicht mit jeder Episode 7000 Hörer und der Podcast eines regionalen Sportvereins 200 Menschen, dann denken Sie vielleicht: »Klasse, wie kann ich sonst 200 Menschen im Monat ansprechen?« Die Zahlen werden relevant für Sie.

Und zuletzt: Vermeiden Sie Fremdwörter. Der Einsatz von Fremdwörtern richtet sich stark nach Ihrer Zielgruppe. Sprechen Sie Laien an, sollten Sie weniger Fachbegriffe benutzen beziehungsweise diese erläutern.

Auf den Punkt gebracht

Bedenken Sie beim Schreiben fürs Hören die Unterschiede zwischen Lesen und Hören: Die Hörer können nicht im Text zurückspringen. Sie haben keinen ständigen Überblick über den Text und seine Gliederung vor sich. Und versuchen Sie, treffende, konkrete

Worte zu finden, lebendige Worte, die bei Ihren Hörern Bilder im Kopf entstehen lassen.

> **TIPP**
>
> Lesen Sie Ihren Text laut mit, wenn Sie ihn verfassen. Dann merken Sie am besten, wo es hakt und wo es sich schlecht sprechen lässt. Schon Aristoteles hat in seiner Rhetorik bemerkt: »Das Geschriebene muss sich leicht vorlesen lassen.«

> **HINWEIS**
>
> Mehr dazu finden Sie in »Schreiben fürs Hören« von Stefan Wachtel.

Frei sprechen

Auch zum frei Sprechen gehört eine Vorbereitung und die oben genannten Empfehlungen für die Wahl der Worte und Formulierungen gelten natürlich auch. Doch zu lange und komplizierte Sätze entstehen eher beim Schreiben als beim Sprechen.

Michael Rossié beschreibt in seinem Buch »Frei sprechen« das Sternsystem. Er wendet sich in diesem Buch an Moderatoren und Redner. Und eine Mischung aus beidem sind Sie ja als Podcaster.

Das Sternsystem eignet sich gut, um ein Thema vorzubereiten, und beim Sprechen klingt jeder Satz frisch, als hätten Sie ihn gerade erdacht.

So gehen Sie vor:

- Für jeden Gliederungspunkt entwerfen Sie einen Stern.
- Ein Stern hat bei Michael Rossié mindestens vier, doch nicht mehr als zehn Strahlen.
- Innerhalb eines Sterns gibt es keine Reihenfolge. Das heißt, beim Üben beginnen Sie bei jedem Durchlauf mit einem anderen Strahl.
- Zu jedem Strahl wissen Sie mehrere Sätze zu sagen. Michael Rossié sagt, frei reden bedeute unvollständig sein. Das heißt, Fakten lesen Sie ab.
- Bringen Sie möglichst wenige Fakten in der Anmoderation, dem einführenden Text zu Ihrem eigentlichen Inhalt.
- Ein gesprochener Satz sollte nur eine Information enthalten, maximal zwei.
- Üben Sie laut!

- Je trockener die Materie, desto wichtiger die Bilder.
- Benutzen Sie persönliche und konkrete Bilder.
- Vorsicht vor falschen und abgenutzten Bildern.

Auch die Vorbereitung und das Vortragen mit Hilfe von Mindmaps ist hilfreich und vermeidet das »Herunterleiern« des Inhalts.

Unterstützung durch Spracherkennungssoftware

Not macht erfinderisch. Auch beim Podcasten. So berichtete mir ein Podcaster, er würde seine Beiträge frei sprechen und dabei mit einer Spracherkennungssoftware aufzeichnen. Diesen Text verbessert er dann in der Textverarbeitung, spricht ihn neu, verbessert ihn wieder, spricht ihn neu und nähert sich so einem gut verständlichen und frei gesprochenen Text.

Durch den Umweg über die Bearbeitung am schriftlichen Text bekommt und behält er den Charakter des frei Gesprochenen. Der Text lässt sich gut analysieren, zum Beispiel mit dem bereits erwähnten Textanalyse-Tool, überarbeiten und so »briefen« Sie sich selbst für die nächste Aufnahme.

Natürlich können Sie sich Ihre Aufnahme auch einfach kritisch anhören und wiederholen. Doch die schriftliche Auseinandersetzung mit dem Text sensibilisiert Sie mehr für die eigene Sprache. Auf diese Weise werden Sie vermutlich mit der Zeit immer weniger Aufnahme/Textanalyse-Schleifen machen müssen.

Über das Warum oder unser Gehirn

Immer wieder heißt es in Ratgebern, nutzen Sie anschauliche Begriffe, lassen Sie Bilder im Kopf Ihrer Hörer entstehen, oder Hören sei Kopfkino. Vermutlich hat auch das schon Aristoteles festgestellt. Doch warum ist das so?

Hören ist ein komplexer Ablauf, an dem verschiedene Regionen im Gehirn beteiligt sind. Das Innenohr gibt erstmal nur den Schall weiter. Dann müssen der emotionale Unterton registriert, Satzbau und Grammatik verarbeitet, das Gesprochene verstanden und die Bedeutung des Gehörten entschlüsselt werden. Das passiert nahezu gleichzeitig innerhalb von Millisekunden.

Hören und Lesen sowie Sprechen und Schreiben greifen dabei auf das gleiche »mentale Lexikon« zurück. Ein häufiges und somit vertrautes Wort wird schon nach 300 bis 400 Millisekunden erkannt. Untersuchungen zeigten, dass beim Lesen das schnelle Erkennen von Wörtern auch mit der Häufigkeit ihres Auftretens zu tun hatte; beim Hören spielte alleine die Vertrautheit eine Rolle. (Fremdwörter und Fachbegriffe!)

Einzelne Wortarten werden an unterschiedlichen Orten des Gehirns verarbeitet und regen dabei andere Netzwerke an. Verben beispielsweise regen Hirnareale an, die eigentlich für die Bewegung zuständig sind.

Anschauliche Begriffe wie »Kuh« aktivieren Areale, die Empfindungen verarbeiten – sowohl in der rechten als auch in der linken Gehirnhälfte. Abstrakte Begriffe wie »Großvieheinheit« werden vorwiegend in dem für die Sprache zuständigen linken Bereich verarbeitet. (Quelle: Markus Reiter, »Sag's einfach!« In »Gehirn und Geist«.)

Da es weder beim Hören noch beim Lesen darum geht, nur einzelne Worte zu verstehen, sondern ganze Sätze, werden diese in Einzelteile zerlegt und im Arbeitsgedächtnis zwischengelagert. Daraus erfassen wir dann den Gesamtzusammenhang. Da das Arbeitsgedächtnis nur geringe Kapazitäten aufweist, sieben Informationseinheiten werden meistens genannt, sollten kurze Sätze bevorzugt genutzt werden. 14 bis 16 Wörter werden für Lesetexte empfohlen und das ist eine gute Größe auch fürs Hören.

4.2 Die Sprache im Podcast

Zunehmend achten auch Podcaster – ausgenommen sind die Profis aus dem Hörfunk, denn die achten schon immer darauf, was sie sagen – auf ihre Ausdrucksweise und sprechen nicht unbedingt so, wie ihnen der Schnabel gewachsen ist.

Es gibt Sprachregeln, um niemanden zu diskriminieren, und Sprachregeln, um eine positive Atmosphäre zu schaffen. Zu Letzteren gehören, dass man aufmerksam gegenüber dem Wörtchen »aber« ist, da es das zuvor Gesagte negiert, oder bei »minus« einen negativen Touch transportiert.

Auch die Modalverben »müssen« und »sollen« werden häufiger auf den Prüfstand gestellt sowie die Verneinung.

Teilweise sehr scharf wird das Gendern diskutiert. Also dass Männer und Frauen in der Sprache gleichermaßen berücksichtigt werden. In Texten ist das Binnen-I bekannt oder mit einem Schrägstrich werden die entsprechenden Endungen angehängt.

Beim Sprechen wäre das nicht hörbar, doch hier kann man leicht sagen »die Hörerinnen und Hörer«, und um Wiederholungen zu vermeiden, können Sie auch Attribute verwenden und von den »weiblichen und männlichen Hörern« sprechen. Auch Formen wie »die Medienschaffenden«, »die Schreibenden«, »die Teilnehmenden« bieten sich an. Oder Sie finden alternative Bezeichnungen wie »Team« statt »Mannschaft« oder »Kontakt« statt »Ansprechpartner«.

Und am Ende beginnt das Gendern bereits bei der Wahl der Interviewpartner.

> **TIPP**
>
> Die Universität Potsdam hat fürs Gendern einen schönen Leitfaden herausgebracht: www.uni-potsdam.de/fileadmin/projects/phi/Dokumente/Gunnarsson/dogleichstellung-sprache-leitfaden-uni-potsdam.pdf

4.3 Sprechwerkzeuge

Der Inhalt Ihres Podcasts steht. Nun muss er vermittelt werden und zwar mit Ihrer Stimme. Die Stimme ist eines Ihrer wichtigsten – vielleicht sogar das wichtigste Werkzeug beim Podcasten. Denn die Stimme macht Ihren Podcast unverwechselbar, sie transportiert Emotionen und Ihre Leidenschaft für Ihr Thema. Sie drückt Ihre Persönlichkeit aus und sorgt, durch Betonungen, Pausen, Tempo und Artikulation dafür, dass die Inhalte gut – und verständlich – rüberkommen.

Eine gute Technik, eine passende Aufnahmeumgebung und -situation unterstützen dies. Doch damit Sie gut klingen und gut artikulieren, möchte das Werkzeug Stimme »geölt« werden.

Warm-up für die Stimme

Den richtigen Ton finden – Wohlfühlstimmlage

Jeder Mensch hat eine ganz bestimmte Stimmlage, in der er ohne Anstrengung sprechen kann. Oft wird sie auch als »Indifferenzlage«, »Eigenton« oder »Wohlfühlstimmlage« bezeichnet. In dieser Tonlage klingt Ihre Stimme authentisch und sympathisch. Sprechen Sie höher oder tiefer, strengt das unnötig an und klingt auch nicht gut.

Doch wie findet man die eigene Wohlfühlstimmlage?

Setzen Sie sich bequem hin, denken Sie an etwas Leckeres oder an einen schönen Duft und summen Sie ein genüssliches »hmmmm«. Das ist Ihr Eigenton! Ein begeistertes »Wow!« sollte den gleichen Ton treffen.

> **TIPP**
>
> Viele Redner, Politiker zum Beispiel, stimmen sich mit einem »hmmmm« auf ihren Einsatz ein. Versuchen Sie das auch einmal: Bevor Sie mit einem Redebeitrag in einer Runde dran sind, flechten Sie ein zustimmendes »hmm«. Das fällt nicht auf und kalibriert Sie auf Ihre beste Tonlage.

Locker bleiben

An die 100 Muskeln sind am Sprechakt beteiligt und jede Verkrampfung der Gesichts- und Halsmuskulatur sowie des gesamten Körpers wirkt sich negativ auf die Stimme aus. Zu viel »körperliche Laschheit« ist der Stimme allerdings auch nicht förderlich.

Wenn Sie vor dem Mikrofon sitzen, achten Sie darauf, dass Sie locker bleiben. Also: Rücken gerade und Schultern hängen lassen. Vermeiden Sie Kleidung, die Ihren Bauch einengt. Ihr Atem soll frei fließen können. Am besten sprechen Sie im Stehen, ohne durchgedrückte Knie.

Machen Sie ein paar Lockerungsübungen für Ihren Körper und Ihre Sprechwerkzeuge vor der Aufnahme:

- Schlenkern Sie mit den Armen und hüpfen Sie dabei. Das regt auch eine tiefe Atmung an.
- Recken und strecken Sie Ihren Körper.
- Schürzen Sie die Lippen und pressen Sie den Atemstrom sanft gegen die leicht geschlossenen Lippen. Sie hören ein »schnaubendes Pferd«.
- Lassen Sie den Kiefer locker hängen und massieren Sie den Bereich Ihrer Kaumuskulatur.
- Beißen Sie auf Ihren Daumennagel und bewegen Sie Ihren Kiefer vorsichtig hin und her.
- Fahren Sie langsam mit Ihrer Zunge außen an den oberen Zähnen entlang. Genüsslich (!) achtmal nach links, achtmal nach rechts. Dann wiederholen Sie dies mit der unteren Zahnreihe und schließlich machen Sie vier ganze Runden an den äußeren Zahnreihen.

Atmung

Die Atmung ist das A und O des Sprechens. Am besten für das Sprechen ist die Bauchatmung. Hierbei ist das Volumen der Lungen vergrößert und Sie haben ausreichend Luft, auf der Sie locker und lange sprechen können.

Das Zwerchfell ist der wichtigste Atemmuskel. Es trennt die Organe im Bauchraum von denen im Brustraum. Beim Einatmen dehnt sich das Zwerchfell nach unten aus, der Bauch wölbt sich vor, das Lungenvolumen vergrößert sich und Luft strömt ein. Beim Ausatmen entspannt sich das Zwerchfell, die Lunge zieht sich wieder zusammen und die Luft strömt aus.

Werden Sie sich Ihres Atems mit Atemübungen bewusst:

Sprechwerkzeuge 4.3

- Entspannung: Legen Sie sich auf den Rücken und durchwandern Sie im Geist die einzelnen Körperteile. Lassen Sie sie bewusst locker.
- Normal Atmen: Beobachten Sie Ihren Atem: Was hebt sich, was senkt sich, wohin fließt die Luft?
- Bauchatmung: Versuchen Sie, bewusst in den Bauch zu atmen.
- Flankenatmung: Setzen Sie sich aufrecht auf einen Stuhl. Legen Sie Ihre Hände unter Ihre hinteren seitlichen Rippen und spüren Sie, wie sich beim Atmen Ihre Flanken dehnen.
- Bauchatmung im Sitzen: Stellen Sie die Füße fest auf und atmen Sie in den Bauch.
- Partnerübung: Lassen Sie sich beim Ein- und Ausatmen den Rücken abklopfen.
- Atmen nach Zahlen: Zählen Sie bis vier beim Einatmen, halten Sie bis acht den Atem an und zählen Sie wieder bis acht beim Ausatmen. Dadurch lernen Sie, kurz einzuatmen und beim Ausatmen den Atem gut dosiert und langsam abzugeben.

Resonanzräume

Das eigentliche Stimmorgan ist unser Kehlkopf. Er ist mit einem Blasinstrument vergleichbar. Die Stimmlippen, auch Stimmbänder genannt, werden von der ausströmenden Luft in Schwingungen versetzt und es entstehen Töne, die durch Zunge und Mund zu »Sprachlauten« geformt werden. Mund-, Nasen- und Rachenraum machen den persönlichen Klang und die Fülle, das sogenannte Timbre Ihrer Stimme aus. Weite und entspannte Kehl- und Rachenräume sorgen für einen vollen Klang Ihrer Stimme.

Bei der *Gähnübung* wird der Kehlkopf locker in die Tiefe gezogen und Kehl- und Rachenräume maximal geweitet: Gähnen Sie mit geschlossenem Mund, ein Höflichkeitsgähnen sozusagen.

Die *Kauübung* bildet eine Verbindung und Koordination zwischen lustbetontem Essen und lustbetontem Sprechen im Zentralen Nervensystem aus und wirkt sich positiv auf die Stimme aus. Sprechen Sie »njom, njum, njam, njem, njim, njeum, njeim, njaum« und machen Sie dabei Kaubewegungen oder kauen Sie Gemüse oder Müsliriegel.

Ein »M«-Summen in Ihrer Indifferenzlage und dabei kauen ist auch gut.

4 Inhalt und Aufnahme

Der Kehlkopf *(Larynx)*

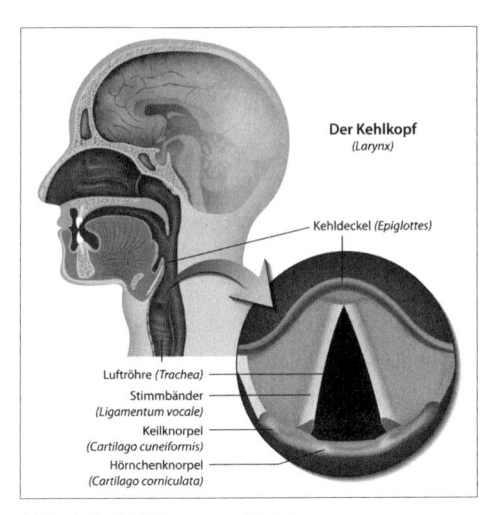

Kehldeckel *(Epiglottes)*

Luftröhre *(Trachea)*
Stimmbänder *(Ligamentum vocale)*
Keilknorpel *(Cartilago cuneiformis)*
Hörnchenknorpel *(Cartilago corniculata)*

Abb. 4.1: © bilderzwerg / Fotolia.com

Zwerchfell-Training

Ihr Zwerchfell wird trainiert durch ein kräftiges »Hopp, Hopp, Hopplahopp«. Dabei hüpft das Zwerchfell wie ein Trampolin.

Übrigens: Lachen trainiert das Zwerchfell ebenso!

Artikulation

Für eine gute Artikulation sind ebenfalls lockere und entspannte Muskeln nötig. Mit zusammengebissenen Zähnen kann Sie niemand verstehen.

Ein paar Zungenbrecher zum Üben:

- Blaukraut bleibt Blaukraut und Brautkleid bleibt Brautkleid.
- Fischers Fritze fischt frische Fische. Frische Fische fischt Fischers Fritze.
- In Ulm, um Ulm, und um Ulm herum.
- Denn der, der den Dänen dehnt, der dient den Dänen.
- Der Whiskeymixer mixt Whiskey an der Whiskeymixerbar.
- Im dichten Fichtendickicht wachsen dicke Fichten dicht an dicht.
- Der Cottbusser Postkutscher putzt den Cottbusser Postkutschkasten blank.
- Der Kaplan klebt klappbare Pappplakate.

- Zwischen zwei Zwetschgenzweigen sitzen zwei zwitschernde Schwalben.
- Fromme Frösche fressen frische Frühlingszwiebeln, aber freche Frösche fressen frische Früchte.

Gesammelte Tipps zum Thema Sprechen

- Bewahren Sie sowohl im Sitzen als auch im Stehen eine aufrechte Haltung, damit Ihr Atem frei fließen kann.
- Die Schultern hängen locker herunter. Ziehen Sie sie nicht hoch.
- Wenn Sie im Stehen aufnehmen, verteilen Sie Ihr Gewicht locker auf beide Beine. Drücken Sie die Knie nicht durch.
- Keine zu enge Kleidung sollte Ihren Atem einengen.
- Atmen Sie gründlich und langsam aus, dann ist Platz für das richtige Einatmen. Ein gestauter Atem lässt Ihre Stimme gepresst klingen.
- Machen Sie vor der Aufnahme ein paar Lockerungs- und Artikulationsübungen.
- Sprechen Sie immer mit Hörer- und Raumbezug. Evtl. stellen Sie sich das Foto eines Freundes, einer Freundin auf und sprechen dieses an.
- Gestikulieren Sie! Auch wenn man es nicht sieht – man hört es!
- Schauen Sie freundlich! Auch das hört man!
- Kloß im Hals? Räuspern Sie sich nicht, das reizt die Stimmlippen. Ignorieren Sie das Gefühl im Hals, trinken Sie einen Schluck oder summen Sie einen Moment.

HÖRTIPP

»Die kleine Podcastsprechschule« von Britta Freith auf *http://freith.de/podcastschule*. Hier finden Sie drei kurze Sendungen mit tollen Übungen zum Mitmachen!

4.4 Achtung Aufnahme!

Achten Sie bei der Aufnahme darauf, dass es nicht zu laut in Ihrem Umfeld ist. Schließen Sie die Türen und Fenster.

Halten Sie etwa zehn bis zwanzig Zentimeter Abstand zum Mikrofon. (Probieren Sie aus, wie es sich gut anhört.) Sie arbeiten mit einem Headset? Dann achten Sie darauf, dass das Mikrofon Ihres Headsets nicht zu nah am Mund ist. »Atmer«, die direkt auf die Mikrofonmembran treffen, erzeugen laute, störende Geräusche. Bewegen Sie in diesem Fall das Mikrofon etwas nach unten zum Kinn.

Nehmen Sie, wenn möglich, in einem Raum auf, der wenig hallt. Bücherregale, Teppichböden und Vorhänge absorbieren den Schall. Doch Sie müssen Ihren Wohnstil nicht ändern. Sie können Wolldecken im Raum aufhängen oder professionelle Akustikplatten einsetzen. Mehr Tipps dazu bekommen Sie von Jens Wenzel am Ende des *dritten Kapitels*.

Orientieren Sie sich bei der Aufnahme an Ihrem Leitfaden, Ihrem Manuskript oder Ihren Sternen. Ihre Notizen sind sehr ausführlich? Dann versuchen Sie, beim Vortragen nicht zu sehr am Text zu »kleben«. Die Augen sollten immer schon einige Worte weiter sein.

Wenn Sie sich versprechen oder den Ton nicht richtig treffen, beginnen Sie am besten den ganzen Satz oder sogar Absatz noch mal. Das lässt sich bei der Bearbeitung dann gut entfernen. Nehmen Sie den ganzen Beitrag auf. Sprechen Sie einen Teil zum Beispiel einen Tag später, ist in der Regel ein Unterschied hörbar.

TIPP

Wiederholen Sie Ihre Aufnahme nicht zu oft! Versprecher und falsche Betonung häufen sich mit den Versuchen, es besser machen zu wollen.

TIPP

Manchmal gelingt der Anfang nicht. Dann sprechen Sie ihn einfach am Ende Ihrer Aufnahme noch mal ein. Jetzt sind Ihre Sprechwerkzeuge schon warm gelaufen und der Anfang wird lebendiger.

4.5 Darstellungsformen

Das Interview

Interviews sind im Journalismus eine unverzichtbare Methode der Recherche und ihre Ergebnisse fließen in Berichte, Kommentare oder Ähnliches als Informationen ein. Das Interview gehört dann zur Vorarbeit des journalistischen Produkts.

Das Interview ist aber auch als journalistische Darstellungsform selbst das Produkt. Und um diese Form des Interviews geht es hier. In ihm liegt sowohl ein Informationswert als auch ein Unterhaltungswert. Die Möglichkeiten eines Interviews können

Darstellungsformen 4.5

in einem Hörmedium, einem Podcast, besonders gut genutzt werden. Das Interview in der Zeitung, also die abgedruckten Fragen und Antworten, kann nicht die Informationen vermitteln, die durch Stimme, Betonung, Tempo usw. transportiert werden. Durch das Bild, wie im Fernsehen oder in einem Video-Podcast, wird die Information auf der einen Seite vielleicht vollständiger, auf der anderen Seite kann das »Äußere« von dem Gesagten ablenken.

Doch wie führt man nun ein Interview, damit es interessante Informationen transportiert und dabei unterhaltend ist?

Sie sind zu dritt!

Machen Sie sich bewusst, dass Sie bei einem Interview immer mindestens zu dritt sind. Ihr Interviewpartner, der Hörer und Sie.

Der Interviewpartner ist die Hauptperson. Sie haben die Funktion des Mittlers. Das heißt, Sie müssen sich zurücknehmen. Kommentare oder Ihre Meinung sind im Interview erst einmal nicht gefragt. Sie können das natürlich machen, doch dann wird aus dem Interview ein Gespräch oder eine Diskussion mit gleichberechtigten Partnern. Im Interview halten Sie sich zurück und konzentrieren sich darauf, möglichst viele umfassende und aufschlussreiche Informationen für Ihre Hörer zu bekommen.

Drei Interviewtypen werden unterschieden:

- Das **Interview zur Sache** will Informationen über Fakten vermitteln.
- Das **Meinungsinterview** vermittelt die Meinung des Befragten über einen bestimmten Vorgang oder eine Situation.
- Das **Interview zur Person** liefert Informationen über die befragte Person.

Diese drei Typen lassen sich selten strikt voneinander abgrenzen, doch ist es hilfreich, sich im Vorfeld die Frage zu stellen: »Was will ich vermitteln?«, denn danach richtet sich die Vorbereitung.

BEISPIEL

Ich habe einen Interviewtermin mit Fabio Bacigalupo. Er ist Gründer von *podcast.de*, dem Hostingservice *podcaster.de* und hat in den letzten Jahren das Podcastverzeichnis *podster.de* sowie *podHost* übernommen. Meine Hörer sind Podcastinteressierte, die selbst einen Podcast haben oder überlegen, ob sie einen eigenen Podcast starten möchten.

Meine erste Überlegung ist also, was diese Menschen interessieren könnte. Sicherlich nicht die Hobbys oder der Lebenslauf von Fabio Bacigalupo, sondern

Fakten zum Thema Podcasting, Infos über seine Plattformen, was genau er Podcastern anbietet usw. Außerdem könnte seine Meinung über die Zukunft des Podcasting interessant sein.

Das heißt, in meinem Interview vermischen sich das Interview zur Sache mit dem Meinungsinterview. Um Sachfragen zu stellen, muss ich Fabio Bacigalupos Angebot kennen. Ich sollte wissen, was es sonst auf dem Markt gibt, und könnte so im Interview die Vor- und Nachteile herausarbeiten. Nur wenn ich weiß, worum es geht, kann ich nachhaken und weiterführende Fragen stellen.

Nun möchten meine Hörer vielleicht auch etwas über die (noch junge) Geschichte der Podcasts erfahren. Auch hierfür wäre Fabio Bacigalupo sicherlich ein interessanter Gesprächspartner, doch es ist wichtig, das Informationsziel einzugrenzen. Fächern Sie es zu weit auf, bleibt es flach und bietet wenig neue Informationen. Ich würde also einen zweiten Interviewtermin vereinbaren, bei dem ich dann auf diese Punkte eingehe.

HINWEIS

Sie sind beim Podcasten zwar nicht an Zeiten gebunden, doch denken Sie daran, dass die Konzentration – Ihrer Gesprächspartner und die eigene – begrenzt ist. Ach ja, und die der Hörerinnen und Hörer natürlich auch.

Auch wenn Sie kein dezidiertes Interview zur Person machen, sollten Sie sich ein wenig auf die Person vorbereiten. Den genauen Namen kennen und wissen, wie er ausgesprochen wird. Zu wissen, ob der Interviewpartner eher zurückhaltend ist oder einen »zutextet«, kann hilfreich sein, um die Fragen entsprechend zu formulieren. Und wenn Sie ein Hobby von ihr oder ihm kennen, lässt sich dieses Wissen nutzen, um vor dem Gespräch mit etwas Small Talk eine gute Atmosphäre zu schaffen.

Das Interview gilt häufig als schnelle Sache. Unterschätzen Sie es nicht, denn ohne eine gute Vorbereitung haben Sie Ihren Hörerinnen und Hörern nicht viel zu bieten.

TIPP

Geben Sie beim Interview niemals das Mikrofon aus der Hand und bewährt hat sich eine Sitzkonstellation »über Eck«. Das ist psychologisch besser, als dem Partner frontal gegenüber zu sitzen. Außerdem müssen Sie das Mikrofon nicht so weit weg halten.

Darstellungsformen 4.5

Der Interview-Verlauf

Es gibt kein festes Schema, nach dem ein Interview geführt werden sollte. In der Regel beginnt man mit einer Frage, die dem Partner einen breiten Spielraum für die Antwort lässt, und engt dann das Thema ein. Man geht vom Allgemeinen zum Besonderen. Das Bild eines Trichters verdeutlicht diese Methode: oben weit offen, nach unten immer enger.

Spannend kann aber auch ein Interview sein, in dem der Trichter umgedreht wird, der Interviewer die Aufmerksamkeit mit einem Detail bei den Hörern erregt und dann die Informationen zum Allgemeinen hin erweitert.

Unterschiedliche Aspekte eines Themas werden innerhalb des Interviews ebenfalls immer wieder nach dem Trichtermodell behandelt. Dabei ist wichtig, dass Sie nicht zwischen einzelnen Aspekten hin und her springen. Die Hörer verlieren sonst schnell den Überblick und steigen aus.

Fragearten

Bei der Überlegung, welche Fragen und wie Sie diese stellen, ist es gut zu wissen, welche Fragearten es gibt und was sie jeweils bewirken:

- Die »offene Frage« wird gerne als Eingangsfrage gestellt. Sie gibt dem Interviewpartner wenige Vorgaben für eine Antwort, sie kann allerdings viel Zeit kosten (Stichwort »zutexten«).
- Die »geschlossene Frage« spart Zeit und wird verwendet, wenn man das Interview stärker führen will. Das Beispiel mit Fabio Bacigalupo aufgreifend, könnte sie lauten: »Wann haben Sie das Portal *podster.de* und den Hostingservice *podHost* übernommen?«
- Die »Alternativfrage« gibt alternative Antworten vor und ist eine geschlossene Frage. Der Grad der Geschlossenheit kann stark variieren, da zwei oder mehrere Alternativen angeboten werden können. Achtung: Sie ähnelt der »Suggestivfrage«.
- Die »Bestätigungsfrage« ist ebenfalls eine geschlossene Frage und bietet nur eine Antwortmöglichkeit. Sie eignet sich, um das bisher Gesagte für den Hörer und auch für das eigene Verständnis zusammenzufassen. Sie eignet sich sehr gut bei komplexen Themen und erfordert eine hohe Aufmerksamkeit vom Interviewer!
- Die »Gründe-Frage« setzt man zur Vertiefung einer Antwort ein. Man fragt nach dem »Warum«. Aber bitte nicht so direkt, sonst fühlt sich Ihr Interviewpartner unter Druck gesetzt.

- Die »Suggestivfrage« legt dem Interviewpartner eine Antwort sehr nahe, sie suggeriert sie ihm. Mit dieser Art Fragen sollten Sie vorsichtig umgehen, am besten ganz vermeiden.
- »Fragen mit Balkon« haben eine »vorgebaute Information«. Sie sparen Zeit und wichtige Informationen kann der Interviewer hier selbst geben. Hierfür ist eine gründliche Vorbereitung nötig. Sie eignen sich gut für den Einstieg.
- »Mehrfachfragen« sollten Sie vermeiden, denn häufig werden nicht alle Fragen beantwortet. Das bekommen dann weder Sie mit, weil Sie schon bei der nächsten Frage sind, noch die oder der Interviewte. Ergebnis: Die Hörer sind irritiert.

Interviewvorbereitung

Vermutlich sind Sie bereits auf der Suche nach einem geeigneten Interviewpartner durch das Netz gesurft und haben Informationen zur Person gesucht und zu dem Thema, über welches Sie sprechen wollen.

Bei der Vorbereitung gibt es einen Grundsatz: Wer sich gründlich vorbereitet, ist im Vorteil und wird meistens auch das bessere Ergebnis erzielen. Doch wieviel Recherche ist notwendig?

Das kommt ganz darauf an. Auf das Thema und darauf, wie tief Sie als Experte da schon drin sind und auf das Ziel Ihres Interviews. Letzteres sollten Sie – gerade beim Surfen im World Wide Web – immer im Auge behalten, denn sonst geraten Aufwand und Nutzen leicht aus dem Gleichgewicht.

> **TIPP**
>
> Auch hier finden Sie weiterführendes Material in den Reihen der Fachbücher zum Journalismus. Z.B. in »Recherchieren« (Wegweiser Journalismus) von Volker Lilienthal.

Wenn Sie das Gefühl haben, Sie sind gut informiert, dann notieren Sie sich Ihre Fragen und spielen Sie das Interview gedanklich durch: Auf welche Frage könnte welche Antwort kommen? Wie dann weiterfragen und was, wenn nur eine ausweichende Antwort gegeben wird? Wie das Gespräch beenden?

Sie durchdenken dabei den Stoff und machen sich mit der Gesprächssituation vertraut. Auch merken Sie so, wo eine Frage vielleicht doch eine ganz andere Antwort provoziert oder es fällt Ihnen auf, dass sich Antworten doppeln könnten.

Darstellungsformen 4.5

Versuchen Sie, Ihre Fragen nicht stur abzulesen, sondern flexibel auf die Antworten des Interviewpartners zu reagieren. Auch hier macht Übung den Meister!

Und lernen Sie von den Profis aus dem öffentlich-rechtlichen Rundfunk. Achten Sie darauf, wie die Moderatoren in ein Interview hineingehen, wie sie unterbrechen, nachhaken oder das Gespräch beenden. Und bei der Bearbeitung Ihrer Aufnahme hören Sie kritisch hin, denn auch das übt.

> **TIPP**
>
> Interviews vom Deutschlandfunk im Netz zum Nachhören:
>
> www.deutschlandfunk.de/interview.693.de.html

Das Telefoninterview

Nicht immer ist es möglich, ein Interview von Angesicht zu Angesicht zu führen. Weil die Entfernung zu groß ist, weil die Gesprächspartner nicht mobil sind oder weil es einfach zu zeitaufwändig ist.

Eine gute Alternative sind dann Telefoninterviews.

Doch sie sind auch eine besondere Herausforderung. Warum? Weil wir uns beim Telefonieren nicht sehen. Da ist es schwierig, sich nicht ins Wort zu fallen, nach Pausen reden häufig beide gleichzeitig weiter und man ist ständig verführt, dem Interviewpartner durch »hmms« zu signalisieren, dass man noch am Apparat ist. Denn natürlich ist es auch für den Gesprächspartner komisch, keine Signale zu bekommen, dass das Gesagte angekommen ist und verstanden wurde. – Also schon manchmal eine komische Situation. Außerdem ist so eine Frage-Antwort-Geschichte oft sehr persönlich und am Telefon lässt sich nicht so leicht eine vertrauensvolle Situation herstellen wie etwa bei einem persönlichen Treffen.

> **TIPP**
>
> Gehen Sie vor dem Telefoninterview das Gespräch kurz mit Ihrem Partner durch und weisen Sie ausdrücklich darauf hin, dass Sie schweigen werden, während er oder sie spricht. Denn irgendwelche Bestätigungslaute zeitgleich mit ihrer oder seiner Rede lassen sich bei der Audiobearbeitung nicht mehr entfernen.

Telefonadapter

Telefongespräche lassen sich mit Hilfe eines Adapters aufzeichnen. Es gibt Adapter für kabellose Telefone und für Telefone mit Kabel. Sie können dann direkt am PC oder mit einem Aufnahmegerät mitgeschnitten werden.

Verschiedene Telefonadapter finden Sie auf den Seiten von *audiotranskription.de*.

Skypegespräche aufzeichnen

»Skypen« ist eine gute Alternative zum herkömmlichen Telefonieren. Die Internetverbindungen werden immer besser und damit auch die Qualität der Skypegespräche. *Skype* gibt eine Bandbreite für reine Sprachanrufe von mindestens 30 Kbit/s – jeweils für den Upload und den Download – an, empfiehlt allerdings 100 Kbit/s. Für Videoanrufe oder Gespräche mit mehreren Personen benötigen Sie eine höhere Datenübertragungsrate.

Wenn Sie von *Skype* zu *Skype* sprechen, dann kostet Sie das nicht mal was. Alles, was Sie brauchen, ist ein Konto bei *Skype* und Sie müssen *Skype* auf Ihrem Rechner installieren.

Und wenn Sie beim Interview die Videomöglichkeit nutzen, dann sehen Sie Ihren Interviewpartner sogar und er Sie. Das ist dann fast wie live. Allerdings empfehle ich, das Video abzuschalten, wenn Sie eine geringe Datenübertragungsrate haben. Die können Sie übrigens im Internet mit einem »Speedtest« prüfen.

Zum Aufzeichnen oder Mitschneiden des Gesprächs benötigen Sie eine weitere Software. Es gibt eine Menge kostenloser Angebote, z.B. den *Callnote Premium Recorder*, der sowohl unter Mac OS X als auch unter Windows läuft.

Leider zeichnet der *Callnote Premium Recorder* Gespräche nur im MP3-Format, also einem bereits komprimierten Format auf. Da die Aufnahmen jedoch weiter bearbeitet werden und nochmal in MP3 konvertiert werden, ist es für die Qualität besser, von Anfang an im bestmöglichen, also einem unkomprimierten Format mitzuschneiden.

TalkHelper bietet sich für Windows-User an. Die Software nimmt im WAV-Format auf, also unkomprimiert. Es entsteht eine Stereospur, auf der jeder Gesprächspartner auf einem eigenen Kanal aufgezeichnet wurde. In diesem Fall kann man also auch seinem Gesprächspartner ins Wort fallen oder Bestätigungslaute von sich geben. Denn diese befinden sich ja dann auf getrennten Kanälen und lassen sich einfach entfernen bzw. mit »Auswahl in Stille umwandeln« oder mit einem ähnlichen Befehl ersetzen. So verschieben sich auch keine Spurinhalte.

Darstellungsformen 4.5

Für Mac-User gibt es den *Call Recorder* von Ecamm. Hier werden mov-Dateien gespeichert, die sich jedoch mit den mitgelieferten *Movie Tools* schnell in ein unkomprimiertes AIFF-Format umwandeln lassen. Auch hier werden die unterschiedlichen Stimmen auf zwei Kanälen aufgezeichnet.

> **WICHTIG**
>
> Die wie oben entstandene Stereospur hat einen linken und einen rechten Kanal, mit unterschiedlichen Inhalten. Deutlich hören Sie das, wenn Sie einen Kopfhörer tragen, da die Kanäle entsprechend nur auf der linken oder der rechten Kopfhörermuschel hörbar sind.
>
> Daher ist es nötig, diese Stereospur in zwei Monospuren umzuwandeln. Dann werden beide Monospuren wieder auf beiden Kanälen und damit auf beiden Kopfhörermuscheln wiedergegeben.

Der gebaute Beitrag

Den gebauten Beitrag findet man im Podcast seltener, doch ist es eine journalistische Darstellungsform, mit der sich sehr kompakt Informationen transportieren lassen. Bekannt ist der gebaute Beitrag aus Magazinsendungen im Hörfunk. Dann hat er meistens nur eine Länge zwischen einer und vier Minuten.

Wie der Name schon sagt, ist diese Art Beitrag »gebaut«. Und zwar aus Sprechertext und Originaltönen (O-Tönen) und manchmal auch anderen akustischen Elementen, wie atmosphärischen Geräuschen oder Musik.

Das macht den gebauten Beitrag zu einer sehr lebendigen Darstellungsform und gleichzeitig zu einer aufwendigen – im Vergleich zum Interview.

Doch manchmal kommt man nicht darum herum, sich diesem Aufwand zu stellen. Beispielsweise, wenn man eben kein ganzes Interview bekommen hat, sondern nur ein paar Statements. Dann können Sie diese mit einem eigenen Text, dem Sprechertext, verbinden. Der Sprechertext gibt zusätzliche Informationen und sorgt für den Zusammenhang der Statements.

Oder das Gespräch ist zu lang geworden? Dann übernehmen Sie einzelne Passagen und sprechen sie mit eigenen – und weniger – Worten neu ein. Dies lässt sich dann harmonisch in den Beitrag einfügen, beispielsweise mit Formulierungen wie: »Außerdem ging XY noch auf das Thema der Zeit ein. Sie vertritt die Meinung, dass ...« Und dann beenden Sie Ihren Part mit: »Doch wie genau wird das in der Praxis gemacht?« Und dann geht es weiter mit dem Originalton.

> **TIPP**
>
> Eine gute »Bauanleitung« für diese Beitragsart finden Sie in »Der gebaute Beitrag. Ein Leitfaden für Radiojournalisten« von Margarete Bloom-Schinnerl.

Weitere Darstellungsformen sind im Podcast möglich und der Hörfunk bietet gute Anregungen. In den meisten Fällen sind diese Formen nicht nur zeitintensiver, sondern sie benötigen auch mehr Erfahrung und Übung in Schnitttechnik. Doch das muss Sie nicht davon abbringen, andere Formen als das klassische Interview oder den Bericht zu nutzen, um die eigenen Inhalte kreativ zu vermitteln. Und alle Arten von Mischformen sind natürlich möglich.

> **HINWEIS**
>
> Beachten Sie dabei das Recht am eigenen Wort Ihres Interviewpartners. Wenn Sie das Interview stark bearbeiten, benötigen Sie eventuell eine Freigabe für die Veröffentlichung.

4.6 Das Intro und Outro

Das Intro und Outro rahmen Ihre Podcastepisoden. Intro, von Introduction, ist eine Einleitung in ein Musik-, Text-, Video- oder Audio-Werk. Analog zum Begriff Intro hat sich »Outro« gebildet. Hauptmerkmal eines Intros bzw. Outros ist der Wiedererkennungswert.

Wenn wir den Eingangstitel unserer Lieblingsfernsehserie hören, erkennen wir sofort, was kommt, werden eingestimmt und freuen uns schon »vor«. Bei einer Podcast-Episode ist das genauso. Als Wiedererkennungszeichen kann vieles dienen: eine spezielle Musik, die Sie an den Anfang einer jeden Episode stellen, oder eine besondere Begrüßungsformel.

Alexander Wunschel beginnt in seinem »Blick über den Tellerrand« mit der Ansage, die wievielte Episode man hört, und er begrüßt die »Freunde der fröhlichen Marktbearbeitung« (mit kleinen Veränderungen). Der »Braincast« von Arvid Leyh startet mit einer etwas sphärischen Stimme, unterlegt mit passender Musik: »Braincast – auf der Frequenz von Gehirn und Geist«. Dann hört man Arvid Leyh mit einer kurzen, nicht immer gleichen Begrüßung. Der »Fritze-Blitz« startet so: »Der soundsovielte Fritze-Blitz. Jeden Montag ein Blitzgedanke, der den Funken in Ihnen zündet. Ein Podcast von und mit Nicola Fritze.« Bei Holger Grethe und seinem »Zendepot-Podcast« kommt erst das Wort und dann die Musik.

Vom Stil sollten das Intro und Outro zu Ihrem Podcast passen und eine Länge von 10 bis 20 Sekunden sind vollkommen ausreichend. Hören Sie sich ein bisschen um und schauen Sie, was Ihnen gefällt und was nicht.

Auch das Outro kann unverwechselbar gestaltet werden. Ein musikalischer Akzent oder eine »etwas andere« Abschiedsfloskel können ebenfalls zu Ihrem Markenzeichen werden.

TIPP

Eine nette Begrüßung und ein Satz, worum es in Ihrem Podcast geht, reichen als Intro vollkommen aus. Wenn Ihnen nach Musik ist, können Sie die auch in einer späteren Folge dazunehmen.

Ins Outro gehören die Nennung Ihres Podcastblogs und Ihr Name – quasi ein akustisches Impressum.

Website und Ankündigen zu weiteren Informationen interessieren Ihre Hörer in der Regel erst, nachdem sie den Beitrag gehört haben.

HINWEIS

Achten Sie auf die Lautstärke, wenn Intro, Outro und Beitrag zusammengeführt werden. Musik ist in der Regel sehr viel lauter – aufgrund der größeren Dynamik – als eine Sprachaufnahme.

4.7 Drei Fragen an ...

Frederik Beyer (*blog.erfolgsfaktor-stimme.com*) kennen Sie vielleicht nicht persönlich, vermutlich aber seine Stimme. Er war 10 Jahre lang Nachrichtensprecher im MDR-Radio und hat zahlreichen Dokumentationen auf ZDF, VOX, N24 und anderen Fernsehsendern seine Stimme geliehen. Gerne spricht er auch Imagefilme oder Werbespots. Als Stimmtrainer unterstützt er Menschen, die ihre Stimme erfolgreich nutzen wollen. Auch Podcasterinnen und Podcaster!

Herr Beyer, was lässt sich an der eigenen Stimme ändern und was nicht?

Es sind die anatomischen Rahmenbedingungen, die relativ feststehen. Ähnlich wie unser Gesicht ganz einzigartig aussieht, so sind auch Rachen, Mundhöhle, Kehlkopf usw. ganz individuell beschaffen. Wir sind einzigartig gebaut. Jeder Mensch von uns. Die anatomischen Rahmenbedingungen – die »Hardware« der Stimme – lässt sich nicht wirklich ändern. Was sich aber ändern lässt an der eigenen Stimme, das ist die Art und Weise, wie ich sie benutze, welche »Software« ich gewissermaßen auf der Hardware laufen lasse.

Viele Menschen meinen, Stimme sei Schicksal – da könne man nichts machen. Doch das ist falsch. Es gibt nicht »die leise Stimme« oder »die nasale Stimme«. Allenfalls sind diejenigen, die immer leise sprechen oder immer nasal sprechen, es einfach nur so gewohnt. Sie haben in ihrem Leben nie anders gesprochen und ihre Stimme nie anders erlebt. Für diese Menschen kann es sehr verblüffend sein, die eigene Stimme neu zu entdecken – und damit auch neue Facetten ihrer Persönlichkeit.

Und im Coaching oder Training geht es genau darum: Möglichkeiten zu finden, den stimmlichen Spielraum zu erweitern – vielleicht klangvoller zu sprechen, variabler zu betonen, spannender zu erzählen oder besser durchzuhalten, ohne heiser zu werden. Das ist sehr wohl möglich. Viel mehr als die meisten Menschen denken.

Viele Menschen haben Lampenfieber vor dem Mikrofon, obwohl sie ja vollkommen alleine und beim Podcasten auch nicht live sind. Können Sie das erklären und haben Sie einen Tipp, was man dagegen tun kann?

Ja, das ist schon ziemlich paradox. Obwohl allein und ohne Publikum, kann uns durchaus Lampenfieber plagen. Das hat etwas zu mit unserer Vorstellungsgabe. Denn unser Geist ist total flexibel und kann nicht wirklich »real« von »vorgestellt« unterscheiden. Man könnte sagen, es handelt sich um eine vorweggenommene Nervosität. Denn später findet der Podcast ja tatsächlich sein Publikum, er wird tatsächlich gehört. Und das ist eine riskante Sache. Denn sobald ich mit meinem Podcast in die Öffentlichkeit gehe, mache ich mich angreifbar. Es könnte sein, dass ich Applaus bekomme, ich könnte aber auch Buh-Rufe ernten. Und davor haben die meisten Menschen natürlich Angst.

Das Gute daran: Nervosität ist vollkommen normal. Nervosität, Lampenfieber, Aufregung bedeutet nichts anderes, als dass der Körper die notwendige Energie bereitstellt für eine außergewöhnliche Situation. Es ist nicht schlimm, nervös zu sein. Im Gegenteil, es zeigt Ihnen, dass Ihnen das, was Sie gerade tun – der Podcast –, eine ganz wichtige Sache ist. Bekämpfen Sie das Lampenfieber also nicht, sondern heißen Sie es regelrecht willkommen. Dann beherrscht es Sie viel weniger. Wenn Sie es schaffen, diesen Schalter im Kopf umzulegen, dann ist bereits ein wichtiger Schritt getan, um gelassener und entspannter Podcasts aufzunehmen.

Was können Sie noch tun? Erste Möglichkeit: Machen Sie unmittelbar vor Ihren Aufnahmen ein paar Körperübungen und Blödeleien: Stehen Sie auf, dehnen Sie sich, räkeln Sie sich, strecken Sie sich, schütteln Sie den Kiefer, schneiden Sie Grimassen, trommeln Sie sich wie ein Gorilla auf die Brust ... So werden Sie die überschüssige Energie los, machen sich locker und sind bereit für den Podcast.

Eine zweite Möglichkeit: Legen Sie einfach Ihre Hände auf die Bauchdecke und spüren Sie Ihren Atem. Und zwar in der Mitte des Körpers. Wenn Sie aufgeregt sind, werden Sie den Atem vermutlich eher oben – im Brustkorb – wahrnehmen. Und wenn Sie eher entspannt sind, werden Sie die Atmung eher tief im Bauch wahrnehmen. Probieren Sie aus, immer entspannter, tiefer zu atmen. Mit jedem Ausatmen lassen Sie Anspannung abfallen und genießen, wie der Atem wie von allein wieder tief in den Bauch einströmt. Eine solche Atemübung ist eine tolle Möglichkeit um – im wahrsten Sinne des Wortes – runterzukommen.

Gibt es eine Übung, bei der Sie sagen, die sollte man immer machen, bevor man – besonders am Mikrofon – beginnt zu sprechen?

Angenommen, Sie tippen gerade eine Mail oder schreiben einen Blogartikel, und es klingelt das Telefon. Jetzt können Sie direkt den Hörer in die Hand nehmen und gewissermaßen übergangslos drauflos telefonieren. Das merkt aber unser Gegenüber. Ich halte es grundsätzlich für wichtig, dass Sie bewusst das abschließen, was Sie zuvor gemacht haben. Ob beim Telefonieren oder beim Podcasting: Setzen Sie also ganz bewusst einen Haken dran ans Alte, bevor Sie mit dem Neuen beginnen.

Bevor Sie mit der Aufnahme des Podcasts starten, können Sie konkrete Übungen machen, die Ihnen helfen, sich »einzustimmen«.

- **1. Übung: Bauchatmung (im Liegen oder Sitzen)**

  Legen Sie beide Hände auf die Bauchdecke. Atmen Sie bewusst tief in den Bauch und spüren Sie, wie die Bauchdecke beim Einatmen rausgeht, sich also nach vorn wölbt, und beim Ausatmen wieder nach innen sinkt. Nehmen Sie die kleine Pause wahr zwischen dem Ausatmen und dem Einatmen. Verlängern Sie diese kurze Atemruhephase etwas und genießen Sie, wie ein kleiner »Lufthunger« entsteht. Erleben Sie, wie die Bauchdecke nun subtil loslässt und der Atem wie von allein wieder einströmt. Vielleicht spüren Sie dieses Loslassen gar tief im Beckenboden? Machen Sie diese Atem-Wahrnehmungs-Übung etwa eine Minute lang.

- **2. Übung: Kaustimme (im Sitzen)**

  Schließen Sie die Augen und stellen Sie sich Ihr Lieblingsessen vor, so als ob es jetzt vor Ihnen stünde: Das Wasser läuft Ihnen im Munde zusammen. Beginnen Sie, dabei zu kauen. Machen Sie große, ausladende Kaubewegungen. Der Mund bleibt dabei geschlossen. Begleiten Sie das Kauen nun mit Summen. Summen Sie nicht auf einem Ton, sondern ganz flexibel, spielerisch: »Mmh, ist das lecker!« Genießen Sie das Kauen und Summen und spüren Sie, wie die Stimme wie von alleine kommt. Ganz von selbst, ohne dass Sie aktiv irgendetwas tun müssen. Genießen Sie einfach die Resonanzen, den Klang, die Vibration. Legen Sie eine Hand auf den Bauch, die andere auf den Brustkorb. Nehmen Sie im Bauch die tiefe Atmung wahr, im Brustkorb die Vibrationen. Sie werden vermutlich bemerken, dass die Stimme etwas tiefer klingt als sonst? Das ist der »Brustton der Überzeugung«. Dieser Ton- und Klangbereich der Stimme ist nicht nur für Sie selber angenehm, sondern auch für die Hörer. Denn so eine tiefe warme Stimme kommt sehr gut rüber – gerade am Mikrofon.

4.8 Jetzt sind Sie an der Reihe

- Lassen Sie sich von anderen Podcasts in Sachen Intro und Outro anregen. Wie soll Ihres klingen?
- Schreiben Sie Ihr erstes Manuskript oder machen Sie sich eine Gliederung. »Ölen« Sie Ihre Sprechwerkzeuge – auch bevor Sie ein Interview führen. Und dann »ran ans Mikro!«

In Kapitel 10 finden Sie eine Anleitung für den Schnellstart mit dem Audioeditor *Audacity*.

Kapitel 5
Alles was Recht ist

5.1	Nicht alles, was geht, ist erlaubt	92
5.2	Drei Fragen an ...	103
5.3	Jetzt sind Sie an der Reihe	106

5 Alles was Recht ist

5.1 Nicht alles, was geht, ist erlaubt

Das Internet hat viele unserer Annahmen über das Teilen, Verbreiten und Kopieren von Inhalten verändert. Verlustfrei und unbegrenzt lassen sich digitale Inhalte kopieren und verbreiten.

Nicht alles, was möglich ist, ist auch erlaubt. Das ist einerseits schade, weil es die Kreativität einschränkt und einen offenen Zugang zu Wissen beispielsweise verhindert. Andererseits ist es gut, dass das Gesetz auch Ihren Podcast schützt. Es entstehen neue Regeln und in Sachen Urheberrecht und Nutzungsrecht wird sich in der Zukunft noch einiges ändern.

Ich möchte Ihnen in diesem Kapitel eine Überblick darüber geben, was (heute) geht und was nicht.

Telemediengesetz

Podcasts sind »an die Allgemeinheit gerichtete Informations- und Kommunikationsdienste in Text, Ton oder Bild« und fallen daher unter das Telemediengesetz. Dieses Gesetz enthält unter anderem Regelungen über Ihre »Pflichten und Rechte« als Podcaster.

Die **Impressumspflicht** besagt, dass Sie als Anbieter zu erkennen sein müssen. Das heißt, Name und Anschrift (evtl. Steuer-ID) sind zu nennen, und zwar auf der zu dem Podcast gehörenden Webseite. Auch in den sogenannten ID3-Tags sollte der Absender als Hinweis auf Ihre URL erkennbar sein oder Sie sprechen diese Info in jeder Episode auf.

Das **Trennungsgebot** schreibt vor, dass Sie Inhalt und Werbung deutlich erkennbar voneinander trennen müssen. Dies gilt sowohl für die Audiodatei, hier können Sie die Werbung als solche ansagen und zum Beispiel mit einem Tonsignal markieren, als auch für Ihre Webseite.

Unter die **Presserechtliche Sorgfaltspflicht** fallen die journalistische Wahrheitspflicht, die das ernsthafte Bemühen um Wahrheit und um sorgfältige Recherche fordert, sowie das Gebot der journalistischen Fairness. Also zum Beispiel dürfen Ihre Darstellungen nicht einseitig sein und Sie haben die Pflicht – wenn nötig – zur Gegendarstellung. Außerdem sollen persönlicher Kommentar und Bericht voneinander getrennt werden.

Wettbewerbsrecht

Das UWG, das Gesetz gegen unlauteren Wettbewerb, will die Fairness im Geschäftsgeschehen schützen. Es schützt Unternehmen beispielsweise davor, dass ihre Produkte oder Dienstleistungen von der Konkurrenz schlecht gemacht werden. Und es schützt auch Verbraucher. Diese unter anderem vor zu viel unerwünschter Werbung.

Persönlichkeitsrecht

Die Persönlichkeitsrechte sind aus dem deutschen Grundgesetz abgeleitet und schützen jeden Einzelnen in seiner persönlichen Entfaltung.

Es umfasst das **Recht am eigenen Wort**: Das bedeutet für Sie als Podcaster, dass Sie von Ihrem Interviewpartner immer das Einverständnis haben müssen, »sein/ihr Wort« in Ihrem Podcast zu veröffentlichen.

Wenn Sie einen Termin haben und vorher sagen, wofür das Interview ist, können Sie das Einverständnis voraussetzen. Doch wenn Sie das Interview bearbeiten und die Bearbeitung geht deutlich über das Entfernen von Versprechern, Pausen und »Äähs« hinaus, sollten Sie dies mit Ihrem Interviewpartner noch mal besprechen.

Auch können Sie ein einmal geführtes Interview nicht für andere Zwecke als den abgesprochenen mehrfach verwerten. Dafür benötigen Sie dann jeweils wieder das Einverständnis Ihres Interviewpartner beziehungsweise Ihrer Interviewpartnerin.

Das **Recht am eigenen Bild** ist dem am eigenen Wort ähnlich und besagt, dass eine Veröffentlichung ohne die Einwilligung des Abgebildeten nicht zulässig ist.

Da Personen an ihrem gesprochenen Wort nicht so leicht zu erkennen sind wie auf einem Foto, ist uns das Recht am eigenen Bild sehr viel geläufiger.

Das **Namensrecht** schützt Namen vor unrechtmäßiger Benutzung. So dürfen Sie beispielsweise Ihren Podcast nicht »Miele«-Podcast nennen, denn dieses Recht gilt nicht nur für natürliche Personen, sondern auch für juristische, also für Wirtschaftsunternehmen.

Der **Ehrschutz** schütz die persönliche Ehre vor Beleidigung, Verleumdung und übler Nachrede.

Die Wahrung der Persönlichkeitsrechte sollte selbstverständlich sein. Doch manchmal bedenkt man nicht alle Seiten und so kommt es leicht zu Verletzungen dieser Rechte. Auch der Satz »was sollten die denn dagegen haben, das ist doch gute Werbung« ist kein Argument für die Verbreitung und Nutzung fremder Inhalte.

Vergessen Sie nicht, dass Sie sich mit Ihrem Podcast an die Öffentlichkeit wenden.

5 Alles was Recht ist

Urheberrecht

Das Urheberrecht schützt die »Urheber von Werken der Literatur, Wissenschaft und Kunst«. Es tritt – in Deutschland –automatisch in Kraft, wenn ein solches Werk durch eigene geistige Leistung geschaffen wurde. Dabei kommt es nicht auf den Umfang des Werkes an, der Urheber eines 500-Seiten-Romans ist genauso geschützt wie der eines fünfminütigen Podcasts. Das Urheberrecht ist für Podcaster in doppelter Hinsicht relevant: Es dient auf der einen Seite zu ihrem Schutz, auf der anderen Seite schützt es natürlich auch die Werke anderer, was wiederum für den Podcaster die Verwendung von Musik in seiner Sendung »erschwert«.

Man unterscheidet die *persönlichkeitsrechtlichen* und die *verwertungsrechtlichen* Aspekte des Urheberrechts:

Verwertungsrechte: Sie sorgen dafür, dass der Urheber selbst entscheiden kann, was mit seinem Werk passiert. Das heißt, zur Nutzung eines Werks, beim Podcast ist das meistens ein Musikwerk, brauchen Sie das Nutzungsrecht, die Erlaubnis des Urhebers. Das gilt auch für die Bearbeitung oder Umgestaltung von Tonaufnahmen oder Texten.

Urheberpersönlichkeitsrecht: Dieses bleibt immer beim Urheber und verpflichtet den Nutzer zur Nennung der Quelle, also des Urhebers. Es sichert ihn außerdem vor der Entstellung seines Werkes. Aufgrund dieses Rechts kann er erteilte Nutzungsrechte auch widerrufen.

Doch natürlich gibt es auch im Urheberrecht Ausnahmen: das ist zum Beispiel die Vervielfältigung von Texten oder Musikstücken zur privaten Nutzung. Eine weitere wichtige Ausnahme, eine Urheberrechtsschranke, gilt für das Zitieren. Sie dürfen alles zitieren, wenn Sie dadurch ein eigenes Werk schaffen und sich inhaltlich mit dem Zitierten auseinandersetzen. Außerdem muss die Quelle des Zitats angegeben werden.

Lassen Sie sich nicht von den rechtlichen Aspekten des Podcastings abschrecken. Wenn Sie sich nicht sicher sind, ob Sie etwas »dürfen«, fragen Sie lieber einmal zu viel beim Urheber nach.

Verwertungsgesellschaften

Verwertungsgesellschaften und die Creative-Commons-Lizenzen regeln die Nutzung von geschützten Werken. Und das tun sie auf sehr unterschiedliche Art und Weise.

Verwertungsgesellschaften schließen mit dem Urheber einen sogenannten Wahrnehmungsvertrag und nehmen die Interessen der Künstler und Autoren wahr. Diese Gesellschaften nehmen Gelder ein (zum Beispiel ist im Kaufpreis eines Videorekorders oder einer leeren CD dafür eine Gebühr enthalten), die für Zweitnutzungen fällig werden, und schütten diese wieder an die Urheber aus.

Nicht alles, was geht, ist erlaubt 5.1

GEMA

Die GEMA, die Gesellschaft für musikalische Aufführungs- und mechanische Vervielfältigungsrechte, ist eine von insgesamt neun Verwertungsgesellschaften. Sie nimmt die Zweitnutzungsrechte der Musiker wahr.

In der Schweiz tut dies die SUISA und in Österreich die AKM.

Das bedeutet, wenn Sie ein Musikstück in Ihrem Podcast nutzen möchten, stellt sich als Erstes die Frage, ob der Künstler bei der GEMA gemeldet ist. Ist er das, können Sie dort eine Podcasting-Lizenz erwerben.

Auf den Seiten der GEMA finden Sie einen Lizenzshop, in dem Sie Lizenzen für die Nutzung von Musik im Internet erhalten können: *https://online.gema.de/lipo/portal*. Der Weg zu einer Lizenz besteht aus neun Schritten. Das ist das, was die GEMA als »schnell, einfach und bequem« bezeichnet.

Unterschieden wird bei der Vergabe der Lizenzen zwischen gewerblichen und nichtgewerblichen Podcasts.

Als gewerblich wird ein Podcast eingestuft, wenn »mit ihm mehr als 300 Euro Einnahmen im Monat erzielt werden oder wenn er im Zusammenhang mit einem Unternehmen oder einer anderen wirtschaftlichen Tätigkeit steht, die auf Dauer mit Gewinnerzielungsabsicht betrieben wird«.

Einige weitere Bedingungen sind, dass die Episoden nicht länger als 30 Minuten sein dürfen. In die Musik muss hineinmoderiert werden und sie muss ein- und ausgeblendet werden. Kein Musikstück darf also für sich alleine stehen und so von anderen mitgeschnitten oder ausgeschnitten werden. Die Musikstücke dürfen nur zur Hälfte gespielt werden und wenn sie für das Intro oder Outro genutzt werden, darf das nur maximal 20 Sekunden lang sein.

Laufzeit	1 Monat	2 Monate	3 Monate
Intro/Outro, 5 Euro monatlich		10 Euro	15 Euro
Intro/Outro + 5 Songs je Monat, 10 Euro pro Monat	10 Euro	20 Euro	30 Euro
Intro/Outro + 31 Songs je Monat, 30 Euro pro Monat	30 Euro	60 Euro	90 Euro

Diese Lizenzen umfassen »das nicht-ausschließliche, nicht übertragbare Recht, die Werke des Gesamtrepertoires der GEMA in Datenbanken, Dokumentationssysteme, in Speicher ähnlicher Art und Wiedergabevorrichtungen einzubringen (Vervielfältigungsrecht), elektronisch oder in ähnlicher Weise den Endnutzern anzubieten und ihnen zugänglich zu machen (Recht der öffentlichen Zugänglichmachung) sowie das Recht, den Endnutzern zu ermöglichen, die Werke des GEMA-Repertoires auf den heimischen PC oder auf ein anderes Gerät zu laden (Vervielfältigungsrecht).«

Und: »Rechte zur Nutzung von Musik in Werbung müssen gesondert von den Berechtigten eingeholt werden, in der Regel von den Musikverlagen.«

WICHTIG

»Der Veranstalter verpflichtet sich, bei der Nutzung der ihm eingeräumten Rechte das Urheberpersönlichkeitsrecht (§ 14 UrhG) zu achten und die von ihm genutzten Musikwerke nicht ohne gesonderte Einwilligung der Berechtigten zu bearbeiten bzw. umzugestalten (§ 23 UrhG). Eine Verletzung des Urheberpersönlichkeitsrechtes kann insbesondere vorliegen bei Entstellung eines Musikwerkes, bei einer Neutextierung oder einer sonstigen Veränderung eines Musikwerkes. Das Bearbeitungsrecht wird nicht von der GEMA, sondern von den Berechtigten selbst bzw. deren Musikverlagen wahrgenommen und ist dort vom Lizenznehmer gegebenenfalls einzuholen.«

Erfüllt Ihr Podcast diese Kriterien nicht, dann wenden Sie sich wegen einer Lizensierung per E-Mail (*podcasting@gema.de*) direkt an die GEMA.

HINWEIS

Ein Blick auf die Seiten der GEMA lohnt sich, da es auch hier bis zum Jahresende 2016 Änderungen im Bereich Podcasting geben soll.

C3S – Cultural Commons Collecting Society

Für viele Urheberinnen und Urheber ist das Modell der GEMA nicht mehr zeitgemäß. So entsteht eine Alternative zur GEMA, die C3S, die Cultural Commons Collecting Society. Sie ist eine europäische Genossenschaft und bedarf noch der finanziellen und tatkräftigen Unterstützung.

Sie richtet sich an Musiker und Musikerinnen, die ebenfalls Umsätze mit ihren Werken erzielen möchten, jedoch den Weg über traditionelle Verwertungsgesellschaften nicht gehen wollen.

Die C3S will mit ihrem Angebot einen neuen, internationalen und vorwiegend am »Online-Segment orientierten Markt« öffnen.

Langfristig ist das Ziel der C3S, Niederlassungen in allen europäischen Ländern anzubieten und ein einheitliches Lizensierungsmodell einzurichten.

Außerdem will man hier Nutzung von Werken zu nicht-kommerziellen Zwecken unterstützen.

Um eine Verzerrung der Diskussion der Mitgliedschaft durch unterschiedliche Interessen zu vermeiden, ist eine Mitgliedschaft in der C3S nur Urhebern und Urheberinnen möglich. Offen sind sie auch für KomponistInnen, semi-professionelle MusikerInnen und der kreative Umgang mit Musik soll gefördert werden.

Mehr dazu auf *https://www.c3s.cc*.

Creative Commons

Creative Commons (etwa: gestalterisches Gemeingut) ist eine gemeinnützige Gesellschaft, die ebenfalls einen Ausgleich zwischen den Interessen der Urheber und denen der Nutzer beabsichtigt. Sie stellt Autoren, Künstlern und Wissenschaftlern Mittel zur Verfügung, ihre Werke unter selbstbestimmte Nutzungsrechte, sogenannte Creative-Commons-Lizenzen (CC-Lizenz), zu stellen. Der Urheber kann so die Nutzung seiner Werke selbst bestimmen. Er kann zum Beispiel die Vervielfältigung und Verbreitung seines Werks allen Nutzern erlauben, wenn diese den Urheber benennen. Oder er kann die gewerbliche Nutzung untersagen oder nur die Bearbeitung ausschließen.

Gegründet wurde die Creative-Commons-Initiative 2001 in den USA. 2008 waren etwa 130 Millionen Arbeiten unter verschiedenen CC-Lizenzen veröffentlicht und auf der Fotoplattform Flickr gab es 2011 über 200 Millionen Fotos, die unter einer CC-Lizenz standen. Und auch das, was häufig unter den Namen »Podsafe Music« fällt, wird unter solchen Lizenzen angeboten.

Da es weltweit kein einheitliches Urheberrecht gibt, sind viele Lizenzen an bestimmte Rechtssysteme angepasst. Sogenannte »portierte Lizenzen«.

Im Rahmen unterschiedlicher Projekte nutzen auch Medienanstalten CC-Lizenzen. So wird beispielsweise Musik genutzt, die unter CC-Lizenzen steht, oder ausgewählte Beiträge werden unter einer CC-Lizenz veröffentlicht.

Wenn Sie mögen, können Sie Ihren Podcast ebenfalls unter einer CC-Lizenz veröffentlichen. Mit wenigen Klicks lässt sich auf den Seiten der Creative Commons eine Wunschlizenz auswählen.

Sechs verschiedene, für den deutschen Rechtsraum angepasste CC-Lizenzen stehen dem Rechteinhaber zurzeit zur Verfügung.

🛈	Namensnennung
🛈 =	Namensnennung - Keine Bearbeitung
🛈 $	Namensnennung - nicht kommerziell
🛈 $ =	Namensnennung - nicht kommerziell - keine Bearbeitung
🛈 $ ↻	Namensnennung - nicht kommerziell - Weitergabe unter gleichen Bedingungen
🛈 ↻	Namensnennung - Weitergabe unter gleichen Bedingungen

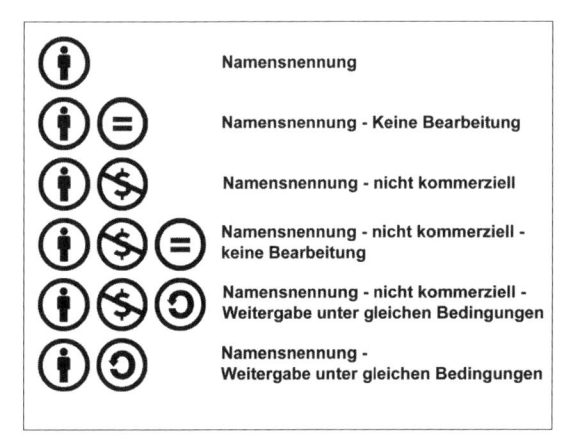

Abb. 5.1: CC-Lizenzen, Version 3.0 de

WICHTIG

Wenn Sie beispielsweise ein Musikstück in Ihrem Podcast nutzen, welches unter einer Lizenz steht mit dem Hinweis »Weitergabe unter gleichen Bedingungen«, dann müssen Sie Ihren Podcast ebenfalls unter einer solchen Lizenz veröffentlichen. Sie können sich dann nicht auf das gültige Urheberrecht berufen.

Selbst Inhalte lizensieren

Um selbst Inhalte zu lizensieren, benötigen Sie keinen Account und werden durch die einzelnen Schritte geführt.

Gehen Sie auf *http://de.creativecommons.org* und klicken Sie oben rechts auf SELBER INHALTE LIZENSIEREN.

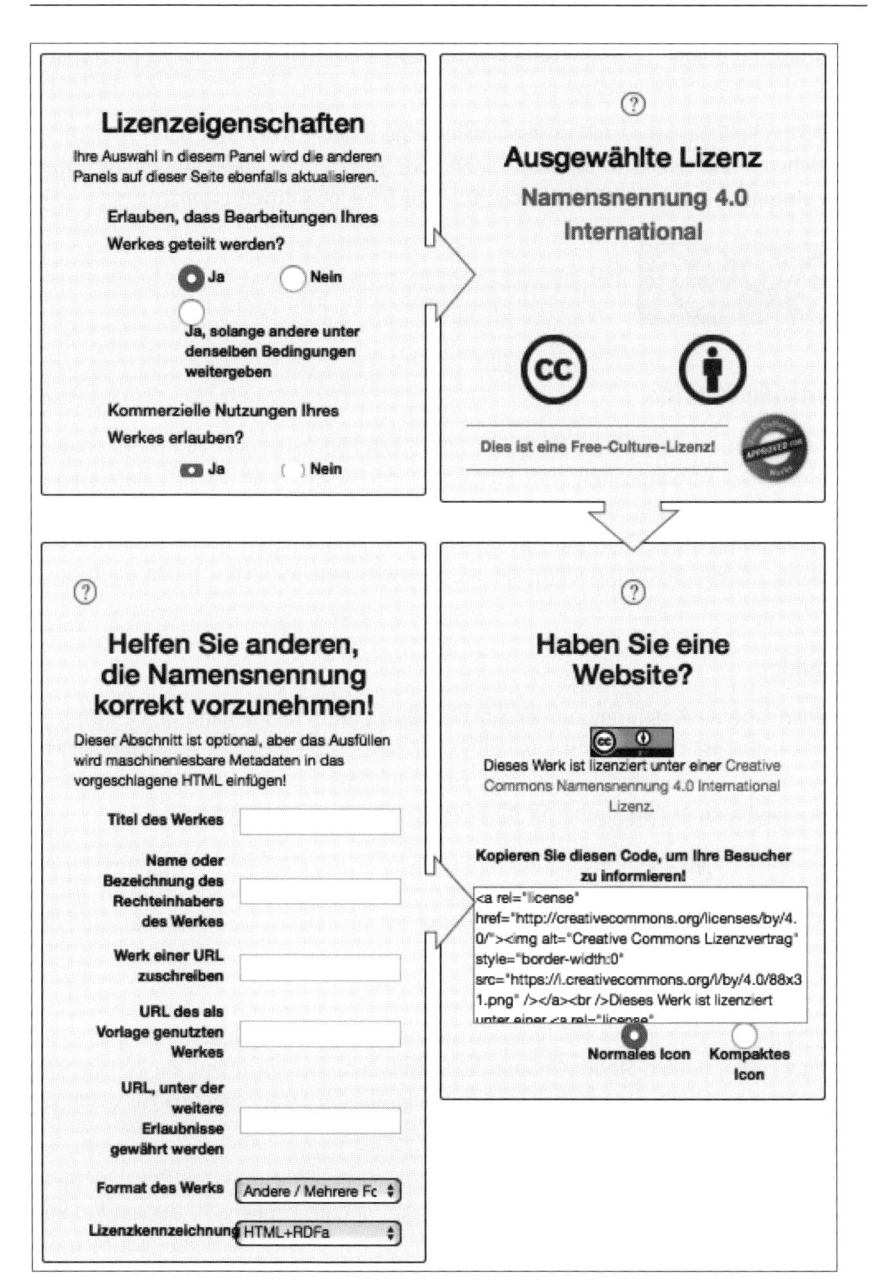

Abb. 5.2: CC-Lizenz selbst erstellen

5 Alles was Recht ist

Von links oben nach rechts unten gehen Sie die einzelnen Felder im neuen Fenster durch.

Im dritten Feld bei LIZENZKENNZEICHNUNG wählen Sie HTML + RDFA aus. Dann können Sie im nächsten und letzten Feld direkt einen Code Ihrer Lizenz kopieren und auf Ihrem Blog einfügen. Es erscheint direkt das Logo zu Ihrer gewählten Lizenz.

»Podsafe Music«

Leider ist es nicht so einfach, Musik für das eigene Podcastprojekt zu finden, da gute Portale in der Vergangenheit ihre Pforten wieder geschlossen haben. Mac-Nutzern stehen viele Sounds im Rahmen des Programms *Garageband* zur Verfügung. *YouTube* bietet ebenfalls freie Musik an, doch hier ist es wichtig (wie grundsätzlich, wenn Sie etwas im Netz herunterladen), genau zu lesen, welche Rechte Ihnen übertragen werden.

Jamendo

Jamendo ist eine Plattform, auf der Künstler Musik unter den genannten CC-Lizenzen anbieten. Das ist »freie Musik«, da keine Verwertungsgesellschaft eingebunden ist. Doch »frei« bedeutet nicht unbedingt kostenlos. Sie können hier kostenlos Musik hören, Playlisten erstellen und für diese Zwecke auch herunterladen.

Einige Künstler erlauben auch, dass ihre Musik für private Multimedia-Projekte genutzt werden kann, und geben dafür genau an, was erlaubt ist und was nicht. Wenn Ihr Podcast einen kommerziellen Hintergrund hat, benötigen Sie für die Nutzung der Musik eine kostenpflichtige Lizenz.

Gehen Sie auf die Seite von *Jamendo (www.jamendo.com)*. Über JETZT KOSTENLOS MUSIK HÖREN kommen Sie in das Verzeichnis, wo Sie eventuell für Ihr privates Podcastprojekt fündig werden. Sobald Sie einen Song herunterladen, werden Ihnen die CC-Lizenzen angezeigt. Stellt sich heraus, dass eine Nutzung nur mit Lizenz möglich ist, gelangen Sie über den grünen Button direkt in den Lizenzshop.

Von der Startseite gelangen Sie über den Link MUSIK FÜR MULTIMEDIA PROJEKTE direkt zu den Songs, die Sie für kommerzielle Podcasts nutzen können. In diesem Katalog können Sie im Angebot von Jamendo stöbern. (Oben rechts im Menü lässt sich die

Nicht alles, was geht, ist erlaubt 5.1

Sprache der Plattform wählen.) Oder Sie treffen eine Vorauswahl in der »detaillierten Suche«. Nach Genre, Thema, Instrumenten, Geschwindigkeit und mehr.

In den Ergebnissen klicken Sie direkt in die Titel hinein, um zu hören, ob das Stück Ihren Vorstellungen entspricht. Sie sehen die Dauer des Stückes und den Künstler. Klicken Sie auf den Namen des Künstlers, gelangen Sie zu weiteren Titeln von ihm oder ihr.

Das Lizenzmodell von Jamendo bietet vier unterschiedliche Lizenzen an. Die »Persönliche Lizenz« gilt für Privatpersonen, beinhaltet jedoch auch Schulprojekte u.a. Für Ihren Podcast benötigen Sie für *jede Episode*, in der Sie den Song spielen, eine Lizenz. Das kann dann auch mit 4,99 Euro pro Lizenz teuer werden.

Abb. 5.3: Preismodell bei Jamendo

Ebenfalls für Podcaster interessant ist die »Standard Lizenz« für 49,99 Euro. Sie gilt für juristische Personen. Also für Firmen, Vereine usw. Einzelunternehmen und Freiberufler gelten als *natürliche Person*. Sie können die preiswertere »Persönliche Lizenz« nutzen.

Jamendo wirbt mit »100% GEMA freier Musik für kommerzielle Nutzung. Unsere Lizenzen decken alle Rechte.«

> **WICHTIG**
>
> Alle Lizenzen erlauben, die Musik innerhalb eines Projektes zu nutzen und zu verbreiten. Allerdings gilt hier nicht der Podcast als Projekt, sondern Sie benötigen für jede Episode eine Lizenz.

Cayzland Music

Auch bei *Cayzland Music* bekommen Sie Gema-freie Musik und die entsprechenden Lizenzen. Und neben der Musik finden Sie hier Jingles, Geräusche und Loops. Eine kostenlose Nutzung ist für private Projekte möglich. Dann muss allerdings in festgelegter Weise auf die Quelle hingewiesen werden und es ist ausdrücklich nicht für gewerbliche Zwecke erlaubt. Dazu gehören auch »Vereine, religiöse und politische Einrichtungen sowie weitere gewinnorientierte Nutzung (Monetarisierung etc.)«.

Die Lizenzen von *Cayzland Music* erlauben jeweils einem Lizenznehmer die dauerhafte Nutzung eines Titels innerhalb eines Projektes. **In diesem Fall gilt ein Podcast als ein Projekt.**

gemafrei.media

Auch auf dieser Plattform finden Sie Gema-freie Musik. Die Lizenzen von *gemafrei.media* sind immer kostenpflichtig, auch für private Projekte. Ein Podcast wird hier ebenfalls als ein Projekt anerkannt und Sie müssen nicht für jede Episode eine neue Lizenz erwerben.

Die Lizenzen sind zeitlich unbegrenzt und für Ihren Podcast benötigen Sie eine »Business Standard« oder »Business Standard PLUS«-Lizenz.

Sie können hier suchen nach Genres, Themen und auch Stimmungen. In diesen Kategorien sortieren Sie dann nochmal nach Tempo, Arrangements, Instrumenten und Stimmungen aus. Das erleichtert und beschleunigt die Suche nach dem passenden Sound für Ihren Podcast ungemein.

Neben den gefundenen Titeln können Sie den Titel abspielen oder eine Demo-Version als MP3 herunterladen (dafür müssen Sie sich auf der Plattform anmelden). Sie können hier den Lizenztyp auswählen, den Song direkt Ihrem Warenkorb hinzufügen oder ihn sich erstmal nur merken.

Weitere Soundquellen

- Auf dem Portal *Klangarchiv* finden Sie ebenfalls Gema-freie Musik und die Lizenzen gelten hier ebenfalls pro Podcastprojekt und nicht pro Episode.
- Auch Bild- und Medienagenturen wie *ClipDealer* oder *Getty Images* bieten Sounds und Geräusche an. Und weitere Plattformen finden Sie im Netz. Doch beachten Sie immer, welche Rechte Ihnen eingeräumt werden.
- Auf *Soundtaxi* (*www.soundtaxi.net*) beispielsweise finden Sie Gema-freie Musik neben Titeln, die bei einer Verwertungsgesellschaft registriert sind. Hier gilt eine Podcast-Lizenz jeweils pro Podcast einschließlich aller Episoden.
- Auch *YouTube* (*www.youtube.com/audiolibrary/music*) bietet eine Audio-Bibliothek an, von der Sie Musik sogar kostenlos herunterladen und nutzen können. In den Nutzungsbedingungen heißt es: »Musik aus dieser Bibliothek ist ausschließlich für die Nutzung in deinen Videos und anderen von dir erstellten Inhalten bestimmt.« Prüfen Sie immer die jeweiligen Angaben zu dem einzelnen Titel und halten Sie die natürlich auch ein. Einige Titel sind auch für bestimmte Länder gesperrt oder stehen unter einer CC-Lizenz.
- Die Jingles und Sounds, die Ihnen von Apple in *GarageBand* angeboten werden, dürfen Sie ebenfalls für Ihr Podcastprojekt nutzen.

TIPP

Geräusche müssen Sie ebenfalls meistens kaufen und die Qualität ist häufig, außer bei Stock-Archiven, nicht besonders gut. Vielleicht haben Sie Lust, Ihr eigenes kleines Geräuscharchiv zusammenzustellen. Ziehen Sie einfach mal los mit Mikro und Aufnahmegerät. Das macht Spaß und Sie werden sich wundern, was man so alles hört

5.2 Drei Fragen an ...

Kathrin Schürmann ist Rechtsanwältin und Partnerin bei »Schürmann Wolschendorf und Dreyer«. Sie ist spezialisiert auf das IT- und Datenschutzrecht sowie das Wettbewerbsrecht. Neben vielen anderen Aufgaben und Beratungsschwerpunkten ist sie Dozentin für Urheber- und Medienrecht an der »medienakademie«.

5 Alles was Recht ist

Gelten das Urheberrecht und die Nutzungsrechte für z.B. Musikdateien und Bilder, so wie wir sie kennen, in anderen Ländern in gleichem Maße?

Generell ist es so, dass das Urheberrecht immer für das Land gilt, in dem ich Schutz »verlange«. Es gibt kein weltweites, einheitliches Urheberrecht, sondern jedes Land hat eigene urheberrechtliche Regelungen. Innerhalb Europas wurde es allerdings zum Teil harmonisiert, so dass in den EU-Ländern sehr ähnliche urheberrechtliche Regelungen bestehen – aber teilweise auch große Unterschiede.

Hier in Deutschland gibt es zum Beispiel die sogenannte »Panoramafreiheit«. Heißt:

Man darf alles, was vom öffentlichen Straßenraum sichtbar ist, auch fotografieren und veröffentlichen, nutzen, vervielfältigen etc. Wenn ich beispielsweise den Reichstag fotografiere, darf ich die Fotografie verwenden und beispielsweise in einem Fotoband oder auf der Website veröffentlichen. Nicht mehr unter diese Panoramafreiheit fallen Bereiche, bei denen ich beispielsweise erst über den Zaun klettern müsste, um dort etwas zu fotografieren. Das ist nicht mehr von dieser Ausnahme gedeckt und ich würde die Rechteeinräumung des Urhebers benötigen, sofern es sich um ein urheberrechtlich geschütztes Werk handelt, bei dem noch ein Urheberrechtschutz besteht. In Deutschland sind dies 70 Jahre nach dem Tod des Urhebers.

In Frankreich zum Beispiel gibt es diese Panoramafreiheit nicht. Wenn ich also dort urheberrechtlich geschützte Bauwerke, wie zum Beispiel den Eifelturm, kommerziell in einem Fotobuch oder auf der Website verwenden möchte, brauche ich die entsprechenden Nutzungsrechte, die vom Urheber des Bauwerkes einzuholen sind. Wenn ich eine entsprechende Fotografie nur im Privatbereich nutzen will, ohne diese zu veröffentlichen, ist das allerdings nicht notwendig. Aber wenn es in Richtung Veröffentlichung geht, in Richtung Kommerzialisierung, dann brauche ich immer eine entsprechende Erlaubnis bzw. Rechteeinräumung.

Komplett unterschiedlich zu unserem deutschen oder europäischen Urheberrecht ist das Urheberrecht in den USA. Hier in Deutschland gibt es das sogenannte »Urheberpersönlichkeitsrecht«. Das ist das Recht, das entsteht, wenn ich ein Werk schaffe; der Urheber ist dadurch »untrennbar« mit seinem Werk verbunden. Dieses Recht kann er auch nicht aufgeben. Ich kann z.B. nicht sagen: Ich möchte dieses Bild nicht geschaffen haben, sondern ich möchte, dass das Herr XY Urheber ist. Das geht in Deutschland nicht.

Der Urheber kann lediglich Nutzungsrechte an den jeweiligen Werken vergeben. Wie zum Beispiel das Recht zur Veröffentlichung oder öffentlichen Zugänglichmachung im Internet.

In den USA gibt es dieses Urheberpersönlichkeitsrecht nicht. Was heißt, dass sogar Unternehmen Urheber von Werken sein können. Im Kreativbereich wird häufig das Institut »Work Made For Hire« genutzt. Und zwar geht es da um urheberrechtlich geschützte Werke, die im Rahmen eines Anstellungsverhältnisses geschaffen werden, die dann automatisch auf das Unternehmen übergehen. Das Unternehmen ist dann Urheber des Werkes – das geht hier in Deutschland nicht. Urheber ist immer der, der das Werk geschaffen hat, und mithin immer eine natürliche Person.

Wo sehen Sie die »Chancen und Risiken« der CC-Lizenzen?

Es gibt natürlich wahnsinnig viele Vorteile bei den CC-Lizenzen. Ich muss beispielsweise nicht extra mit jemandem in Kontakt treten, um mir Nutzungsrechte einräumen zu lassen, ich muss keine Verhandlungen führen etc. Das einzige, was ich tun muss, ist mich an die Creative-Commons-Lizenzbedingungen zu halten und das Werk entsprechend zu kennzeichnen. Das ist natürlich ein großer Vorteil für den Nutzer – da das Handling sehr einfach ist.

Es gibt aber auch einige Nachteile bei der Nutzung von CC-Lizenzen – z.B. wenn jemand ein Werk eingestellt und unter der CC-Lizenz freigegeben hat, der aber gar nicht der Inhaber des Urheberrechts ist.

Ein anderer Fall: Ich möchte ein Bild auf einer Website unter CC nutzen, wo eine Person abgebildet ist. Von dieser Person benötigt man grundsätzlich immer eine Einwilligung, damit das Ganze öffentlich zugänglich gemacht und verbreitet werden darf. Bei den Creative-Commons-Inhalten ist nicht wirklich immer klar, ob diese Einwilligung vorliegt. Wenn nicht, können die Personen, die auf den Bildern abgebildet sind, Ansprüche wegen der Verletzung ihres sogenannten Rechts am eigenen Bild geltend machen. Oder ich möchte Bilder von Kunstwerken nutzen – auch hier sind häufig die Rechte nicht im Detail geklärt – die Fotografie eines Kunstwerkes ist eine Vervielfältigung und bedarf daher einer entsprechenden Nutzungsrechtsübertragung durch den Urheber, die häufig nicht da ist. Als Nutzer solcher CC-Werke sollte man daher selbst zuvor recherchieren, ob noch Urheberrechte an dem ursprünglichen Werk bestehen, und falls ja, ohne ausdrückliche Rechteeinräumung besser auf die Nutzung dieses Werkes verzichten. Also wenn wir ein Werk von Monet haben, haben wir da meist keine Probleme mehr. Aber wenn der Urheber noch keine 70 Jahre tot ist, würde die Nutzung einer solchen Fotografie eine unberechtigte Vervielfältigung des Kunstwerkes darstellen.

Insgesamt gibt es also ein paar Punkte, auf die man bei der Verwendung von CC-Lizenzen achten muss. Meist ist nämlich die Haftung des Lizenzgebers ausgeschlossen. Und wenn der Lizenzgeber das Ganze von der Seite entfernt und behauptet, er habe das selbst nie freigegeben … Auch ein Risiko, das es zu bedenken gilt.

Ist man aktiv und kreativ im Internet unterwegs, beschleicht einen häufig das Gefühl, immer mit einem Bein im Gefängnis zu stehen. Gibt es eine Möglichkeit, das zu vermeiden?

Aus meiner Sicht, vorsichtig sein und sich einfach um die Rechteeinräumung und ein gutes Rechtemanagement kümmern! Dann passiert auch in der Regel nichts. Was z.B. ein absolutes No-Go ist, ich dennoch immer wieder sehe, ist, dass einfach nach Bildern und Texten gegoogelt wird und diese einfach kopiert und genutzt werden, ohne dass sich jemand um die Nutzungsrechte kümmert. Manche machen sich dann noch die Mühe und versuchen, den Urheber des Bildes oder des Textes herauszufinden, und wenn die Bemühungen keinen Erfolg bringen, wird es häufig einfach genutzt – immerhin hat man ja versucht, den Urheber zu erreichen.

Das ändert aber nichts daran: Ob ich es nun bei Google gefunden habe, den Urheber nicht erreichen konnte oder mir jemand etwas als »urheberrechtsfrei« angeboten hat – im Ergebnis ist derjenige, der das Werk nutzt, hierfür verantwortlich und haftet dann auch für einen Urheberrechtsverstoß. Ich kann daher jedem nur raten, sich immer um eine klare Rechteeinräumung zu kümmern – habe ich diese nicht, sollten die Werke nicht genutzt werden!

Im Ergebnis kann man einfach immer nur jedem raten, sich die Rechte für die beabsichtigte Nutzung auch entsprechend einräumen zu lassen und sich darum zu kümmern. Und wenn ich niemanden kontaktieren kann, ja, dann kann man es eben nicht nutzen. Es gibt mittlerweile so viele Medien, ich glaube nicht, dass man unbedingt auf genau dieses eine Bild oder diesen einen Text angewiesen ist.

5.3 Jetzt sind Sie an der Reihe

- Überlegen Sie, an welchen Stellen Sie mit den genannten Gesetzen in Kontakt kommen und überlegen Sie sich dafür ein konkretes Vorgehen.
- Unter welchen Vorgaben möchten Sie Ihre Podcasts veröffentlichen? Denken Sie über das Für und Wider eine CC-Lizenz nach und erstellen Sie gegebenenfalls eine für Ihre Audios.

Kapitel 6
Podcasthosting

6.1	Fremdhosten mit einem Hostingservice	109
6.2	Selbsthosten auf WordPress	120
6.3	Ein Mix aus Fremd- und Selbsthosten	129
6.4	Podcasten mit SoundCloud	132
6.5	Drei Fragen an ...	136
6.6	Jetzt sind Sie an der Reihe	137

6 Podcasthosting

Sie sind fast am Ziel! Jetzt braucht Ihr Podcast noch ein Zuhause, einen Hoster, und den RSS-Feed, der, wie eingangs erklärt, einen Podcast erst zum Podcast macht.

Das Zuhause eines Podcasts kann unterschiedlich aussehen. Auch hier spielen die Aspekte, die Sie in Ihrem Konzept erarbeitet haben, eine Rolle. Im Prinzip gibt es drei Möglichkeiten:

1. Fremdhosten
2. Selbsthosten
3. Mix aus Fremd- und Selbsthosten

Ganz gleich, für welche Art des Hostens Sie sich entscheiden, wird der Feed automatisch erstellt. Sie müssen ihn lediglich mit den richtigen Informationen »füttern«.

Der RSS-Feed

Der RSS-Feed ist eine XML-Datei, ein kleines Nachrichtenformat, und steht für »Really Simple Syndication«. Es enthält nur wenige Informationen, damit es schnell im Internet verteilt werden kann. Und der Feed macht es möglich, dass wir einen Podcast abonnieren können und mit einem Podcatcher immer automatisch die neusten Episoden auf unseren Rechner oder unsere mobilen Geräte bekommen.

```
19.     <itunes:subtitle>GABAL Regionalgruppe
Berlin/Brandenburg</itunes:subtitle>
20.     <itunes:author>Brigitte Hagedorn</itunes:author>
21.     <itunes:explicit>no</itunes:explicit>
22.     <itunes:keywords>Training, Coaching, Berater,
Impulse</itunes:keywords>
23.     <itunes:category text="Education"/>
24.     <itunes:summary>Impulse aus den Veranstaltungen der GABAL
Regionalgruppe Berlin/Brandenburg. Für Trainer, Berater, Coaches,
Führungskräfte und Personalverantwortliche. Mehr Infos auf
www.gabal-berlin.de</itunes:summary>
25.     <itunes:owner>
26.         <itunes:name>Brigitte Hagedorn</itunes:name>
27.         <itunes:email>hagedorn@audiobeitraege.de</itunes:email>
28.     </itunes:owner>
29.     <item>
30.         <title>Patrick Hypscher über die App Skill Hero für den
Lerntransfer</title>
31.         <description>Bei der Veranstaltung der GABAL
Regionalgruppe Berlin/Brandenburg stellte Patrick Hypscher die App
"Skill Hero" vor. Die App dient dem Lerntransfer und
Seminarteilnehmer können damit schnell und mobil auf die
Seminarinhalte und -informationen zugreifen, in Kontakt mit anderen
Teilnehmern und dem Trainer bleiben sowie eigene Ziele und Aufgaben
terminieren und sich erinnern lassen. Die App ist frei verfügbar,
kann jedoch nur in Verbindung mit einer Lizenz genutzt werden,
die an ein Training oder ein Unternehmen gebunden ist. Der Hersteller
ist die Skill Hero UG in Berlin.</description>
32.         <pubDate>Mon, 29 Feb 2016 17:03:48 +0000</pubDate>
33.         <link>https://podcast0e7a67.podigee.io/1-pod-4-you-
01</link>
34.         <guid
isPermaLink="false">9d5a81aa9b030e49682a1ac5b27fd92b</guid>
35.         <content:encoded>
36.             <![CDATA[<p>Bei der Veranstaltung der <a
href="http://www.gabal-berlin.de">GABAL Regionalgruppe
Berlin/Brandenburg</a> stellte Patrick Hypscher die App "Skill Hero"
vor. Die App dient dem Lerntransfer und Seminarteilnehmer können
damit schnell und mobil auf die Seminarinhalte und -informationen
zugreifen, in Kontakt mit anderen Teilnehmern und dem Trainer
bleiben sowie eigene Ziele und Aufgaben terminieren und sich
erinnern lassen. Die App ist frei verfügbar, kann jedoch nur in
Verbindung mit einer Lizenz genutzt werden, die an ein Training oder
ein Unternehmen gebunden ist. Der Hersteller ist die App
href="https://skillhero.de">Skill Hero UG</a> in Berlin.</p>]]>
37.         </content:encoded>
```

Abb. 6.1: Ausschnitt eines RSS-Feeds

Diese XML-Datei können Sie selbst schreiben, doch da Sie sie dann auch händisch aktualisieren müssen, schleichen sich hier viel zu schnell Fehler ein. Also – überlassen Sie das besser Ihrer Hostingplattform oder Ihrem Podcaster-Plugin.

6.1 Fremdhosten mit einem Hostingservice

Das »Fremdhosten« ist sicherlich die einfachste und schnellste Art, um mit dem eigenen Podcast zu starten. Unkompliziert wird der Feed erstellt, ein Blog inklusive Player ist in den Angeboten enthalten, und Sie müssen sich weder darum kümmern, dass Ihr Podcast richtig bei den Hörern ankommt, noch um die Sicherheit Ihres Blogs.

Podigee

Der Podcasthosting-Service *Podigee* startete 2013. Das Team von *Podigee* will – wie andere Podcasthosting-Services auch – das Podcasten vereinfachen. Ihrem Slogan »Podcast Publishing für ambitionierte Podcaster, die keine Zeit zu verlieren haben« werden sie gerecht und sie bieten außerdem interessante Features an, die für eine gute klangliche Qualität sorgen.

Es gibt eine deutschsprachige Webseite und eine englische. Der Support ist ebenfalls deutsch- oder englischsprachig.

Sie bekommen bei *Podigee* unterschiedliche Pakete. Das Gratis-Paket bietet Ihnen monatlich Platz für eine Stunde Audiomaterial. Zwei Stunden können Sie für 8 Euro monatlich hochladen, acht Stunden für 18 Euro, 16 Stunden für 30 Euro, und wem das nicht reicht, bekommt ein individuelles Angebot.

Alle Pakete bieten E-Mail-Support sowie Statistiken, einen Blog und neben einer Subdomain – die dann *Podigee* im Namen trägt – können Sie auch eine eigene Domain nutzen. Für Traffic fallen keine zusätzlichen Kosten an.

6 Podcasthosting

Podigee hat eine Schnittstelle zu *Auphonic* (siehe Kapitel 8). So werden Ihre Audiodateien mit unterschiedlichen Algorithmen bearbeitet, die Ihre Aufnahmen klanglich verbessern und für eine gleiche Lautstärke aller Folgen sorgen. Die Dateien werden außerdem in vier verschiedenen Audioformaten ausgegeben. So ist auch für Hörer mit besonderen Wünschen etwas dabei.

Für die Blogs von *Podigee* gibt es einige vorbereitete Themes und einen Theme-Editor, mit dem das Design individuellen Wünschen angepasst werden kann.

Der »Language Mining Podcast« hat beispielsweise einen Link auf das eigene Buch eingefügt und eine Anzeige der letzten Episoden.

Abb. 6.2: So kann der Blog von Podigee aussehen.

Sie haben schon einen Podcast, doch das Angebot von *Podigee* hört sich interessant an? Dann testen Sie es. *Podigee* übernimmt sogar den Import Ihrer Episoden.

Podcasten und den »Feed füttern«

Als Erstes erstellen Sie einen kostenlosen Account auf *Podigee* und dann werden Sie Schritt für Schritt bei der Einrichtung Ihres Podcasts und damit der Erstellung des RSS-Feeds begleitet.

Das Prinzip der Erstellung des Feeds ist bei anderen Hostingservices oder mit Hilfe eines Plugins ähnlich. Sie geben Informationen und Daten an, aus diesen »nährt« sich der RSS-Feed.

Öffnen Sie *www.podigee.com* und klicken Sie oben rechts auf REGISTRIEREN. Haben Sie Namen, E-Mail-Adresse und ein Passwort eingegeben, werden Sie direkt begrüßt.

Schließen Sie das Dialogfenster und gehen Sie oben rechts auf + NEUER PODCAST. Es öffnet sich ein Editor, in welchen Sie Schritt für Schritt die Informationen zu Ihrem Podcast eingeben. Der Reiter ALLGEMEIN ist bereits geöffnet.

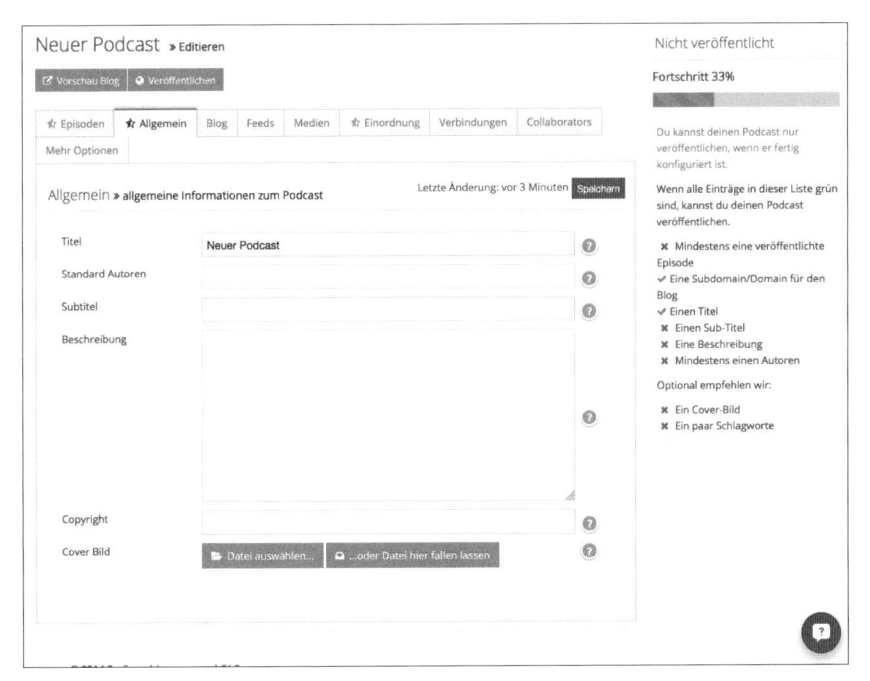

Abb. 6.3: Feed füttern und Blog erstellen

6 Podcasthosting

Hinter jedem Eingabefeld bekommen Sie mit einem Klick auf ein Fragezeichen genauere Informationen, was genau hier von Ihnen gewünscht ist. Ein Fortschrittsbalken rechts in Ihrem Dashboard zeigt Ihnen, welche Angaben noch fehlen.

Nicht veröffentlicht

Fortschritt 33%

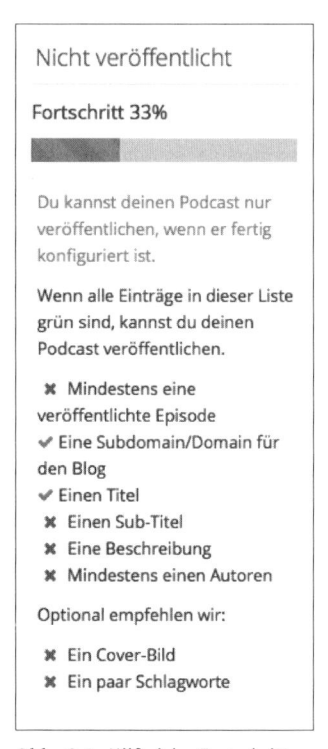

Du kannst deinen Podcast nur veröffentlichen, wenn er fertig konfiguriert ist.

Wenn alle Einträge in dieser Liste grün sind, kannst du deinen Podcast veröffentlichen.

✘ Mindestens eine veröffentlichte Episode
✔ Eine Subdomain/Domain für den Blog
✔ Einen Titel
✘ Einen Sub-Titel
✘ Eine Beschreibung
✘ Mindestens einen Autoren

Optional empfehlen wir:

✘ Ein Cover-Bild
✘ Ein paar Schlagworte

Abb. 6.4: Hilfreiche Fortschrittsanzeige

Und über den runden Button rechts unten kommen Sie in den E-Mail-Kontakt mit einem Mitarbeiter von *Podigee*.

Sie können mit jedem Reiter beginnen und den Prozess auch zu jeder Zeit stoppen. Ihre Eingaben werden automatisch gespeichert. Möchten Sie sich darauf nicht verlassen, so klicken Sie oben rechts im Editor auf Speichern.

Allgemeine Angaben

Die Angaben unter dem Reiter ALLGEMEIN erscheinen auf Ihrem Blog, in den Podcastverzeichnissen und auch in den Podcatchern. Sagen Sie hier bei »Beschreibung« klar, um was es in Ihrem Podcast geht, welchen Nutzen er den Hörerinnen und Hörern bietet und an wen Sie sich wenden. Reden Sie dabei nicht um den heißen Brei herum, denn oft sind von der Beschreibung nur wenige Worte auf den Displays von Smartphones und Tablets sichtbar, und so sollten die relevanten Stichworte auch am Anfang stehen.

> **BEISPIEL**
>
> Gut gelöst hat Matthias Niggehoff das für seinen Podcast »Lerne Psychologie«. Seine Beschreibung lautet: »Lerne praktische Psychologie vom Psychologen Matthias Niggehoff. Themen sind psychologische Manipulation, Kommunikation, Persönlichkeitsentwicklung, Motivati...« (hier endet auf meinem Smartphone die Anzeige) und es geht weiter über den MORE-Link: »...on, Umgang mit Stress und Analysen.«
>
> Schnell erfahren wir, worum es geht, und wichtige Stichworte werden ebenfalls genannt.

Bei »Copyright« können Sie Angaben zu den Nutzungsrechten Ihres Podcasts machen. Da dieser Hinweis auch in der Audio-Datei einfügt wird, empfiehlt *Podigee*, sich auf maximal 500 Zeichen zu beschränken. Grundsätzlich ist Ihr Beitrag auch ohne Hinweis urheberrechtlich geschützt. Doch vielleicht möchten Sie eine Creative-Commons-Lizenz vergeben und so ganz individuelle Nutzungsrechte einräumen? Dann geben Sie dies hier ein. Mehr zum Urheberschutz und den Creative-Commons-Lizenzen erfahren Sie im Kapitel 5.

Im letzten Schritt laden Sie Ihr Podcast-Cover hoch. Das kann eine JPG- oder PNG-Datei sein. Das Cover sollte auffällig sein und nicht zu kleinteilig in der Gestaltung. Es muss mindestens 1400 x 1400 Pixel groß sein, *iTunes* empfiehlt sogar eine Größe von 3000 x 3000 Pixel. Lesen Sie unter *Podcastpromotion* mehr dazu.

Der Podcast-Blog

Im nächsten Reiter BLOG entscheiden Sie sich für ein Blogdesign und die URL, unter der Ihr Blog stehen soll. Sie können eine Subdomain nutzen, die *Podigee* im Namen

6 Podcasthosting

trägt: *NAME.podigee.io*, oder auch eine eigene Domain nehmen. Auf *www.denic.de* prüfen Sie, ob Ihre Wunschdomain noch frei ist, und bei einem Domainanbieter kaufen Sie sie.

Podigee bietet drei schlichte Themes für den Blog an. Wählen Sie eines aus und schauen Sie es sich in der Vorschau an, indem Sie oben links auf Vorschau Blog klicken.

Um mehr Möglichkeiten der Gestaltung zu bekommen, klicken Sie oben rechts auf den kleinen Pfeil neben Ihrer E-Mail-Adresse und wählen Themes. »Clonen« Sie das Theme, welches Ihren Vorstellungen bereits am nächsten kommt. Mit einem Klick rechts auf Clone gelangen Sie in einen Editor, in dem Sie sich austoben können – vorausgesetzt, Sie verfügen über Kenntnisse in HTML und CSS – und Ihrem Podcastblog Ihre eigene Note geben.

Das geklonte und angepasste Theme können Sie jetzt bei den allgemeinen Angaben im Reiter Blog für Ihren Podcast auswählen.

Die RSS-Feeds

Unter dem Reiter Feeds finden Sie die unterschiedlichen Feeds, die *Podigee* anbietet. Der MP3-Feed enthält Ihre Folgen als MP3-Datei und ist somit für die gängigen Player geeignet. AAC ist das apple-eigene Dateiformat und es bietet sich an, diesen Feed auszuwählen, wenn der Podcast im *iTunes Store* angemeldet wird. Opus und Ogg Vorbis sind ebenfalls komprimierte verlustbehaftete Audioformate und werden Ihren Hörern zum Download angeboten.

Der Subscribe Button ist ein schönes Tool, um es den Hörern einfach zu machen, Ihren Podcast zu abonnieren. Auch sein Aussehen lässt sich hier einstellen.

Weitere Reiter

Hinter dem Reiter Medien können Sie die Qualität Ihrer Audiodateien beeinflussen. Da Sie sich vermutlich für einen Hostingservice entschieden haben, damit der Start und die Pflege des Podcasts nicht zu zeitaufwändig wird, können Sie hier alles lassen, wie es ist: Normal (Stereo, für Unterhaltung optimiert). Das garantiert Ihnen eine gute Audioqualität, die optimale Lautstärke und eine Dateigröße, welche die Geräte und Datentarife Ihrer Hörerinnen und Hörer nicht überstrapaziert.

Möchten Sie etwas verändern, dann finden Sie Informationen dazu im Kapitel 8 unter »Auphonic«.

Fremdhosten mit einem Hostingservice 6.1

Unter dem Reiter EINORDNUNG legen Sie die Kategorien und Schlagworte fest, unter denen Ihr Podcast später gefunden werden soll. Die Kategorien orientieren sich an der Auswahl auf iTunes.

Nutzen Sie Twitter und Facebook? Dann tragen Sie bei VERBINDUNGEN Ihre Accounts ein, damit Interessenten Ihnen auch über diese Social-Media-Kanäle direkt von Ihrem Blog folgen können. Außerdem lässt sich hier automatisieren, dass jede neu veröffentlichte Episode gleich über Twitter und Facebook verbreitet wird.

Die ITUNES ID können Sie erst angeben, wenn Ihr Podcast auf *iTunes* angemeldet ist, und das ist erst möglich, wenn die erste Episode veröffentlicht ist. – Also, noch etwas Geduld!

Sie finden die *iTunes ID* dann im *iTunes Store* und bekommen sie auch per E-Mail mitgeteilt, sobald die Anmeldung Ihres Podcasts auf iTunes abgeschlossen ist. Das Aktivieren dieser ID fließt in das Ranking im *iTunes Store* ein. Sie führt direkt auf Ihre Podcast-Seite im Store. Hier kann der Podcast abonniert, geladen oder gehört, also gestreamt werden.

Sie gelangen zu diesem Link, indem Sie auf Ihr Podcast-Cover auf der Seite Ihres Podcasts in *iTunes* klicken, dabei die rechte Maustaste halten und LINK KOPIEREN wählen.

Der Link sieht so aus:

https://itunes.apple.com/de/podcast/TITEL-DES-PODCASTS/id668334019?mt=2

Kürzer, aber mit der gleichen Funktion ist dieser Link:

https://itunes.apple.com/de/podcast?id=668334019

Also ohne Titelangabe, sondern nur mit den Ziffern der ID.

Sie möchten etwas Geld mit Ihrem Podcast verdienen? Dann eröffnen Sie einen *Flattr*-Account und fügen die ID von *Flattr* ebenfalls unter dem Reiter VERBINDUNGEN ein.

Über *Flattr* erfahren Sie mehr in Kapitel 9.3.

Unter COLLABORATORS können Sie Mitarbeiter, Kollegen oder auch Dienstleister, die Sie beim Podcasten unterstützen, einladen. Denen stehen dann ebenfalls alle Funktionen des Accounts zur Verfügung. Nur Dateien löschen geht für sie nicht.

Haben Sie alle Reiter bedient, sehen Sie in der Fortschrittsanzeige rechts vor jedem Eintrag ein grünes Häkchen und nur noch ein rotes Kreuz vor dem ersten Punkt MINDESTENS EINE VERÖFFENTLICHTE EPISODE.

6 Podcasthosting

Ihre Audiodateien laden Sie immer unter EPISODEN hoch. Die bisher genannten Angaben machen Sie in der Regel nur einmal, beim Start Ihres Podcasts. So wird der RSS-Feed erstellt und mit den für eine reibungslose Nutzung wichtigen Informationen »gefüttert«.

Episode hochladen und veröffentlichen

Wählen Sie den Reiter EPISODEN und klicken Sie rechts auf + NEUE EPISODE, um eine Folge hochzuladen. Unter dem Reiter EPISODEN finden Sie später immer alle Sendungen des Podcasts und die dazugehörigen Statistiken.

Es öffnet sich wieder ein Editor, der dem vorherigen sehr ähnlich sieht. Im ersten Feld MEDIENDATEIEN laden Sie Ihre Datei hoch. Hier können Sie eine unkomprimierte Datei hochladen, denn sie wird automatisch in unterschiedliche Audioformate kodiert. Ein Fortschrittsbalken wird während des Hochladens angezeigt.

> **TIPP**
>
> Wenn Sie bereits Kapitelmarken mit Ihrem Audioeditor in Ihr Projekt eingefügt haben, dann exportieren Sie das Audioprojekt in AAC (Advanced Audio Coding). Hierbei wählen Sie die geringste Kompression von 320 kbit/sec.

Abb. 6.5: Neue Episode hochladen und bearbeiten

Während des Hochladens können Sie bereits weitere Informationen hinzufügen. Klicken Sie dazu auf den nächsten Reiter ALLGEMEIN.

Hier tragen Sie die allgemeinen Informationen zu der jeweiligen neuen Episode ein. Bei COVER BILD können Sie das Cover Ihres Podcasts einfügen oder auch ein anderes Bild, das dann nur bei dieser Episode – je nach Player oder Podcatcher – Ihren Hörern angezeigt wird. Auch hier gilt die Empfehlung von 3000 x 3000 Pixeln. Diese und die folgenden Angaben werden der Datei jedoch erst durch das Kodieren hinzugefügt. Ändern Sie diese später, muss die Datei erneut kodiert werden, damit der Feed »up to date« bleibt.

Bei »Autoren« können Sie den Autor der Episode eintragen. Ist der Autor oder die Autorin immer die gleiche, dann fügen Sie das besser bei den allgemeinen Angaben zum Podcast ein. Hier können Sie diese Angabe überschreiben.

Die Angabe eines Untertitels wird nicht von allen Programmen angezeigt. Sie erscheint jedoch auf jeden Fall im Webplayer von *Podigee* und gibt einen schnellen Einblick in den Inhalt der Episode.

Die Beschreibung jeder Episode ist wichtig. Bringen Sie auf den Punkt, worum es in der jeweiligen Folge geht. Auch hier ist ein aussagekräftiger Inhalt gut, der relevante Keywords enthält und Lust zum Reinhören macht.

In diesem Feld können Sie keine Verlinkungen anlegen. Die fügen Sie unter dem Reiter SHOWNOTES ein. Der Text kann in beiden Fällen der gleiche sein. Ob der Text mit den Links oder ohne angezeigt wird, hängt wieder einmal von dem Podcatcher ab, mit dem der Beitrag abgespielt wird. Auf dem Blog wird der Text angezeigt, den Sie bei Shownotes eingegeben haben.

Besonders bei längeren Episoden ist es sinnvoll, Kapitelmarken einzufügen. Das können Sie unter KAPITELMARKEN händisch machen, oder diese Informationen werden bereits aus Ihrer Audiodatei gelesen und hinzugefügt. Details dazu lesen Sie im ebenfalls in Kapitel 9.

6 Podcasthosting

Veröffentlicht wird Ihre Episode mit einem Klick auf den dunkelgrünen Button über den Reitern. KODIEREN & VERÖFFENTLICHEN. Möchten Sie die Datei zu einem späteren Zeitpunkt veröffentlichen, dann gehen Sie noch einmal zum Reiter MEDIENDATEIEN und hier auf KODIEREN. Ihrer Audiodatei werden jetzt alle Metadaten wie der Titel, die Beschreibung oder Kapitelmarken hinzugefügt. Außerdem wird sie in die entsprechenden Formate, die für die Verwendung im Internet geeignet sind, umgewandelt. Dieser Vorgang dauert einen Moment – je nach Länge der Datei –, dann können Sie mit dem Button SPÄTER VERÖFFENTLICHEN das genaue Datum und die Uhrzeit der Veröffentlichung auswählen.

Abb. 6.6: Datum und Zeit bestimmen für die Veröffentlichung

Statistik

Die Statistik von *Podigee* ist bereits in dem kostenlosen Angebot sehr aussagekräftig. Sie bekommen die Downloads angezeigt, welches Audioformat am meisten genutzt wurde und mit welchem Client oder welcher Plattform heruntergeladen wurde. Das alles können Sie ganz genau nach Zeiträumen analysieren.

Abb. 6.7: Aussagekräftige Statistik bei Podigee

Noch mehr Podcasthostingservices

Bei der Wahl des Podcasthostingservices haben Sie wieder die Wahl. Denn es gibt mehr als nur *Podigee*.

Die Services unterscheiden sich in ihren Paketgrößen, also in Bezug darauf, wie viel Audiomaterial Sie im Monat hochladen können, in den Preisen und in den unterschiedlichen Features, die sie anbieten. Hier liegt *Podigee* allerdings vorne. Auch sind die Designs der angebotenen Blogs unterschiedlich sowie die Möglichkeiten von Anpassungen, beispielsweise an das eigene Corporate Design.

1. *PodHost* ist der deutschsprachige Klassiker, der quasi am Markt ist, seit es Podcasts gibt. *PodHost* bietet ebenfalls ein kostenloses Paket. Allerdings ist der Blog dann nicht sicher werbefrei.

2. *Podcaster.de* startet mit seinen Angeboten bei einem Euro pro Monat, ist ebenfalls ein deutscher Anbieter und bietet eine umfangreiche Statistik.

3. *libsyn* hat seinen Sitz in Pittsburgh, USA. Startet bei 5 Dollar im Monat plus 2 Dollar für eine statistische Auswertung. Hier gibt es interessante kostenpflichtige Tools in den höheren Paketen.

4. *Podomatic* sitzt in San Francisco, Kalifornien. Podomatic versteht sich auch als Musikplattform. Das Hosten eines Podcasts ist kostenlos, der Service bietet jedoch zusätzliche kostenpflichtige Optionen.

5. *Podbean* mit Sitz in Wilmington, USA, bietet freie und »Premium-Pakete« an. Mit »Podbean Crowdfunding« können Einnahmen mit dem eigenen Podcast erzielt werden.
6. *Blubrry* sitzt in Las Vegas, Nevada. *Blubrry* vertreten eine faire Podcaster-Philosophie, die zum Beispiel besagt, dass Podcaster immer die Kontrolle über ihren Podcast haben sollten. Außerdem vertreten sie die Ansicht, dass Podcasts auf dem eigenen Blog gehostet werden sollen. Sie haben eine Partnerschaft mit *Appendipity*, die *WordPress*-Themes mit schicken Playern anbieten. Für die eigene WordPress-Seite bieten sie ein Plugin an.
7. *SoundCloud* ist ebenfalls als Musikplattform gestartet und bietet gute Möglichkeiten für das Veröffentlichen einzelner Audiobeiträge. Das Podcasthosting wird ohne Blog angeboten. Die Beiträge werden auf einem eigenen Kanal zum Abspielen angeboten, wie wir es von *YouTube* kennen.

Die Auswahl des geeigneten Podcasthostingservices ist auch davon abhängig, welches Ziel Sie mit Ihrem Podcast anstreben, wie gut Ihre Englischkenntnisse sind und welche Prioritäten Sie grundsätzlich setzen.

Einige der Angebote der amerikanischen Services hören sich verlockend an, sind jedoch für das deutsche Hörerverhalten nicht unbedingt relevant. Also auch das ist dann eine Frage der Zielgruppe, die Sie mit Ihrem Podcast erreichen wollen.

> **HINWEIS**
>
> Ist Ihnen das Angebot, jeden Monat neuen Speicherplatz und unlimitierten Traffic zu bekommen, nicht ganz geheuer? Keine Sorge. Es ist durchaus seriös, da die gespeicherten Inhalte auf ganz unterschiedlichen Servern verteilt werden können. Anders als bei Ihrer Website beispielsweise, für die eigene Verzeichnisstrukturen erstellt werden müssen. Auch ist der Zugriff bei älteren Dateien ein geringerer als bei den aktuellen Episoden, und Platz wird frei, wenn ein Podcast nicht mehr aktualisiert wird.

6.2 Selbsthosten auf WordPress

Wenn Sie einen Podcast für Ihr Marketing nutzen möchten und über eine eigene Domain verfügen, dann möchten Sie Ihren Podcast vermutlich auch darunter anbieten. Das ist nicht zwingend nötig, denn Sie könnten auch auf eine andere Seite verlinken. Doch ist es für die Besucher Ihrer Seite komfortabler, wenn sie alles von Ihnen unter einem »Dach« finden. Und wer weiß, wo sich die Hörer verlieren, wenn sie von Ihrer Seite fortgeführt werden.

Um Ihren Podcast auf der eigenen Domain zu hosten, benötigen Sie eine dynamische Webseite mit einem CMS, einem Content-Management-System. Beispielsweise *Joomla*, *Drupal* oder *WordPress*. Für diese Systeme gibt es Podcast-Plugins. Diese Plugins sorgen dafür, dass der RSS-Feed generiert und ein Player auf Ihrer Seite zum Abspielen angeboten wird.

WordPress ist zurzeit das beliebteste CMS. Auch bei Podcastern. Es wird ständig um neue Features und Sicherheitsupdates erweitert. Podcasten mit *WordPress* ist unkompliziert und setzt keine umfangreichen technischen Kenntnisse voraus. Wenn Sie bereits auf *WordPress* bloggen, ist Podcasten mit diesem CMS ein Kinderspiel.

Daher stelle ich Ihnen hier diese Möglichkeit vor. Ich zeige Ihnen an dem CMS *WordPress*, wie Sie mit Hilfe eines Plugins Ihren Podcast auf der eigenen Domain hosten können. »Eigene« Domain ist nicht ganz korrekt, denn vermutlich haben Sie keinen eigenen Server, sondern nutzen einen Internetprovider. Der stellt Ihnen Speicherplatz zur Verfügung und in der Regel lässt sich mit wenigen Klicks ein CMS wie *WordPress* installieren.

Podcaster-Plugins für WordPress

Das wichtigste, was ein Podcaster-Plugin können muss, ist die Generierung des RSS-Feeds und dass dieser auch für *iTunes* optimiert wird. Außerdem sollte es ermöglichen, dass ein HTML5-Player genutzt werden kann. Das ist Standard und, anders als Flash Player, werden diese auch von Apple auf dem iPad und dem iPhone unterstützt.

Wenn Sie bereits bloggen, möchten Sie vielleicht Podcast und Blogbeitrag voneinander getrennt darstellen? Auch dafür werden unterschiedliche Möglichkeiten angeboten.

Eine gute statistische Auswertung der Downloads ist ebenfalls notwendig, denn Ihr CMS oder Provider zählt nur die Webseitenbesucher.

Doch neben diesen Must-haves bieten Podcast-Plugins noch einiges mehr.

Auch hier haben Sie wieder die Qual der Wahl. Ich stelle Ihnen das *Blubrry PowerPress Podcasting plugin* genauer vor und gebe einen kurzen Überblick zu Alternativen.

Blubrry PowerPress Podcasting plugin

Dieses Plugin haben Sie bereits in der Liste der Podcasthostingservices kennengelernt. *Blubrry* bietet auch ein Plugin für *WordPress*-Seiten an und bleibt so seiner Podcastphilosophie – »behalte die Kontrolle über deine Inhalte« – treu.

Ist das Plugin installiert, können Sie über EINSTELLUNGEN im Dashboard und POWERPRESS auf zwei Wegen Ihren Podcast starten. Der »Simple Mode« bringt Sie in drei Schritten ans Ziel:

Start your podcast in 3 easy steps...

1	2	3
✓ Fill out the settings on this page	✓ Create a blog post with an episode Need help?	Submit your podcast to iTunes and other podcast directories

Abb. 6.8: Starten Sie Ihren Podcast in drei Schritten.

Eine einfache Statistik bekommen Sie über FREE BASIC STATISTICS. Hier legen Sie einen Account an, damit Sie Downloadzahlen in Ihrem Podcast-Dashboard auswerten können. Dieser lässt sich auch mit Ihrer *WordPress*-Seite verbinden, sodass Sie den Überblick auch in Ihrem *WordPress*-Dashboard behalten.

Neben den Downloads zeigt die Statistik die von Ihren Hörern genutzten Betriebssysteme und Programme an. Diese Angaben sind allerdings beschränkt und lassen auch keine geografische Zuordnung zu.

Die geografische Zuordnung – und mehr – bekommen Sie nur in der kostenpflichtigen »Professional Podcast Statistics«.

Zugriff zu dieser Statistik haben Sie auch, wenn Sie Ihren Podcast auf *Blubrry Media Hosting* hosten wollen. Doch dazu kommen wir im nächsten Kapitel. Hier geht es ja um das *Selbsthosten*.

Also zurück zur Einrichtung des Podcasts im »Simple Mode«. Bei PROGRAM TITLE geben Sie den Namen des Podcasts ein, wenn er nicht den Namen Ihrer Domain tragen soll.

Unter ITUNES LISTING INFORMATION können Sie die ITUNES SUBSCRIBTION URL erst einfügen, wenn Sie Ihren Podcast bei iTunes angemeldet haben.

Selbsthosten auf WordPress 6.2

Tragen Sie also zuerst einen Untertitel und eine aussagekräftige Beschreibung ein und wählen Sie die Kategorien, unter denen Sie möchten, dass Ihr Podcast gefunden wird.

Neben ITUNES EXPLICIT müssen Sie angeben, ob Ihr Podcast »sauber« ist oder nicht. Ohne eine Angabe hier wird Ihr Podcast nicht bei *iTunes* angenommen.

Unter ARTWORK AND IMAGE geben Sie die URL Ihres Podcastcovers ein. Das Cover laden Sie als JPG oder PNG im Dashboard hoch. Dazu gehen Sie in der Seitenleiste auf MEDIEN und DATEI HINZUFÜGEN. Laden Sie hier die Bilddatei hoch, unter der Medienübersicht in der Seitenleiste sehen Sie dann das Cover. Die URL zum Bild finden Sie, wenn Sie auf das Bild rechts neben URL klicken. Kopieren Sie diesen Link und fügen Sie ihn in das Feld neben ITUNES IMAGE ein.

Bei BLOG POSTS AND PAGES wählen Sie aus, an welcher Position der Audioplayer auf Ihrem Blog angezeigt werden soll. Üblich und auch hier als default eingestellt, ist, dass der Player unter den Shownotes, also den Informationen zur jeweiligen Episode, angezeigt wird. Möchten Sie das im Einzelfall mal ändern, dann geben Sie im Texteditor des neuen Beitrags den Shortcode [powerpress] ein. Der Player erscheint dann im Blogbeitrag an genau dieser Stelle.

Unter ADVANCED OPTIONS bietet *Blubrry* weitere interessante Möglichkeiten, beispielsweise für den Umzug Ihres Podcasts von einem anderen System oder die Erstellung einer Playliste.

RSS-Feed erstellen

Die bisherigen Angaben waren Informationen zur Generierung des RSS-Feeds, ähnlich wie Sie es bereits bei *Podigee* kennengelernt haben. Diese Einstellungen nehmen Sie in der Regel nur zum Start Ihres Podcasts vor. Ihren RSS-Feed finden Sie übrigens unter POWER PRESS, und hier unter dem Reiter FEEDS im ADVANCED MODE neben PODCAST FEEDS.

Er wurde erstellt aus der URL Ihrer Website und sieht so aus:

http://URLDERWEBSITE/feed/podcast

Episoden hochladen

Gibt es eine neue Episode, muss der Feed auch mit diesen Informationen ergänzt werden. Das passiert automatisch durch den Upload der Audiodatei und beim Erstellen des dazugehörigen Textbeitrages, den Shownotes.

Sie laden die Audiodatei ebenfalls in der Sidebar des Dashboards bei MEDIEN hoch.

6 Podcasthosting

> **WICHTIG**
>
> Auf *WordPress* lassen sich standardmäßig nur 8 MB hochladen. Ist Ihre Datei größer, können Sie sie über einen FTP-Client (z.B. *FileZilla*, *Cyberduck*) hochladen. Sie können diese Upload-Begrenzung jedoch aufheben.
>
> Gehen Sie in Ihre »wp-config.php« im Rootverzeichnis Ihrer Website und fügen Sie folgenden Eintrag ein: define('WP_MEMORY_LIMIT', '10M');
>
> 10 M sind jetzt 10 MB. Natürlich können Sie hier auch höhere Werte eingeben.
>
> Den Link zu Ihrer Episode kopieren Sie nun entweder aus der Medienübersicht Ihres Dashboards oder aus Ihrem FTP-Client.

Dann wählen Sie in der Sidebar des *WordPress*-Dashboards BEITRÄGE und im Dropdown-Menü ERSTELLEN. Unter dem Texteditor, in dem Sie den Titel der Episode und ein paar Informationen, die Shownotes, eintragen, finden Sie unter PODCAST EPISODE das Feld MEDIA URL.

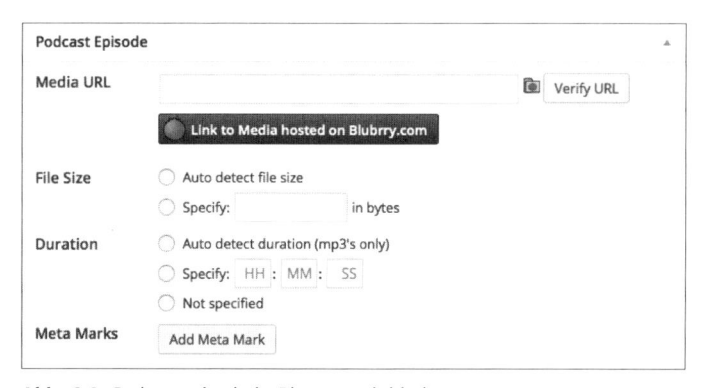

Abb. 6.9: Podcastepisode in Blogpost einbinden

Hier fügen Sie den Link zu Ihrer Audiodatei ein. Abschließend prüfen Sie ihn mit einem Klick auf VERIFY URL. Gehen Sie dann weiter so vor, wie Sie es auch beim Erstellen eines Blogbeitrages tun. Speichern und veröffentlichen Sie den Beitrag oder planen Sie ihn für einen späteren Zeitpunkt.

Perfekt! Nun können Sie Ihren Podcast in den Podcastverzeichnissen anmelden. Und bei iTunes funktioniert das sogar direkt aus dem *WordPress*-Dashboard heraus. Gehen Sie dazu wieder in die *PowerPress*-Einstellungen, hier zu den Angaben für *iTunes* und klicken Sie auf PUBLISH A PODCAST ON ITUNES.

Das *Blubrry PowerPress Podasting plugin* unterstützt nur MP3-Dateien und stellt keine Kapitelmarken dar. Doch bietet es in ADVANCED OPTIONS weitere interessante Möglichkeiten, die die Verbreitung Ihres Podcasts unterstützen. Beispielsweise eine Optimierung für die Suchmaschinen oder die Darstellung auf der Website. *Blubrry* pflegt Kooperationen mit anderen Unternehmen, die die Nutzung unterschiedlicher (auch kostenpflichtiger) Tools – zum Beispiel einer App für die eigenen Inhalte – ermöglichen.

Hat Sie das Podcastfieber gepackt, können Sie mit diesem Plugin auch mehrere Podcasts auf Ihrer Seite veröffentlichen, und das in unterschiedlichen Kategorien, mit jeweils eigenem Feed.

Die Erläuterungen zum Plugin sowie der Support per E-Mail sind englischsprachig.

Podlove Podcast Publisher

Der *Podlove Publisher* ist ein Open-Source-Projekt und entstand 2012, um Podcastern geeignete Lösungen für das Podcasting anzubieten. Einzelne Features sind modular aufgebaut, so dass Sie sie Ihren Anforderungen gemäß nutzen können.

Den *Podlove Podcast Publisher* laden Sie ebenfalls über PLUGINS in Ihrem *WordPress*-Dashboard herunter. Ist er installiert und aktiviert, finden Sie in der Sidebar den Link, der zu den Einstellungen des *Podlove Web Players* führt, und unter BEITRÄGE, wo Sie vielleicht bisher Blogbeiträge erstellt haben, lesen Sie jetzt EPISODEN. Also findet hier eine übersichtliche Trennung von Textbeiträgen und Podcastepisoden statt.

In der Sidebar Ihres Dashboards finden Sie außerdem den Punkt PODLOVE, über den Sie in das DASHBOARD gelangen.

Abb. 6.10: Tor zum Podlove Dashboard

Hier geben Sie, wie bereits kennengelernt, die Informationen zu Ihrem Podcast ein. Die Sprache ist Englisch, doch es ist alles sehr übersichtlich gestaltet, so dass man sich gut zurechtfindet. Außerdem kommen Sie direkt aus dem Dashboard zu weiterführenden Informationen, wie Dokumentationen oder Foren.

Auch einen *Flattr*-Button finden Sie hier, denn *Podlove* finanziert sich über Spenden.

Für den *Podlove Podcast Publisher* spricht unter anderem eine aussagekräftige Statistik. Sie zeigt neben den Downloadzahlen an, wie Hörer Ihren Podcast hören. Als Download direkt mit dem Player auf Ihrer Homepage oder über einen Podcatcher, also über Ihren Feed. Das ist genauso interessant wie Angaben über die genutzten Podcatcher. Beides hilft Ihnen, Ihre Hörer besser einzuschätzen und diese Informationen, beispielsweise bei der Verbreitung Ihres Podcasts, zu berücksichtigen.

Durch eine Integration des *Podlove-Subscribe*-Buttons wird auch das Abonnieren des Podcasts sehr komfortabel.

Mit dem *Podlove Podcast Publisher* haben Sie außerdem die Möglichkeit, Kapitelmarken abzubilden. Das geht mithilfe des *Podlove Web Players*, einem Modul des Publishers.

Weitere Möglichkeiten sind eine individuelle Gestaltung der Podcast-Seite. Und der *Podlove Podcast Publish*er bietet – allerdings nicht kostenlos – einen Support an. Ein großer Pluspunkt!

Dieses Plugin ist beständig in der Entwicklung. Die Macher haben guten Kontakt zur Podcastszene und reagieren auf die Bedürfnisse von Podcasterinnnen und Podcastern. Mehr Informationen zum gesamten *Podlove*-Projekt finden Sie auf den Seiten von *podlove.org*.

Seriously Simple Podcasting

Das Plugin *Seriously Simple Podcasting* macht seinem Name alle Ehre. Es ist wirklich einfach installiert und eingerichtet. Es bietet alle nötigen Einstellungen für den Feed und auch wenn hier iTunes nicht ausdrücklich erwähnt wird, funktioniert – laut Angaben der Nutzer – die Anmeldung und Abbildung des Feeds bei *iTunes* gut.

Ist das Plugin installiert, erstellt man einen neuen Beitrag, indem man im Dashboard nicht Beiträge und Erstellen auswählt, sondern den neuen Menüpunkt in der Sidebar Podcast und Add New. Diese getrennte Ansicht ist sehr übersichtlich, wenn man nicht nur podcastet, sondern auch »normal« bloggt. Eine Trennung wie im Plugin von *Podlove*.

Abb. 6.11: Podcastepisoden und Blogbeiträge trennen

Im nächsten Punkt BLOG POSTS AND PAGES geben Sie an, an welcher Stelle auf Ihren Blogposts Sie den Player positionieren möchten. Bereits ausgewählt ist hier bereits BELOW PAGE CONTENT. Also unter dem Text, Ihren Shownotes. Das bietet sich auch an, denn ein Besucher Ihrer Website möchte in der Regel erst mal wissen, worum es hier geht, bevor er den Playbutton aktiviert.

Buzzsprout Podcasting

Dieses Plugin gehört eigentlich unter die Überschrift »Ein Mix aus Fremd- und Selbsthosten«. Da es aber in *WordPress* bei den Podcast-Plugins erscheint, führe ich es hier auf.

Das Podcasting-Plugin *Buzzsprout* ist ebenfalls schnell installiert und über PLUGINS und INSTALLIERTE PLUGINS aktiviert. Zu den Settings, den Einstellungen, gelangt man ebenfalls über das Dashboard. Hier ist unter EINSTELLUNGEN nun der Punkt BUZZSPROUT PODCASTING hinzugekommen. Viel ist hier nicht einzustellen, da *Buzzsprout* nur über den eigenen Hostingservice funktioniert.

Buzzsprout bietet für das Hosten verschiedene Tarife an, von kostenlos bis 24 Dollar im Monat. Der kostenlose Account bietet das Hochladen von zwei Stunden Audiomaterial pro Monat an, allerdings werden die Beiträge nur für maximal 90 Tage gespeichert. Das ist also nur für zeitlich begrenzte Projekte interessant und zum Testen.

6 Podcasthosting

Auf der Onlineplattform von *Buzzsprout* ist ein Beitrag schnell hochgeladen und der Feed wird automatisch generiert. Diesen Feed fügt man dann in die Settings auf der *WordPress*-Seite ein.

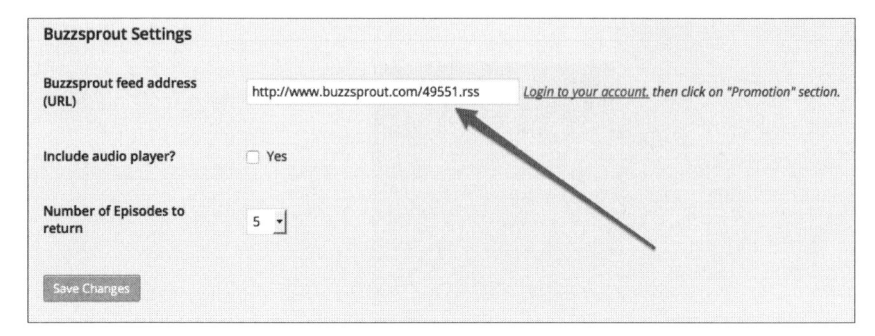

Abb. 6.12: Auch Buzzsprout erstellt einen RSS-Feed.

In BEITRAG ERSTELLEN können Sie nun die Audiodatei auch auf Ihrer WordPress-Seite einbinden. Wählen Sie am oberen Rand des Editors DATEIEN HINZUFÜGEN und hier am linken Rand BUZZSPROUT PODCASTING. Sie bekommen jetzt alle bei *Buzzsprout* hochgeladenen Dateien angezeigt. Wählen Sie die entsprechende Datei aus, so wird diese mithilfe eines Shortcodes auf Ihrer Seite dargestellt. Das Design des HTML5 Audio Players lässt sich farblich gestalten und auch mit einem Bild ausstatten.

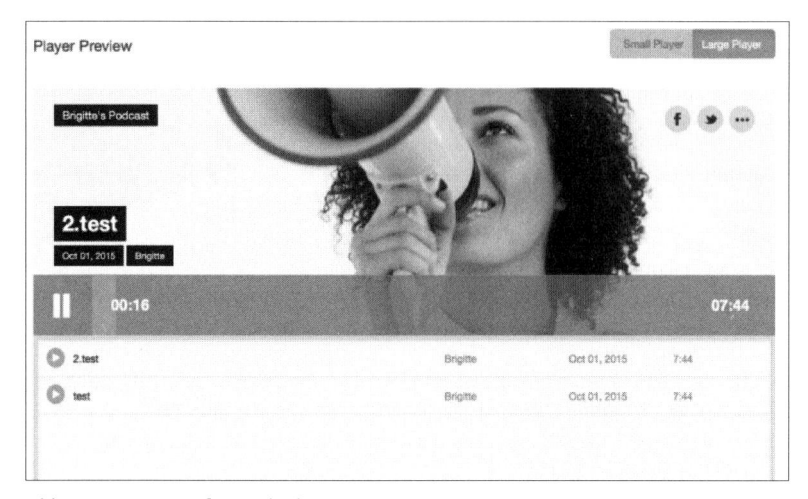

Abb. 6.13: Der »große« Web Player von Buzzsprout

Abb. 6.14: Der »kleine« Web Player von Buzzsprout

Buzzsprout bietet außerdem unterschiedliche JavaScripte an, mit denen sich auch mehrere Beiträge auf unterschiedlichsten Webseiten einbinden lassen.

Doch JavaScript ist nicht immer beliebt, da über dieses Script Webseiten auch manipuliert werden können. Allerdings nicht die Seite, auf der der Code platziert ist, sondern die Seite des Anbieters.

Ein großer Nachteil bei *Buzzsprout* ist, dass die hochgeladenen Dateien automatisch »optimiert« werden. D.h., sie werden verkleinert, damit das Laden schneller geht und vermutlich damit nicht so viel Speicherplatz auf den Hostern von *Buzzsprout* verbraucht wird. Positiv zu erwähnen ist allerdings das Supportangebot sowie eine Statistik über die Downloads.

6.3 Ein Mix aus Fremd- und Selbsthosten

Beim Lesen der vorangegangenen Zeilen haben Sie vielleicht gedacht »Oje, das ist mir doch zu aufwändig« oder Sie müssen noch einige technische Fragen mit Ihrem Provider klären, bevor Sie Ihren Podcast auf Ihrer Homepage veröffentlichen können.

Doch Sie möchten Ihren Podcast in jedem Fall unter Ihrer schon bestehenden Domain anbieten.

Auch dafür gibt es eine Lösung, und zwar ist das ein Mix aus dem Fremdhosten und dem Selbsthosten. Das bedeutet, Sie hosten die Audiodatei bei einem Podcasthostingservice **und** nutzen ein Podcast-Plugin, um ihn auf Ihrer Website darzustellen.

Eigentlich ist das das Angebot von *Buzzsprout*, doch es gibt Alternativen, um die Vorteile aus beiden Optionen zu nutzen. Denn die Vorteile sind nicht von der Hand zu weisen: Ihr Podcast kommt technisch sicher bei Ihren Hörerinnen und Hörern an, dank der extra auf das Hosten von Podcasts spezialisierten Anbieter. Und Besucher

Ihrer Website finden das Hörangebot bei Ihnen und werden nicht weggeführt. Das ermöglicht Ihnen die optimale Nutzung Ihres Podcasts, um Kunden zu gewinnen und an Ihr Unternehmen zu binden.

Hostingservice und JavaScript

Alle hier genannten Services bieten sich dafür an. Nutzen Sie *Podigee*, benötigen Sie nicht mal ein Plugin. In Ihrem Account finden Sie zu jeder Episode einen Code, den Sie mit Kopieren und Einfügen einfach auf einer Seite oder in einem Blogpost einfügen können.

Abb. 6.15: Player einbetten, wo Sie wollen – mit JavaScript

Hier spielt es dann auch keine Rolle, welches CMS Sie benutzen. Achten Sie lediglich darauf, dass Sie in Ihrem Texteditor den Code in der HTML-Ansicht und nicht in der WYSIWYG-Ansicht eingeben.

So sieht es dann beispielsweise auf einer *Jimdo*-Homepage aus, wenn Sie die Beiträge auf einer Seite einbinden:

Abb. 6.16: Player mit JavaScript auf einer Jimdo-Seite eingefügt

> **TIPP**
>
> Die Möglichkeit der Einbindung via JavaScript-Code ist besonders praktisch, wenn Sie Kooperationen eingehen möchten. Denn so lassen sich die Beiträge auch einfach auf anderen Seiten einbinden. Zu Kooperationen lesen Sie mehr im Kapitel 7 *Podcast-Promotion*.

Damit der Blog, den Ihnen *Podigee* anbietet, nicht sichtbar wird, fügen Sie in Ihrem Account noch ein paar Informationen hinzu.

Gehen Sie zu den Einstellungen Ihres Podcasts und hier zu dem Reiter MEHR OPTIONEN. Geben Sie hier in das Feld NEUE BLOG URL die Webadresse der Seite ein, auf der sich Ihr Podcast befindet. Es können aber auch eigene Domains mit *Podigee* benutzt werden.

Podcast-Plugin und Hostingservice

Hosten Sie Ihre Audios bei einem anderen Hostingservice wie *Podcaster.de* oder *Podhost*, dann bekommen Sie einen Link zu jeder Datei, die Sie hochgeladen haben. (Einen Link zur Datei bietet *Podigee* übrigens auch an.) Sie benötigen in diesen Fällen also auf jeden Fall ein Podcast-Plugin.

Nutzen Sie das *Blubrry-Podcaster*-Plugin, fügen Sie diesen Link – wie oben beschrieben – unterhalb des Texteditors Ihres neuen Beitrags ein.

In Ihrem Account des Hostingservices geben Sie an, dass Sie Ihren Blog nicht nutzen möchten, bzw. leiten Sie die Adresse ebenfalls um.

6.4 Podcasten mit SoundCloud

SoundCloud ist eine etwas andere Art, einen Podcast zu hosten und zu präsentieren. Ursprünglich als Plattform für Musiker und Audios gestartet, bietet *SoundCloud* seit einiger Zeit auch eine Option für Podcaster an.

Die Player auf *SoundCloud* sind mit ihrer orangefarbenen Abspielanzeige optisch ansprechend, die Beiträge lassen sich einfach teilen und mithilfe eines Codes können sie leicht auf der eigenen oder auf fremden Websites eingebettet werden.

Podcaster bekommen einen RSS-Feed, der in den Podcastverzeichnissen eingetragen werden kann, doch wird ihnen kein Blog angeboten. Dargestellt wird der Podcast auf einem Kanal, wie Sie es vielleicht von YouTube kennen.

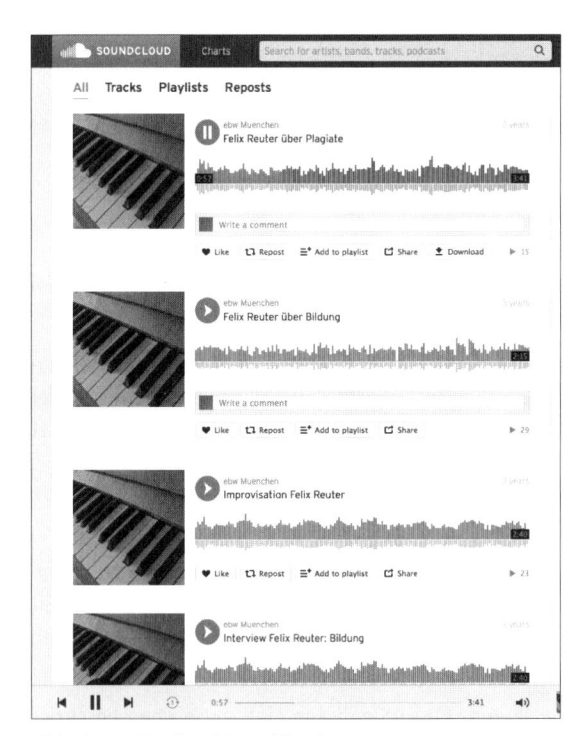

Abb. 6.17: Kanal auf SoundCloud

Podcasten mit SoundCloud 6.4

SoundCloud stellt seinen Nutzern mit dem kostenlosen Account Speicherplatz für 180 Minuten Audio zur Verfügung. Im Vergleich zu den bereits erwähnten Podcasthosting-Services gelten diese 180 Minuten für die gesamte Zeit der Nutzung. Nicht für einen Monat. Sie bekommen also nicht jeden Monat neuen Speicherplatz zur Verfügung gestellt.

180 Minuten sind schnell verbraucht. Zur Erinnerung: Für 60 Minuten im Monat können Sie bei *Podigee* einen kostenlosen Account nutzen. Bei *podcaster.de* zahlen Sie 1 Euro für 50 MB, also für etwa 50 Minuten Sprechzeit. Hier jeweils pro Monat und jeden Monat bekommen Sie wieder neuen »Space«. Allerdings addiert sich dieser Speicherplatz nicht!

Mit dem kostenpflichtigen *SoundCloud Pro* steht Ihnen die doppelte Zeit, also sechs Stunden, zur Verfügung, und mit dem *Pro Unlimited* haben Sie keine Einschränkungen. Allerdings sind diese Konten kostenpflichtig. Sie zahlen 5 Euro pro Monat für den Pro Account und 9 Euro für den *Pro Unlimited*, wobei Sie bei jährlicher Zahlungsweise noch etwas sparen können.

Ob *SoundCloud* also eine gute Wahl für einen Podcast ist, muss individuell nach den jeweiligen Podcastprojekten entschieden werden. Die Kosten alleine spielen in der Regel nicht die Hauptrolle. Und ob es sich lohnt, einen bestehenden Podcast zusätzlich auf *SoundCloud* anzubieten, hängt ebenfalls davon ab, wieviel Audiomaterial Sie schon haben und was dazukäme.

Podcast hosten auf SoundCloud

Als Erstes müssen Sie einen Account auf *SoundCloud* (*soundcloud.com*) anlegen und hierbei den Nutzungsbedingungen und den Datenschutzrichtlinien zustimmen. Die sind englischsprachig und nicht gerade knapp gehalten.

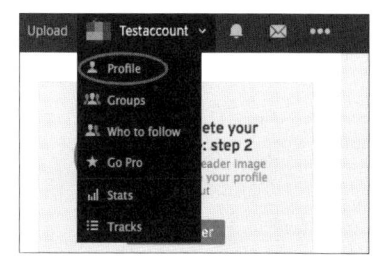

Abb. 6.18: Profil einrichten auf SoundCloud

Wenn Sie sich eingeloggt haben, richten Sie Ihr Profil rechts oben unter PROFILE ein. Diese Angaben werden später in Ihrem RSS-Feed erscheinen!

6 Podcasthosting

Laden Sie ein Profilbild hoch – in diesem Fall das Cover Ihres Podcasts. Hier in der Profil-Ansicht erscheint es in einem runden Ausschnitt. Doch das Bild wird im Feed quadratisch ausgeliefert.

Das Headerbild soll 2480 x 520 Pixel messen. Bleibt es leer, ist der Header grau und Ihr Kanal auf *SoundCloud* sieht nicht so schick aus.

Über EDIT rechts vervollständigen Sie Ihr Profil. Dort, wo jetzt noch eine Usernummer steht, geben Sie den Namen Ihres Podcasts ein. Vervollständigen Sie die Angaben zu Ihrer Person und unter BIO fügen Sie eine kurze Beschreibung Ihres Podcasts ein, die Links zu Ihrer Homepage und zu Social-Media-Kanälen.

Einstellungen

Weiter geht's in den SETTINGS. Klicken Sie oben rechts in der Menüleiste von SoundCloud auf die drei Punkte und wählen Sie im sich öffnenden Dropdown-Menü SETTINGS aus. Unter ACCOUNT vervollständigen Sie die Account-Informationen. Unten links, mit einem Klick auf DELETE ACCOUNT, könnten Sie Ihr Konto auf SoundCloud auch wieder löschen.

Unter dem nächsten Reiter CONTENT finden Sie Ihren RSS-Feed. Hier wählen Sie außerdem eine Kategorie aus, unter die Ihre Podcastepisoden fallen. Wählen Sie die Sprache und machen Sie ein Häkchen bei INCLUDE RSS FEED, damit neue Uploads, Ihre neuen Folgen, auch in den Feed aufgenommen werden.

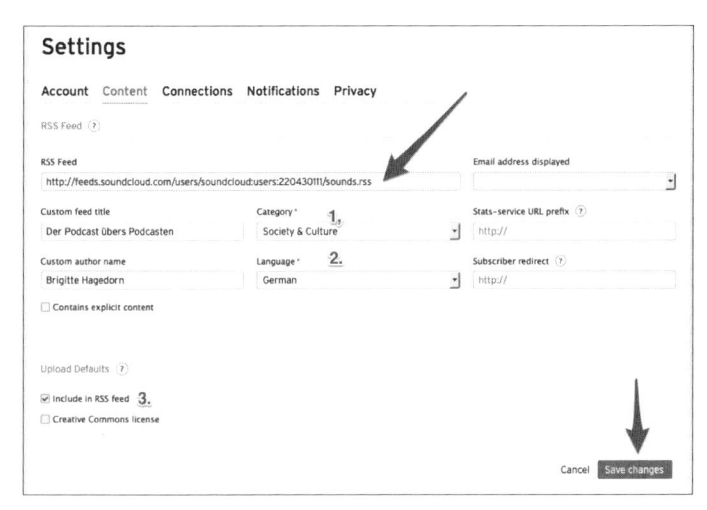

Abb. 6.19: Einstellungen für SoundCloud angeben

Podcasten mit SoundCloud 6.4

Perfekt! Ihr Profil und der RSS-Feed stehen! Jetzt fehlt nur noch Ihre erste Podcastepisode!

Klicken Sie auf den nächsten Reiter Connections und hier auf Upload & Share am oberen Rand. Vorher können Sie in dieser Ansicht noch Ihre Social-Media-Kanäle eintragen und auch gleich einen Textbaustein einfügen, mit dem Ihre Episoden auf *Twitter*, *Facebook*, *Tumblr* oder *Google+* geteilt werden sollen.

Hochladen können Sie auf *SoundCloud* komprimierte und unkomprimierte Dateien. Die maximale Größe beträgt 5 GB und maximal 180 Minuten Audiomaterial. Klicken Sie auf Choose a file to upload und wählen Sie die entsprechende Audiodatei in Ihrem Dateimanager aus.

Jetzt können Sie weitere Informationen zu der hochgeladenen Episode hinzufügen. Ein Foto – das kann das Podcastcover sein, aber auch ein anderes Episodenfoto, beispielsweise ein Foto von Ihrem Interviewpartner –, eine Beschreibung, das Genre und Schlagworte. Wählen Sie aus, ob der Beitrag öffentlich oder privat bleiben soll. Ist er privat, kann er nur von Menschen gehört werden, die den Link zur Datei von Ihnen bekommen haben. Hier können Sie auch festlegen, ob der Beitrag und über welche Ihrer Social-Media-Kanäle er geteilt werden soll.

Abb. 6.20: Noch mehr individuelle Einstellungen auf SoundCloud

Nutzungsbedingungen und Ausschluss der Öffentlichkeit

Unter METADATEN fügen Sie weitere Informationen Ihrer Episode hinzu und können – sogar bezogen auf die einzelne Episode – eine CC-Lizenz auswählen.

Unter PERMISSIONS machen Sie Angaben zu den Nutzungsbedingungen Ihrer Audios. Beispielsweise können Sie hier das Downloaden oder Einbetten Ihrer Audios untersagen oder einzelne Episoden von dem Feed ausschließen.

Beides sind praktische und ganz individuelle Optionen für die Veröffentlichung und Verbreitung Ihrer Podcastepisoden.

6.5 Drei Fragen an …

Seit 2006/2007 hört **Benjamin Zimmer** Podcasts. Und häufig vernahm er auch Klagen über mangelnde gute Podcast-Publishing-Software.

Das könne eine spannende Herausforderung sein, dachten er und sein Gründungspartner. Einerseits wegen des Umfangs der technischen Herausforderungen, andererseits kam auch gerade der Community-Gedanke in Deutschland auf. Und so ging *Podigee* an den Start. Als »Nebenprojekt«, denn beide arbeiten hauptberuflich als Webentwickler – und das nicht nur in Deutschland.

Wie unterscheidet sich die deutsche von der amerikanischen Podcastlandschaft?

Aus deutschsprachiger Sicht sind amerikanische Podcasts in Sachen Vermarktung, Monetarisierung durch Werbung und Bereitschaft zur Investition in neue Formate noch etwas vorneweg. Inhaltlich bewegen sich beide durchaus auf ähnlichem Terrain, mit Ausnahme der im letzten Jahr aufgekommenen und aufwändig produzierten Stücke à la »Serial«. Im deutschsprachigen Raum kommt hier langsam Bewegung auf, der erhöhte finanzielle Aufwand steht hier allerdings noch etwas im Weg. Grundsätzlich sind die Unterschiede aber nicht so groß, wenn man sich das große Ganze anschaut und die Ausreißer in den Medien mal weglässt.

Technisch gesehen würde ich die deutsche Szene durchaus in der Vorreiterrolle sehen. Kapitelmarken beispielsweise sind erst Thema geworden, nachdem sich viele deutschsprachige Hörer bei den Podcatchern beschwert haben, dass sie das nicht unterstützen. Und die haben natürlich danach gefragt, weil viele deutschsprachige Podcasts Kapitelmarken bereits einsetzen. Und Organisationen wie *Podlove* und Anlaufpunkte wie das Sendegate helfen auch Anfängern, schnell qualitativ hochwertiges Audio zu produzieren und unter die Leute zu bringen.

Was bedeutet das für die Nutzung amerikanischer Hostingservices?

Grundsätzlich ist es egal, wo man seinen Podcast zuerst veröffentlicht. Hauptsache, man tut es. Für reines Audio-Hosting und Feed-Generierung ist so gut wie jeder Podcast-Hoster gut genug. Allerdings sollte man immer die Regel »man bekommt immer das, wofür man bezahlt« im Hinterkopf behalten. Billig rächt sich häufig, gerade wenn man Wert auf guten Service und Unterstützung legt, wenn mal etwas nicht funktioniert.

Ein Manko der großen amerikanischen Services ist aber tatsächlich der Mangel an Innovation, wenn es um Unterstützung für fortgeschrittene Features wie eben Kapitelmarken oder Transkripte geht. Zusätzlich sind bei einigen Services – aufgrund der Konzentration auf den amerikanischen Markt – die Download-Geschwindigkeiten in Europa nicht so gut, wie sie sein könnten.

Was können sich deutsche Podcaster von den Amerikanern abgucken?

»Abgucken« ist immer schwierig, weil dadurch immer etwas an eigener Kreativität verloren geht. Podcasting lebt davon, dass Leute neue Ideen haben und neue Nischen erschließen. Wenn man es schafft, in solch einer Nische eine treue Hörergemeinde um sich zu scharen, ist der Weg zum persönlichen Erfolg durch Positionierung als Experte oder durch die Möglichkeit, Sponsoren zu finden, nicht weit.

6.6 Jetzt sind Sie an der Reihe

Notieren Sie sich die Aspekte, die Ihnen beim Hosten wichtig sind:

- Soll es in erster Linie flott gehen oder ist Ihnen wichtig, alles unter eigener Kontrolle zu haben?
- Was darf es kosten? Wieviel wollen oder können Sie investieren?
- Spielt für Sie die Sprache des Services oder des Plugins eine Rolle? Sind Sie sicher in der englischen Sprache?

Kapitel 7

Podcastpromotion

7.1	Podcastverzeichnisse	140
7.2	Podcastcover	146
7.3	Kooperationen	149
7.4	Podcastplattformen oder Podcastnetzwerke	151
7.5	Fremdgehen auf anderen Plattformen	152
7.6	Grimme Online Award und andere Auszeichnungen	158
7.7	Social-Media-Kanäle	160
7.8	Kommentare, Foren und Gruppen	162
7.9	Flyer, Karten und Pressemitteilungen	163
7.10	Hörertreffen – virtuell oder real	163
7.11	Drei Fragen an ...	164
7.12	Jetzt sind Sie an der Reihe	166

7 Podcastpromotion

Nun haben Sie sich mit Audiotechnik auseinandergesetzt, haben sich vielleicht ein kleines »Aufnahmestudio« eingerichtet, ein Konzept geschrieben, Ihre erste Aufnahme ist »im Kasten«. Sie haben sich für einen Hoster entschieden und Ihren ersten Podcast veröffentlicht. Nun geht es ans Trommeln. Sie müssen Werbung für Ihren Podcast machen, damit Sie viele und treue Hörer gewinnen.

Wenn Sie dieses Kapitel gelesen haben, denken Sie vielleicht »Oje – nochmal soo viel Arbeit, um Hörer zu gewinnen ...«. Das möchte ich natürlich nicht! Sie können gar nicht alles machen, was ich hier aufführe, und nicht alles wird für Ihre Zielgruppe oder Ihren Podcast sinnvoll sein – bis auf die ersten beiden Punkte.

Lassen Sie sich anregen und vielleicht probieren Sie das eine oder andere aus oder finden ganz neue, für Ihren Podcast passende Wege, um mehr Hörerinnen und Hörer zu gewinnen und zu binden.

7.1 Podcastverzeichnisse

Ein absolutes Muss beim Promoten Ihres Podcasts ist der Eintrag in die Podcastverzeichnisse. Denn nur, wenn Ihr Podcast dort angemeldet ist, kann er auch gefunden werden.

Das wichtigste Verzeichnis ist *iTunes*, um genau zu sein, der *iTunes Store*. Hier werden die meisten Podcasts abgerufen.

In den Verzeichnissen wird der RSS-Feed Ihres Podcasts eingefügt. Der Feed enthält alle notwendigen Informationen, damit der Podcast in den richtigen Kategorien erscheint und mit den von Ihnen angelegten Schlagworten gefunden wird. Sie laden keine Dateien in die Verzeichnisse! Es wird hier immer nur auf Ihren Podcast – mit Hilfe des Feeds – verwiesen.

Das ist wichtig. Denn nur so behalten Sie die Kontrolle über Ihre Inhalte. Wenn Sie beispielsweise mal eine Episode entfernen wollen oder das Cover austauschen möchten, machen Sie das über den Hoster. Der Feed wird dann aktualisiert und so auch in den Verzeichnissen angepasst.

Änderungen des Covers können allerdings etwas dauern und Sie müssen eventuell bei den Plattformen etwas nachhelfen. Das heißt dann »pingen« oder einfach »aktualisieren«.

Wenn Sie eine Episode von Ihrem Hoster entfernen, kann auch nicht mehr auf diese zugegriffen werden. (Die Hörer, die die Folge bereits heruntergeladen haben, behalten sie natürlich auch.)

Feed in die Podcastverzeichnisse eintragen

Hier kocht jeder sein eigenes Süppchen und in jedem Verzeichnis funktioniert das Eintragen des Feeds etwas anders.

Werden Sie nach Angaben gefragt, die Sie schon bei der Erstellung des Feeds angegeben haben, dann nehmen Sie das hier ruhig nochmal vor. Doppelt gemoppelt hält besser und nicht immer ist sicher, ob das Verzeichnis auch wirklich auf alle Daten aus dem Feed zurückgreift.

iTunes Store

Um Ihren Podcast im *iTunes Store* einzutragen, öffnen Sie *iTunes Connect* (*https://itunesconnect.apple.com/*) und melden sich hier mit Ihrer Apple-ID und Ihrem Passwort an. Sie haben noch keine Apple ID? Dann erstellen Sie einen Account, denn nur so können Sie die Dienste von Apple nutzen. Oben links klicken Sie auf das Pluszeichen und fügen den RSS-Feed Ihres Podcasts ein.

Oben rechts wählen Sie ÜBERPRÜFEN, und wenn alles o.k. ist, ÜBERMITTELN. Das war's.

Sie werden per E-Mail von iTunes über den Stand der Anmeldung informiert und nach ein bis zwei Tagen – flattert Ihnen die E-Mail vom iTunes Store ins Postfach, mit der Mitteilung, dass Ihr Podcast »anerkannt« wurde. Hier finden Sie auch den Link zu Ihrem Podcast auf iTunes.

Wichtig ist, dass der Feed über ein Podcast-Cover verfügt (mehr dazu erfahren Sie weiter unten) und dass Ihr Server »Byte-Range-Anfragen« unterstützt. Denn dann können Ihre Hörer die Episoden auch streamen, statt nur »am Stück« herunterzuladen. Außerdem muss in jedem Fall markiert sein, ob Ihr Podcast »clean« ist, also keine anstößigen Inhalte enthält. Sollten Sie das entsprechende Häkchen vergessen haben, können Sie es auf Ihrer Website oder bei Ihrem Hostingservice nachholen.

In *iTunes Connect* können Sie Ihre Podcasts auch später verwalten. Klicken Sie dazu auf das Podcastcover.

7 Podcastpromotion

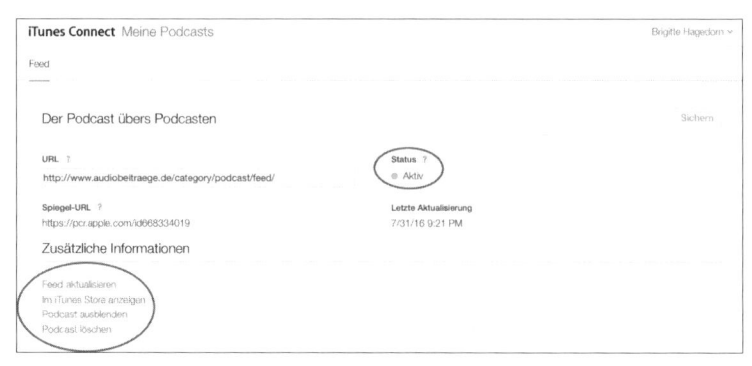

Abb. 7.1: Ihre Podcasts mit iTunes Connect immer im Blick

Sie können ihn dann beispielsweise aus dem iTunes Store entfernen oder den Feed aktualisieren. Das kann nötig werden, wenn Sie beispielsweise Änderungen, wie ein neues Podcastcover, im Feed vorgenommen haben. Sie müssen ihn jedoch nicht bei jeder neuen Podcastfolge aktualisieren.

Auch können Sie hier den Status der Podcastanmeldung verfolgen.

Unter dem Feed sehen Sie eine zweite URL. Das ist die Spiegel-URL. Das ist eine interessante Neuerung bei *iTunes – iTunes Connect* gibt es erst seit Februar 2016 –, die Ihnen mehr Freiheit über Ihren Feed einräumt.

Angenommen, Sie wollen mit Ihrem Podcast auf einen anderen Hoster umziehen, dann würden Sie einen neuen RSS-Feed bekommen und alle Hörerinnnen und Hörer, die den »alten« Feed abonniert haben, bekämen keine neuen Folgen mehr. Abonnieren sie jedoch von Anfang an die Spiegel-URL, spielt es keine Rolle, wenn der ursprüngliche Feed geändert wird. Die Spiegel-URL leitet diese immer auf den aktuellen Feed um. Sie können sie auch außerhalb von iTunes verwenden.

Wie gesagt, das ist noch eine recht neue Entwicklung. Sie sollten sie im Auge behalten, wenn bereits abzusehen ist, dass Sie mit Ihren Podcast umziehen werden. Das kann passieren, wenn Sie noch sehr unsicher sind, ob ein Podcast das passende Medium für Sie ist, und Sie erstmal den einfachsten Weg der Veröffentlichung wählen und später keine Entscheidung bereuen müssen, wenn Sie zu einer geeigneteren Plattform wechseln.

podcast.de

Podcast.de gilt als Europas größtes Podcastverzeichnis. Hier finden Sie Podcast anmelden im Fußbereich unter Links.

Podcastverzeichnisse 7.1

Abb. 7.2: Podcast auf podcast.de anmelden

Geben Sie den Feed Ihres Podcasts ein und folgen Sie den weiteren Eingabefeldern. Einige sind schon ausgefüllt, da die Informationen aus dem Feed gelesen wurden, andere müssen Sie noch nachtragen.

podster.de

Auf *podster.de* finden Sie den Link JETZT ANMELDEN! links auf der Startseite des Verzeichnisses.

Abb. 7.3: Podcast auf podster.de anmelden

Das Prozedere ist das gleiche wie bei den anderen Verzeichnissen.

7 Podcastpromotion

Weitere Verzeichnisse

Es gibt noch eine ganze Reihe weiterer Podcastverzeichnisse. Da die Anmeldung kostenlos ist, sollten Sie diese Chance für die Hörergewinnung auf jeden Fall nutzen. Natürlich können Sie prüfen, ob Ihre Zielgruppe diese Seiten überhaupt nutzt, oder schauen, ob Sie dort in guter Gesellschaft sind. Doch schaden kann eine zusätzliche Verlinkung nie!

- *podcast.at* – Hier finden Sie im Fußbereich den Link, um Ihren Podcast anzumelden.
- Auf *Podlist.de* reichen Sie Ihren Podcast über ein Kontaktformular ein. Auf Podlist finden Sie ausschließlich deutsche Sendungen und keine des öffentlich-rechtlichen Rundfunks. Aktuell sind hier etwa 300 Podcasts gelistet.

Es entstehen immer mal wieder neue Verzeichnisse und andere verschwinden. *iTunes*, *podcast.de* und *Podster* gehören zu den etablierten Verzeichnissen.

> **TIPP**
>
> Kein Podcastverzeichnis im herkömmlichen Sinne ist eine Liste, auf der ausschließlich Podcastprojekte von Frauen aufgeführt wurden. Sie finden diese Liste unter »Frauenstimmen im Netz – die Podcasterinnen-Liste«: *http://bit.ly/2bj5Dn6*. Hier können Sie Ihren Podcast selbst eintragen.

Was Podcastverzeichnisse außerdem können

Relativ jung sind kuratierte, also betreute, Podcastverzeichnisse. *fyyd* ist so eine Plattform und sie lässt spannende Möglichkeiten erahnen. Hier können Sie Ihren Podcast ebenfalls eintragen. Auf der Website steht: *»fyyd hat aktuell knapp 11000 Podcasts in der Datenbank. Mehr ginge natürlich immer, aber im Moment sind das vor allem deutschsprachige und die bekanntesten aus dem Rest der Welt (naja, USA ...). Wenn das alles mal läuft und vielleicht mehr möglich ist, werde ich auch mehr Podcasts aus der ganzen Welt reinheben. Mal sehen.«* (Stand August 2016).

Also ein Projekt, das bisher vom Engagement einzelner abhängt. Die geniale Idee ist, dass jeder in die Lage versetzt werden soll, Podcasts zu kuratieren. Sie könnten beispielsweise einen Feed erstellen mit Podcasts, die Sie empfehlen zum Thema XY. Eigene Podcastfolgen können natürlich auch dabei sein und so trägt das nicht nur der Verbreitung des eigenen Podcasts Rechnung, sondern auch dem Gedanken des Teilens. Es erhöht für Sie und andere Podcasts die Sichtbarkeit.

Podcastverzeichnisse   7.1

iTunes verwaltet nicht nur Ihre Podcasts in *iTunes Connect*, sondern Ihre komplette Mediensammlung. Videos, Musik, Hörbücher, Medien aus dem Angebot von *iTunes U* und mehr.

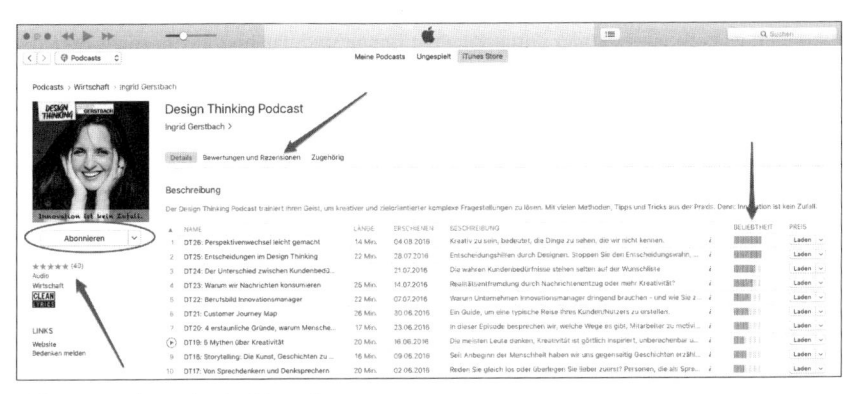

Abb. 7.4: Podcastseite im iTunes Store

Jeder Podcast hat bei *iTunes* eine eigene Seite. Hier können Sie Podcasts abonnieren und – was für Podcaster sehr interessant ist – neben Name, Länge und Erscheinungsdatum wird auch angezeigt, wie beliebt die jeweilige Episode ist. Neben diesen Details stehen die Bewertungen und Rezensionen. Viele Sterne hier kommen dem Ranking der Podcasts zugute.

Eine Statistik über Zugriffszahlen oder Abonnenten werden allerdings weder hier noch auf Ihrer Podcastseite bei iTunes angeboten.

Das ist anders bei *podcast.de*. Hier können Podcaster sich ihren Podcast, nachdem sie ihn angemeldet haben, »aneignen«. Dafür benötigen sie einen Account. Für das Anmelden des Podcasts benötigen Sie keinen Account. Sind Sie registriert, melden sich über den Button Anmelden oben rechts auf podcast.de an und suchen Ihre eigene Sendung.

Ein Klick auf das Podcastcover führt Sie dann direkt auf die Podcastseite. Scrollen Sie nach unten, finden Sie auf der rechten Seite Details zu Ihrem Podcast und unter Podcaster den Link Besitz an Podcast erklären. Hierüber werden Sie auf eine neue Seite geführt, auf der Sie bestätigen, dass Sie den Podcast produzieren oder betreiben.

In Ihrem Profil können Sie nun unter Eigene Podcasts Ihre Abonnenten kennenlernen. Denn wer einen Podcast auf podcast.de abonniert, muss das nicht anonym machen! Er braucht dafür ebenfalls einen Account und Sie sehen dann, wer Ihren Podcast regelmäßig hört.

145

7 Podcastpromotion

Hierüber ist es also ein Leichtes, mit – zumindest einem kleinen Teil – Ihrer Hörer in Kontakt zu kommen.

Unter AKTIONEN können Sie Ihren Podcast hinsichtlich der Darstellung auf *podcast.de* bearbeiten, aktualisieren, ergänzen und löschen. Das kann nötig sein, wenn Sie Änderungen wie ein neues Cover vorgenommen haben und das hier bisher nicht erkannt wurde.

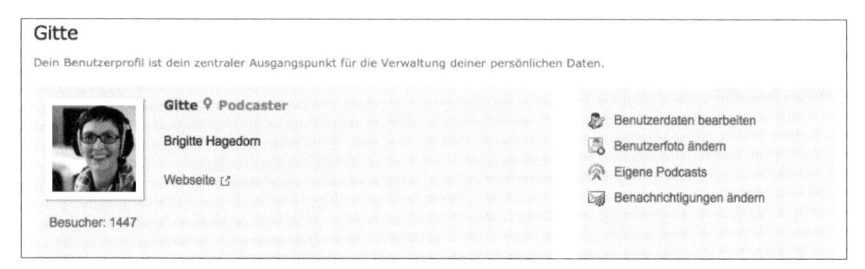

Gitte

Dein Benutzerprofil ist dein zentraler Ausgangspunkt für die Verwaltung deiner persönlichen Daten.

Gitte ♀ Podcaster
Brigitte Hagedorn
Webseite

Benutzerdaten bearbeiten
Benutzerfoto ändern
Eigene Podcasts
Benachrichtigungen ändern

Besucher: 1447

Abb. 7.5: Benutzerprofil auf podcast.de

Unter FREIGABEN können Sie die Erlaubnis dafür geben, dass Ihr Podcast auch auf anderen Kanälen genutzt werden darf oder dass Werbung geschaltet wird. Viele dieser Angebote sind noch nicht aktiv, doch können sie ebenfalls für eine weitere Verbreitung nützlich sein oder Sie könnten sogar etwas Geld mit Ihrem Podcast verdienen. Nutzen Sie für weitere Informationen das Kontaktformular, welches im Fußbereich der Seite verlinkt ist.

podcast.de bietet also gute Möglichkeiten, um Ihren Podcast voranzubringen und eine Hörergemeinde aufzubauen. Dafür müssen Sie allerdings Ihre Hörer motivieren, *podcast.de* zu nutzen und aktiv mitzumachen. Das wird erleichtert durch die Podcast-App *podKatcher* für Android-Smartphones.

7.2 Podcastcover

Obwohl Ihr Podcast für die Ohren gemacht ist, dürfen die Augen nicht zu kurz kommen. Das betrifft vor allem Ihr Podcastcover. Ohne ein Podcastcover erscheint der Podcast in den Verzeichnissen nur mit einem grauen Platzhalter. Das lädt Hörer nur wenig zum Anklicken ein und auch in den Podcatchern sehen sie nicht besser aus.

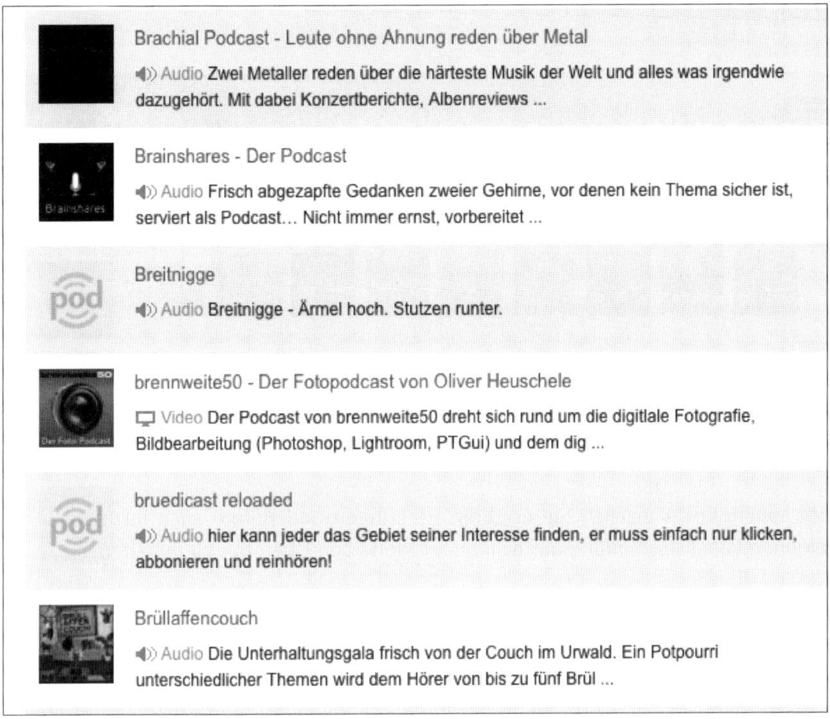

Abb. 7.6: Graue Platzhalter bei podcast.de

Das Podcastcover wird bei der Generierung des Feeds mit eingebunden. Mehr dazu finden Sie in Kapitel 4. Für *iTunes* benötigen Sie ein Cover, welches mindestens 1400 × 1400, aber höchstens 3000 × 3000 Pixel groß ist. Empfohlen werden die 3000 Pixel mit 72 dpi als JPEG oder PNG.

Das Cover sollte nicht zu kleinteilig gestaltet werden und ein Hingucker sein. Denken Sie daran, dass das Cover auf einem Smartphone nur sehr klein dargestellt wird. Trotz der großen Vorlage ist Schrift hier nur sehr schwer lesbar. Doch Sie können mit schlichten Grafiken oder Icons versuchen, sichtbar zu machen, worum es in Ihrem Podcast geht. Wenn Sie sich mit Ihrem Podcast als Experte positionieren möchten, dann bietet es sich auch an, ein Selbstportrait für das Cover zu nutzen.

Ein Cover, welches sich an den Empfehlungen von *iTunes* orientiert, nützt Ihnen für ein gutes Ranking bei *iTunes*. Und ohne entsprechendes Cover haben Sie keine Chance, in die »Spotlights«, den Slider im Kopfbereich des *iTunes Stores*, zu gelangen.

7 Podcastpromotion

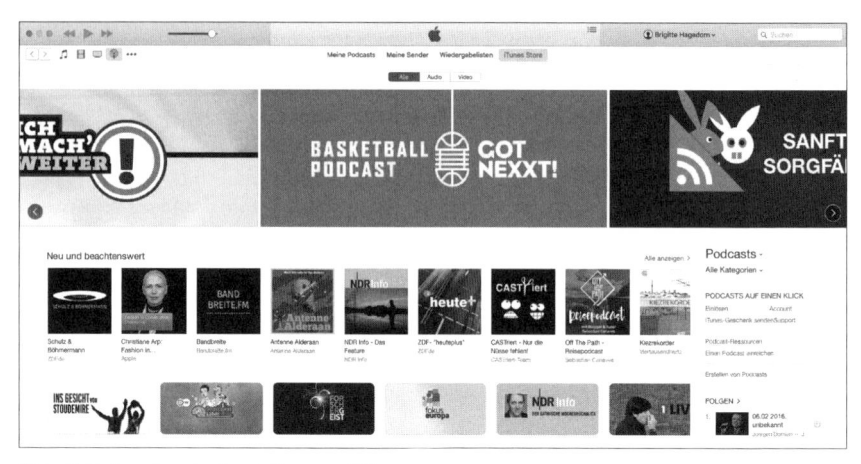

Abb. 7.7: Prominente Darstellung auf iTunes

Mit einem Cover machen Sie es Ihren Hörerinnen und Hörern auch leichter, in der eigenen Podcastsammlung auf dem Smartphone den Überblick zu behalten.

> **TIPP**
>
> Sie sollten grundsätzlich beim Podcasten auch die visuellen Sinne Ihrer Hörer berücksichtigen. Ein optisch attraktiver Podcastblog mit einem geschmackvollen Player kommt auch bei den Hörern an und erhöht die Chance aufs Teilen und Weiterempfehlen. Klare Strukturen führen zu klarem Klickverhalten!

Podcastcover erstellen

Um ein Podcastcover zu erstellen, bietet sich jedes Bildbearbeitungsprogramm an. Ganz fix geht es mit Canva. Canva ist eine Online-Plattform, mit der Sie schnell schicke Designs erstellen können.

Als Erstes benötigen Sie wieder einen kostenlosen Account für *Canva (www.canva.com)*. Unter CREATE A DESIGN oben links klicken Sie auf das große Pluszeichen ganz rechts und scrollen dann runter bis ALBUM COVER. Diese Vorlagen haben ein Format von 1400 x 1400 Pixel. Klicken Sie auf das Vorschaucover, so kommen Sie zu einer größeren Design-Auswahl. Bei einigen sind die verwendeten Bilder kostenpflichtig, doch Sie können sie leicht mit eigenen Bildern ersetzen – und die Gestaltung beibehalten.

Gehen Sie dazu links auf UPLOADS und laden Sie eigene Bilder hoch. In der Bearbeitungsmaske markieren Sie die Elemente, die Sie nicht nutzen möchten, und löschen sie mit Entf auf der Tastatur. Ziehen Sie das eigene Bild aus den UPLOADS links auf die Oberfläche und passen Sie es in die Vorlage ein. Text lässt sich hinsichtlich der Farbe, der Schrift und der Größe variieren. Sie können die Ebenen ändern sowie Elemente verschieben.

Mit Hilfe von *Canva* lassen sich auch tolle Episodenbilder gestalten, so dass Sie für jede Episode beispielsweise nur die Nummer der Folge ändern oder für unterschiedliche Formate, Interview und One-Man-Show z.B., unterschiedliche Designs wählen. So sehen Ihre Hörer auf einen Blick, was sie erwartet.

BEISPIEL

Unterschiedliche Episodenbilder nutzt der Podcast »Staatsbürgerkunde« von Martin Fischer, mit jeweils dem Inhalt angepassten Bildern. Ulrike Kretzmer ändert jeweils die Episodennummer beim Museumspodcast aus Berlin, »Exponiert«.

Es ist ebenfalls möglich, direkt das eigene Design, wie empfohlen, mit 3000 x 3000 Pixel einzurichten. Und zwar ebenfalls in CREATE A DESIGN über den Button rechts oben USE CUSTOMS DIMENSIONS. Dann können Sie jedoch nicht die Designvorlagen nutzen.

Dafür würden Sie ein Upgrade auf *Canva to work* benötigen. Dies erlaubt Ihnen, im ersten Schritt die Vorlagen mit 1400 x 1400 zu nutzen, und im zweiten Schritt, über FILE im Menü und CHANGE DIMENSIONS, das »eigene« Design auf 3000 x 3000 Pixel zu vergrößern.

7.3 Kooperationen

Kooperationen, also ein zweckgerichtetes Zusammenwirken, um ein gemeinsames Ziel zu erreichen, eignen sich besonders für die Verbreitung Ihres Podcasts.

Bei gelungenen Kooperationen haben die Partner dieselbe Zielgruppe, bieten jedoch unterschiedliche Leistungen an. Denn kooperieren heißt nicht konkurrieren!

Bei der Wahl eines geeigneten Kooperationspartners ist es von Vorteil, wenn dieser einen hohen Bekanntheitsgrad hat und ein positives Image. Doch auch kleine Nischenseiten sind interessant und Sie können gemeinsam wachsen.

Kooperationspartner sollten außerdem kommunikativ sein, mit der gemeinsamen Zielgruppe agieren und auf Sie beziehungsweise auf Ihren Podcast hinweisen.

Wie kann eine solche Kooperation aussehen?

Stellen Sie sich vor, ein kleiner Fachbuchverlag, der Gartenbücher editiert, entschließt sich, einen Podcast zu starten. Autoren kommen hier zu Wort und geben wertvolle Tipps rund um die grüne Leidenschaft. Um außerhalb seines eigenen Netzwerkes bekannt zu werden, könnte er nun Gärtnereien anbieten, dass diese seine Episoden auf ihrer Webpräsenz einfügen.

Die Zielgruppe ist die gleiche, denn schließlich müssen alle Gartenfreunde auch Erde oder Pflanzen kaufen.

Technisch ist die Einbindung von Podcasts auf anderen Websites leicht möglich mit Hilfe von Java-Skript-Codes. Der Podcaster behält alles in eigenen Händen, die Audiodateien müssen nicht auf andere Portale geladen werden und er behält auch den Überblick über die Downloadzahlen. Für den Admin der Website der Gärtnerei ist es nur jeweils das Einfügen mit Copy and Paste des Codes, sobald eine neue Episode veröffentlicht wurde, oder auch das lässt sich mit Hilfe anderer Tools automatisieren.

Der Nutzen für den Podcaster ist ganz klar eine Verbreitung seiner Sendung. Und zwar nicht irgendwo, sondern genau dort, wo seine Zielgruppe sich aufhält.

Der Nutzen für die Gärtnerei ist der, dass sie ihren Kunden zusätzlichen Content anbietet und so die Webpräsenz attraktiver macht. Dafür fehlt es sonst häufig an personellen oder zeitlichen Ressourcen.

Häufig ist ein Podcast Expertenwissen pur. So auch bei dem fiktiven Beispiel des Fachbuchverlages. Dieses Wissen wird dem Gartencenter kostenlos zur Verfügung gestellt. Außerdem kann der Verlag Lesungen im Gartencenter organisieren oder natürlich auch das Gartencenter positiv bewerben.

Umgekehrt kann das Ladengeschäft des Podcasters mit Pflanzen der Gärtnerei ausgestattet werden und auch auf diesem Weg die Kooperation ausweiten.

Und da Podcasts einen sehr hohen emotionalen Wert haben, hat auch eine Empfehlung des Kooperationspartners im Podcast eine sehr große Wirkung.

Gut ausgewählte Kooperationen sind also eine Win-win-Situation.

Kooperationspartner finden

Bevor Sie sich auf die Suche begeben, müssen Sie genau definieren, was Sie suchen. Eine gemeinsame Zielgruppe ist sehr wichtig, doch denken Sie auch an lokale Aspekte.

Bleiben wir bei dem Beispiel des Fachbuchverlages und der Gärtnerei. Wenn der Verlag seine Umsätze in erster Linie online generiert, ist ein kleines, lokal agierendes Gartencenter vielleicht nicht der richtige Partner.

Mögliche Partner finden Sie, indem Sie die Augen offen halten und

- Anzeigen in Kooperationsbörsen studieren,
- in Medien, die von Ihrer Zielgruppe gelesen werden,
- Messen und Veranstaltungen aufsuchen, die Ihre Zielgruppe besucht
- und interessante Partner gezielt ansprechen.

Kooperationen und Vernetzung mit anderen Podcastern

Podcaster, mit denen Sie eine gemeinsame Zielgruppe haben, sind ebenfalls interessante Kooperationspartner.

Sie könnten beispielsweise vereinbaren, dass Sie gegenseitig aufeinander hinweisen, sich empfehlen und verlinken.

Sie können Themen festlegen, die die gemeinsame Zielgruppe interessiert, und diese dann aus unterschiedlichen Perspektiven beleuchten. Im Podcast wird dann jeweils auf die andere Episode hingewiesen. So könnten zwei Anwälte ein und denselben Tatbestand einmal aus strafrechtlicher und einmal aus privatrechtlicher Sicht betrachten.

Oder wie wäre es mit einer Audio-Blogparade? Starten Sie einen Aufruf an andere Podcaster, zu einem bestimmten Thema einen Podcast zu produzieren. Diese Podcasts werden dann an einer Stelle gesammelt (z.B. verlinkt in den Kommentaren des Blogposts, auf dem Sie den Aufruf starten).

7.4 Podcastplattformen oder Podcastnetzwerke

Sich mit anderen Podcastern zu vernetzen, ist immer eine gute Idee, um Hörer zu gewinnen. Denn in einem Netzwerk weist jeder automatisch auf die anderen Podcasts im Netzwerk hin. Entweder werden die anderen auf dem gleichen Portal wahrgenommen oder es findet sich ein Hinweis auf andere Podcasts in jeder Sendung.

Das kann durch einen Hinweis im Outro geschehen, durch ähnliche Cover, denen man eine Zusammengehörigkeit in den Podcastverzeichnissen ansieht oder durch eine gemeinsame Plattform.

Bereits seit 2005 besteht »Das Abenteuer Leben«. Es ist eine Plattform, auf der Podcasts vom Abenteuer Auftritt bis zum Abenteuer Zukunft ihre Hörerinnen und Hörer weiterbilden.

Anfang 2016 ist das Netzwerk »Viertausendhertz« gestartet, ein Label für AutorInnenpodcasts. *»Mit der gemeinsamen Gründung von Viertausendhertz realisieren wir unsere Vision einer professionellen Podcast-Plattform für kreative ProduzentInnen und AutorInnen«*, schreiben die Gründer.

Auch in Österreich gibt es ähnliche Netzwerke, wie beispielsweise das »Experten-Podcast-Portal«, auf dem Fachfrauen und -männer ihr Wissen zu Gehör bringen.

Mich hat der Portalgedanke ebenfalls angesprochen und ich habe 2016 die Seite *smartes-businesswissen.de* ins Leben gerufen, auf dem ebenfalls Podcasterinnen und Podcaster für hörbare Inhalte sorgen.

7.5 Fremdgehen auf anderen Plattformen

Eine Erkenntnis aus der letzten ARD/ZDF-Onlinestudie aus dem Jahr 2015 spricht dafür, bei der Verbreitung von Podcasts über den Tellerrand des eigenen Blogs oder der Podcastverzeichnisse zu schauen. Die Autoren des Artikels »Audio, Musik und Radio bei Onlinern im Aufwind«, Koch und Schroeter, schlossen aus den erhobenen Daten, dass besonders die »vielfältigen und einfachen Zugänge ins Internet« den Audios zugutekommen. Man solle Plattformen nutzen, die bereits von vielen Menschen genutzt werden. (*http://ard-zdf-onlinestudie.de/fileadmin/Onlinestudie_2015/0915_Koch_Schroeter.pdf*)

Stitcher

Stitcher ist eine englischsprachige Plattform, die entsprechend englischsprachige Sendungen und Podcasts anbietet. Doch Sie finden hier auch deutschsprachige Angebote.

Ein eigener Account bietet die Möglichkeit, den eigenen Podcast hier anzubieten, indem Sie Ihren RSS-Feed weitergeben. Sie bekommen eine Statistik über die gehörten Episoden und einen JavaScript-Code, so dass Ihre Beiträge auf den unterschiedlichsten Webseiten angezeigt werden können.

Stitcher bietet ebenfalls eine kostenlose App, mit der Ihre Hörer Ihren Podcast unterwegs hören können, ohne speziell auf eine Podcast-App zugreifen zu müssen.

Abb. 7.8: Widget für Podcast bei Stitcher

radio.de

Als weitere Plattform für die Verbreitung bietet sich das deutschsprachige Webradio *radio.de* an. Auch hier gibt es die dazugehörige App fürs Smartphone, so dass Ihnen auch weniger podcastaffine Hörerinnen und Hörer unterwegs zuhören können.

Abb. 7.9: Podcasts hören mit der App von radio.de

Zum Eintragen füllen Sie hier ein Online-Formular aus und nach wenigen Tagen bekommen Sie eine E-Mail, dass Ihr Podcast auf *radio.de* hörbar ist. In bester Gesellschaft neben Radiosendern aus ganz Deutschland.

Sie geben hier ebenfalls Ihren Feed an. Bei Änderungen, wie zum Beispiel einem neuen RSS-Feed oder einem neuen Logo, müssen Sie sich direkt per E-Mail an *radio. de* wenden. Ein Login für Betreiber, bei dem Sie die Daten selbst ändern können, gibt es bei *radio.de* nicht.

Die Downloads werden von Ihrer Statistik erfasst. Bisher gibt gibt es keine Möglichkeit zu sehen, wie viele Hörer über dieses Webradio kommen. Auch gibt es (bisher) keine Möglichkeit, Ihren Podcast auf radio.de zu abonnieren. Doch Ihre Hörerinnen und Hörer gelangen aus der Podcastübersicht direkt auf Ihre Webseite und auch das Teilen der Episoden ist möglich.

Spotify

Der Wechsel der Talkshow von Jan Böhmermann und Olli Schulz von *ZDFneo* zu dem Streamingdienst *Spotify* ging im Sommer 2016 durch die deutsche Medienlandschaft. »Fest & Flauschig: Der neue Spotify Podcast« hieß es da zum Beispiel.

Sollten Sie Ihren Podcast ebenfalls bereits in einer Reihe mit Böhmermann und Schulz gesehen haben, muss ich Sie enttäuschen: Das Veröffentlichen von eigenen Podcasts auf *Spotify* ist nicht möglich.

SoundCloud für die Zweitverwertung

SoundCloud haben Sie bereits in dem Kapitel über das Podcast-Hosting kennen gelernt. *SoundCloud* bietet sich aber auch für eine sogenannte Zweitverwertung an.

Zum Beispiel können Sie abgeschlossene Podcastprojekte nochmal attraktiv anbieten. Da die Player einbettbar sind, lassen sie sich einfach auf dem eigenen Blog oder anderen Webseiten einbinden und so nochmal im neuen Design ins Rampenlicht stellen.

Auch ist es denkbar, einen Kanal mit einer Auswahl Ihrer Podcastepisoden einzurichten. Etwa nur die Podcasts, in denen Sie einen Gast in Ihrem Podcast hatten, oder Folgen mit Praxistipps oder oder oder.

SoundCloud ist auf jeden Fall eine weitere Möglichkeit, um auf sich aufmerksam zu machen. Es gibt keine Daten speziell über die Nutzung in Deutschland, doch insgesamt zählen sie 175 Millionen Nutzer monatlich. Musiker und Podcaster laden jede Minute 12 Stunden neues Material hoch. Davon werden 90 Prozent am selben Tag und etwa die Hälfte bereits in der ersten Stunde nach Veröffentlichung abgespielt. – Das spricht für eine lebendige Plattform!

> **WICHTIG**
>
> Hier müssen Sie Ihre Podcastepisoden hochladen und ein neuer Feed wird generiert. Ihren bestehenden Podcastfeed können Sie hier nicht eintragen!

audioguideMe

audioguideMe ist ein Ort für spannende Geschichten und lokale Informationen, erzählt an den Orten ihrer Handlung. Wenn sich Ihr Podcast verorten lässt, dann ist *audioguideMe* eine tolle Plattform, um ihn zu verbreiten. Alles, was Sie tun müssen, ist, Ihren Feed auf *www.audioguide.me* einzutragen.

Da die Integration der RSS-Feeds (noch) nicht vollständig automatisiert ist, werden die Podcast-Projekte von *audioguideMe* nochmal auf einem eigenen Server abgelegt. Der Feed dient also nur dem Datentransfer und die Abrufe der Episoden fließen nicht in Ihre Statistik mit ein.

> **BEISPIEL**
>
> Den Mauerfall-Podcast können Sie beispielsweise auch mit der App von *audioguideMe* hören. Die einzelnen Episoden wurden an unterschiedlichen Grenzübergängen in Berlin platziert.

Abb. 7.10: Der Mauerfall-Podcast, verortet in der audioguideMe-App

7 Podcastpromotion

YouTube – Audio goes Video

YouTube ist neben *Google* die zweitgrößte Suchmaschine und daher sehr interessant für die Verbreitung Ihres Podcasts. Toby Baier hat beispielsweise einen eigenen Kanal auf YouTube für seinen »Einschlafen Podcast«. Die Aufrufzahlen liegen pro Folge bei mehreren hundert, wobei sie noch nichts darüber sagen, ob die Podcasts auch bis zum Schluss gehört werden. Doch auch darüber gibt die Statistik von *YouTube* gute Hinweise. Für Toby Baier bedeutet die Verbreitung auf *YouTube* keinen Mehraufwand, da der Kanal von *Auphonic* befüllt wird.

Es sind allerdings keine echten Videos mit Bewegtbildern, sondern sie bestehen aus einem Standbild – dem Episodenbild in diesem Fall – und der Audiodatei.

Abb. 7.11: Audio-Podcast auf YouTube

Tobi Baier hat jedoch auch ein »echtes« Video mit dem Titel »Einschlafen Podcast – was ist das?«. Es zeigt auf *YouTube* fast zwanzigtausend Aufrufe und macht neugierig auf seinen Podcast.

Die Verbreitung auf *YouTube* bietet sich besonders an, wenn Sie etwas zu zeigen haben. Beispielsweise habe ich ein Interview mit Georg Holzmann von *Auphonic* geführt, in dem er sehr detailliert seinen Service erläutert. Ich hatte dann Kapitelmarken mit Kapitelbildern hinzufügt und das Interview über *Auphonic* als Video auf meinem *YouTube*-Kanal veröffentlicht. Die Zahl der Aufrufe ist nicht sehr hoch, doch eingebettet auf dem eigenen Blog biete ich meinen Hörerinnen und Hörern eine weitere Möglichkeit, meine Inhalte aufzunehmen.

Toby Baier sagt, die Downloads über *YouTube* seien eher ernüchternd. So erreichen beispielsweise Episoden über den Feed spielend 10-mal mehr als auf *YouTube*.

Wie solche Unterschiede zustande kommen, ist sehr unterschiedlich und bedarf einer genauen Analyse. Mein Video zu *Auphonic* hat bisher zum Beispiel 120 Aufrufe, doch wurde es selten bis zum Schluss angesehen. YouTube bietet detaillierte Informationen von der Wiedergabedauer bis zu den Zugriffsquellen.

Doch auch wenn Ihr Podcast nicht im gewünschten – und vielleicht erwarteten – Umfang auf *YouTube* gehört wird, so bietet sich eine zusätzliche Veröffentlichung hier an, um auf Ihren Podcast und damit auf Ihr Unternehmen, Ihren Verein, Ihre Organisation, Ihre Dienstleitung oder einfach auf Sie aufmerksam zu machen. Wichtig ist dann, die *YouTube*-Nutzer deutlich auf den Podcastblog oder Ihre Homepage hinzuweisen.

Eine Möglichkeit bieten dafür Infokarten. Binden Sie diese ein, erscheint oben rechts in der Ecke Ihres Videos ein kleiner Button mit einem »i«. Wird hier geklickt, öffnet sich ein Fenster mit einem Bild und dem Link auf Ihr Webangebot.

Abb. 7.12: Über Infokarten aus dem Video verlinken

Das Einbinden der Infokarten geht schnell und unkompliziert. Allerdings muss die Seite bei *Google Analytics* angemeldet sein und sie muss von *Google* verifiziert werden. Wem das nicht gefällt, der kann ein zusätzliches Bild – neben dem Standbild – in das Video integrieren, mit Infos dazu, wo man mehr von ihr oder ihm findet.

Wenn Sie mit Ihrem Podcast auf *YouTube* fremdgehen, ist das auch vorteilhaft für die Verbreitung auf den Social-Media-Kanälen wie *Twitter*, *Facebook* und natürlich Google+. Denn hier können Sie ein Video direkt im Kanal abspielen. Verlinken Sie ein Audio, so werden Sie immer auf eine andere Seite geleitet, auf der ein weiterer Klick auf den Player nötig ist.

> **HINWEIS**
>
> *YouTube*-Videos können Sie auch abonnieren. Sie abonnieren dann einen Kanal. Das ist nicht das Gleiche wie das Abonnement eines Podcasts. Bei einem Podcast-Abo werden Episoden heruntergeladen und Sie können dann auch offline darauf zurückgreifen. Um ein *YouTube*-Video zu sehen (oder zu hören), müssen Sie online sein!

7.6 Grimme Online Award und andere Auszeichnungen

Nils Köbel und Patrick Breitenbach, das Team vom »Soziopod«, bekam 2013 den Grimme Online Award. Diese Auszeichnung war für sie ein wichtiger Türöffner. Unter anderem beim Lübbe Verlag, der ihnen die Möglichkeit gab, ein Buch zu ihrem Podcast zu produzieren, das natürlich auch den Podcast bewirbt. Für Nils Köbel und Patrick Breitenbach sei der Award, wie sie mir erklärt haben, außerdem wertvolles symbolisches Kapital.

> **INTERVIEW**
>
> **Waren Sie überrascht, als Sie von der Preisverleihung erfuhren?**
>
> Ja. Sehr. Schon die Nominierung war eine Überraschung, auch wenn wir zugeben müssen, dass wir vorab immer mal wieder darüber gewitzelt haben, dass wir diesen Preis doch eigentlich mal erhalten könnten. Aber überrascht waren wir dennoch. Vor allem mit der Preisverleihung haben wir überhaupt nicht gerech-

net. Da gab es zu viel Konkurrenz und noch nie hat vorher ein Podcast auch nur eine Chance gehabt.

Wie hat sich die Aufmerksamkeit, die Sie bzw. der »Soziopod« dadurch bekommen hat, auf die Hörerzahlen (Downloads) ausgewirkt?

So unmittelbar hatte das kaum Auswirkungen. Die Pressemeldungen haben sich eher auf ein bis zwei Gewinner konzentriert und unser Angebot ist da eher etwas untergegangen. Aber die Abrufzahlen steigen kontinuierlich an, dazu trägt sicher auch diese symbolische Reputation bei, eine Art Qualitätssiegel, das den ein oder anderen Skeptiker davon überzeugt, vielleicht doch mal einen Podcast auszuprobieren.

Hat sich durch den Preis Ihre Haltung zu Ihrem Podcast verändert?

Ja, das kann man schon sagen. Der Druck ist damit erheblich gestiegen. Denn eine Auszeichnung für Qualität sorgt dafür, dass man diese auch entsprechend weiterhin einhalten muss. Daher hatten wir auch eine Zeit lang Sendepause. Wir wollten alles perfekt vorbereiten und das kostet halt Zeit. Zum Glück kam dann unser Buch dazwischen, was uns auch wieder dazu veranlasst hat, mehr Episoden zu produzieren. Wir haben uns eine gewisse Leichtigkeit zurückerobert und uns mit einer niedrigeren, aber dafür kontinuierlichen Frequenz angefreundet. Und auch die Live-Shows sind ein neuer Bestandteil, der es uns ermöglicht, mehr Content mit Einbindung unserer Hörerinnen und Hörer zu produzieren.

2016 wurden drei Podcasts für den Grimme Online Award nominiert. »Technische Aufklärung«, »Puerto Patida« und »Staatsbürgerkunde«. Auch wenn es nicht zur Auszeichnung geführt hat, alleine die Nominierung brachte den Podcastern eine erhöhte Sichtbarkeit und eine Stärkung des Selbstbewusstseins.

Nicht jeder Podcast ist reif für den Grimme Online Award, doch sind Preise oder andere Auszeichnungen eine tolle Chance, um Aufmerksamkeit auf das eigene Werk zu lenken und aktiv für die Promotion auszunutzen. Und natürlich ist so ein Preis auch immer eine Bestätigung für die eigene Arbeit.

Der »Podpreis« wird vom Podcast Verein verliehen, dem Verein zur Förderung des deutschsprachigen Podcast. Sie vergeben Preise in unterschiedlichen Kategorien an herausragende Podcastformate. Mehr dazu auf *www.podcastverein.de*.

Auf einigen Podcastblogs prangt noch ein Logo des European Podcast Awards.

Abb. 7.13: European Podcast Award für den Podcast »Der Mauerfall«

Doch die letzten Awards wurden 2012 verliehen. Gesponsert wurde der Preis von der Firma Olympus, einem Hersteller von Audiotechnik. In 2016 ist so viel rund ums Podcasten passiert – vielleicht kommt dieser oder eine ähnliche Auszeichnung wieder.

> **TIPP**
>
> Der Podcast als solches muss gar nicht im Mittelpunkt der Preisverleihung stehen. Es kann auch die Idee der Verbreitung der Inhalte preiswürdig sein. So habe ich 2011 den Hertie Preis für Engagement und Selbsthilfe für den »Multiple-Sklerose-Podcast« bekommen. Das brachte nicht nur Hörerinnen und Hörer, sondern außerdem ein Preisgeld, welches unter anderem ermöglichte, Flyer zu drucken und den Podcast noch bekannter zu machen.
>
> Halten Sie die Augen auf. Vielleicht passt Ihr Podcast als besonderes Beispiel für den Umgang mit einem Thema in Ihrem Bereich in den Rahmen einer anderen Anerkennung.

7.7 Social-Media-Kanäle

Twitter, *Facebook* und Co. eignen sich nicht nur zur schnellen und preiswerten Verteilung von Podcastepisoden. Sie können auch einen Social-Media-Kanal nur für Ihren

Podcast anlegen. Dort posten Sie die neuen Beiträge, können sich mit Ihren Hörern austauschen, auf kommende Beiträge neugierig machen oder zusätzliche Infos zu Ihrem Thema streuen.

In den Social-Media-Kanälen können Sie auch eher mit Feedback rechnen als in den Kommentaren auf Ihrem Blog.

Gerade wenn Sie in einer eher niedrigen Frequenz senden, bietet sich ein eigener Kanal an, damit Sie besser in Kontakt mit Interessierten bleiben und auch ohne neue Podcastepisode auf Ihr Projekt aufmerksam machen können.

In dem Abschnitt zu *YouTube* hatte ich bereits erwähnt, dass Audios in den Social-Media-Kanälen nicht sehr vorteilhaft dargestellt werden. Ganz im Gegensatz zu Videos, die oftmals direkt von Fans und Followern im Kanal abgespielt werden können. Eine attraktive Möglichkeit für Audios bietet *Clammr* an.

Mit *Clammr* (www.clammr.com) können Sie 24 Sekunden Ihres Audios in den Social-Media-Kanälen hervorheben. Der *Clammr Audio Player* sorgt dafür, dass diese (maximal) 24 Sekunden aus Ihrem Podcast direkt im Kanal abgespielt werden können. Ein passendes Foto macht einen Hingucker aus Ihrem Audio und gut ausgewählte 24 Sekunden machen auf Ihren Podcast neugierig.

Abb. 7.14: Clammr Audio Player auf Twitter eingebunden

Clammr ist in einigen Player integriert, so dass auch Ihre Hörer Lieblingsstellen aus der Sendung auf *Twitter* und *Facebook* teilen können.

Abb. 7.15: Clammr-Icon im Webplayer von Podigee

Auch auf *Wordpress* in Verbindung mit *PowerPress* lässt sich diese Option des Teilens nutzen.

Abb. 7.16: Clammr im MediaElement.js Media Player

7.8 Kommentare, Foren und Gruppen

Auch das aktive Teilen in den Kommentaren auf Blogs, in Foren oder Gruppen bringt neue Hörer. Die Blogbeiträge sollen natürlich zu Ihrem Podcast passen, das heißt, der Hinweis auf Ihren Podcast oder besser auf eine ganz konkrete Episode soll eine Ergänzung zum Beitrag sein – kein Spam!

In Fachforen finden Sie vielleicht Fragen, zu denen Sie bereits in Ihrem Podcast eine Antwort gegeben haben? Dann verweisen Sie darauf und Gruppen auf *XING*, *Facebook* oder auch geschlossene Gruppen, in denen sich Ihre Zielgruppe tummelt, bieten sich an für eine Verbreitung Ihres Podcasts.

7.9 Flyer, Karten und Pressemitteilungen

Nur weil Podcasts im Netz zu finden und zu hören sind, bedeutet das nicht, dass Sie die Werbetrommel für Ihre Sendung nur dort rühren sollten. Je nach Zielgruppe erreichen Sie hier Ihre Hörer nur schwer.

Drucken Sie Flyer, Postkarten oder auch Aufkleber, um auf Ihren Podcast hinzuweisen. QR-Codes bringen Interessierte direkt zum Podcastblog oder zu einem Erklär-Video, wie Sie es oben beim »Einschlafen Podcast« kennengelernt haben.

Auf einem Flyer ist außerdem Platz für eine Erklärung, wie das mit dem Abonnieren geht und worum es genau geht in Ihrem Podcast.

Verteilen Sie diese Materialien bei Veranstaltungen, auf denen sich Ihre Zielgruppe aufhält, in Ihren Seminaren oder dort, wo Sie Multiplikatoren oder Kooperationspartner vermuten. Seien Sie kreativ! Wie wäre es beispielsweise mit Glückskeksen, in denen statt einer Lebensweisheit der Feed zu Ihrem Podcast zu finden ist?

Pressemeldungen auf Online-Presseportalen sind besonders beim Start eines Podcasts interessant, da sie erste Klicks auf Ihren Blog bringen. Und da Podcasts noch nicht zum Mainstream gehören, sind Sie vielleicht die oder der Erste, der das Thema auf diesem Weg in die Welt trägt. Auch vielen Redaktionen ist das eine Mitteilung wert.

BEISPIEL

Nicht nur »Serial« oder Böhmermann und Schulz werden in den Print-Medien genannt. Auch über Toby Baier wird immer mal wieder berichtet. Er befördert das allerdings nicht und oft erfährt er erst von Hörern davon, die ihm Fotos schicken. Zum Beispiel aus dem »Stern«.

Sie sind in den Themen Ihres Podcasts drin und kennen vermutlich die relevanten Fachmagazine oder Mitgliederzeitungen. Setzen Sie sich mit den Redaktionen in Verbindung!

7.10 Hörertreffen – virtuell oder real

Besonders für die Hörerbindung eignen sich Hörertreffen. Gute Erfahrung damit hat beispielsweise Maik Pfingsten in seinem Podcast »livestyle:entrepreneur« gemacht und auch Podcastertreffen, wie das Podcamp in Essen, laden ausdrücklich Podcasthörerinnen und -hörer ein.

Birgit Schürmann hat einen Hörerservice ins Leben gerufen. Hier können sich die Hörer des Podcasts »Rhetorik, die im Kopf bleibt« kostenlos anmelden. Sie bekommen dann ergänzende Tipps zum Thema des aktuellen Podcasts, Transkripte der Episoden und können Themenwünsche äußern.

7.11 Drei Fragen an ...

Martina Schäfer ist Inhaberin der Agentur »FINIS Kommunikation«. Sie unterstützt ihre Kunden dabei, als Arbeitgebermarke sichtbar zu werden, und setzt dabei auf »transparente Kommunikation«. In ihrem Buch »Das schlagfertige Unternehmen. Schnell und offen kommunizieren« zeigt Martina Schäfer, wie sich Unternehmen gekonnt in der Öffentlichkeit präsentieren.

Lohnt es sich Ihrer Meinung nach, auch außerhalb des Internets auf sich beziehungsweise auf den eigenen Podcast aufmerksam zu machen? Auch vor dem Hintergrund, dass Podcasts im Netz zu finden sind?

Klar ist: Die Vermarktung hat sich in den letzten Jahren aus dem Offline- immer stärker in den Online-Bereich verschoben. Dies merke ich auch in meinem Schwerpunkt, dem Arbeitgebermarketing. Für die Vermarktung von Podcasts gilt dies jedoch genauso.

Immer neue Plattformen kamen und kommen hinzu. Fast jede Zielgruppe ist heute online erreichbar. Und da bietet es sich natürlich an, das eigene Marketing hierauf auszurichten. Anders als vielfach vermutet ist der Offline-Bereich aber dennoch nicht tot. So spielt auch die klassische Presse- und Öffentlichkeitsarbeit nach wie vor eine wichtige Rolle. Auch wenn Zeitungen und Zeitschriften insgesamt viele Leser verloren haben, so genießen sie immer noch den Ruf hoher Glaubwürdigkeit.

Entscheidend für den Erfolg der eigenen Vermarktung ist es zu schauen, welche Kanäle die eigene Zielgruppe nutzt. Schließlich kommt es darauf an, diese bestmöglich zu erreichen. Zu empfehlen ist dabei, verschiedene Plattformen zu »bespielen«. Dies kann auch eine Mischung aus Offline- und Online-Plattformen sein.

Haben Sie Tipps, damit die Pressemeldung auch »wirkt«?

Wer Pressearbeit in seine Vermarktung einbezieht, sollte ein paar Kriterien beachten, damit sie erfolgreich ist, also »wirkt«. Dies betrifft erst einmal das Thema. Das heißt: Nicht alles, was einem Unternehmen interessant erscheint, ist auch für Journalisten relevant. So sollte die Pressemeldung aktuell sein, über Innovatives informieren, einen regionalen Bezug haben oder auch allzu menschliches in den Mittelpunkt stellen. Selbstverständlich gilt es auch bei Pressearbeit vorab, die eigene Zielgruppe zu ermitteln. Denn wahllos verschickte Pressemitteilungen führen weniger zu einer größeren Zahl an Abdrucken, sondern eher zu verärgerten Journalisten, die E-Mails vom entsprechenden Absender künftig ungesehen löschen.

Die Pressemitteilung selbst sollte Auskunft über die sogenannten 7 W-Fragen (was?, wer?, warum?, wie?, wann?, wo?, wieso?) geben und neutral formuliert sein. Für Werbung ist hier kein Platz. Außerdem sollte sie allgemein verständlich sein. Konkret heißt das: sachliche Ausdrucksweise, keine bis wenige Adjektive, Verzicht auf Fach- und Fremdwörter, keine Phrasen. Die wichtigsten Informationen gehören an den Anfang der Pressemitteilung, so dass der Journalist die Meldung bei Bedarf vom Ende her kürzen kann. Abschließend sollte sie mit einer kurzen allgemeinen Information über das Unternehmen sowie den Kontaktangaben des Ansprechpartners. Idealerweise sollte eine Pressemitteilung nicht länger als eine DIN-A4-Seite sein.

Ist es heute ausreichend, Pressemeldungen nur über Online-Presseportale zu versenden? Das ist ja in der Regel sehr viel schneller gemacht, als einen Presseverteiler aufzubauen.

In der Tat sind Pressemitteilungen über Online-Presseportale schnell versandt. Immerhin ist es dazu auch überhaupt nicht notwendig, jedes Portal einzeln zu »bespielen«. Dienstleister wie zum Bespiel *PR-Gateway* übernehmen diese Aufgabe, so dass Online-Pressearbeit zumindest wenig aufwändig erscheint. Dennoch sollte sie die klassische Pressearbeit nicht ersetzen, sondern ergänzen.

Bei der klassischen Pressearbeit kann der Podcaster langfristig vom persönlichen Kontakt zu den Journalisten profitieren. Konkret funktioniert das zum Beispiel so: Ein Redakteur sucht für einen Artikel nach einem Experten für ein bestimmtes Thema. Versorgt der Podcaster eben diesen Journalisten regelmäßig mit interessanten Informationen zum Fachbereich, ist die Wahrscheinlichkeit groß, dass dieser sich nun an ihn erinnert. Und dann ist es nicht mehr weit zur Erwähnung im Artikel – entweder mit einem Zitat oder eventuell sogar als Interviewpartner. Beides zahlt jedoch deutlich auf die Positionierung des Podcasters als Experte ein.

Natürlich ist klassische Pressearbeit ein längerer Weg. Schließlich gilt es, den Presseverteiler gezielt mit passenden Kontakten aufzubauen und diese regelmäßig zu pflegen. Wer nun denkt, der Weg über Online-Pressemitteilungen sei die schnelle Abkürzung, täuscht sich. Denn die werden weniger von Journalisten gelesen als von interessierten Internetnutzern. Den Weg in die klassische Presse findet ein Podcaster damit also eher selten. Teil des Content-Marketings können Online-Presseportale aber dennoch sein. Schließlich bieten sie einen Weg, die eigenen werthaltigen Inhalte zu verbreiten. Schauen sollte allerdings jeder Nutzer dieser Portale, ob er seine Zielgruppe darüber erreicht und welche Auswirkungen sich dadurch unter SEO-Aspekten für ihn ergeben.

7.12 Jetzt sind Sie an der Reihe

- Recherchieren Sie, wo Sie Ihre Zielgruppe erreichen können und welche Kooperationen sich anbieten.
- Welche Plattformen eignen sich neben den Podcastverzeichnissen, um Ihren Podcast zu präsentieren?
- Prüfen Sie, ob die Darstellung auf Ihrem Podcastblog deutlich zeigt, wie und wo man Ihren Podcast abonnieren kann und welche Vorteile das für Ihre Hörer hat.
- Legen Sie eine Liste über die verschiedenen Promotionmöglichkeiten an und setzen Sie diese nach und nach um. Analysieren Sie den Erfolg der jeweiligen Aktion und entscheiden Sie, ob eine Fortführung sinnvoll ist.
- Und seien Sie kreativ! Achten Sie darauf, wie Werbung für andere Produkte oder Dienstleistungen aussieht, und überlegen Sie, ob das auf Ihren Podcast in veränderter Form angewendet werden kann.
- Behalten Sie dabei das Ziel und die Zielgruppe Ihres Podcasts im Auge. **Gehen Sie da hin, wo Ihre Zielgruppe ist!**

Kapitel 8

Effizient Podcasten

8.1	Zeitmanagement	168
8.2	Schneller ans Ziel mit Auphonic	174
8.3	Externe Dienstleister	179
8.4	Drei Fragen an ...	180
8.5	Jetzt sind Sie an der Reihe	182

Viele Podcaster starten mit ihrem Podcast hochmotiviert, doch nach zwei, drei Episoden wird das Projekt wieder beendet. Der häufigste Grund: keine Zeit! Das ist besonders schade, wenn Sie Ihren Podcast fürs Marketing einsetzen wollen. Denn das funktioniert besser, wenn Sie zuverlässig und regelmäßig neue Beiträge veröffentlichen.

Vermutlich wurden die eigenen zeitlichen Ressourcen nicht im Vorfeld, bei der Erstellung des Konzeptes, bedacht oder einfach falsch eingeschätzt.

Starten Sie daher lieber etwas kleiner. Sind Sie geübter mit dem Umgang mit dem Audioschnittprogramm und sicherer bei der Aufnahme, können Sie Ihre Episoden verlängern, Musik oder akustische Trenner einbauen und auch Kapitelmarken integrieren. Halten Sie sich anfangs an die Basics.

In diesem Kapitel bekommen Sie Tipps, mit denen Sie beim Podcasten Zeit sparen können. Ganz gleich, ob Sie zu den Anfängern oder den fortgeschrittenen Podcastern gehören.

8.1 Zeitmanagement

Regeln aus dem Zeitmanagement können Sie natürlich auch beim Podcasten anwenden. Denn es geht auch hier darum, motiviert zu sein sowie konzentriert und organisiert vorzugehen.

Motivation durch Zielvorstellung

Demotivierend ist es, nicht zu wissen, warum man etwas tun soll. Um sich dieses »Warum« immer wieder vor Augen zu führen, nehmen Sie sich Ihr Podcastkonzept vor und rufen Sie sich Ihr Ziel in Erinnerung.

Für die schnelle Motivation – und gegen die Aufschieberitis – ist »WOOP« gut geeignet. Die Buchstaben W-O-O-P stehen für Wish, Outcome, Obstacle und Plan.

Entwickelt hat diese Methode Gabriele Oettingen, Professorin für Psychologie an der New York University und der Universität Hamburg.

Hierbei geht es auch darum, sich das Ziel, den Wunsch (Wish) in bunten Farben auszumalen. Beispielsweise Ihr Podcastziel. Stellen Sie sich vor, was passiert, wenn sich Ihr Wunsch erfüllt (Outcome). Dann schauen Sie sich das größte Hindernis (Obstacle) an, das Ihnen dabei im Weg steht. Auch das führen Sie sich deutlich vor Augen. Hierin liegt übrigens der Unterschied zu anderen Methoden, denn einfach nur vom positiven Ziel zu träumen bringt nichts, wenn Sie Ihre eigenen kleinen Boykotte nicht berücksichtigen.

Bleiben wir bei dem Beispiel, dass Ihnen die Zeit fehlt und Sie die Produktion immer wieder aufschieben: Nach dem Woop-Prinzip schmieden Sie einen Plan (Plan). Das bedeutet, Sie formulieren eine »Wenn-dann-Regel«. Etwas wie: »Wenn ich am Tag meiner Podcastproduktion in die Versuchung komme, es auf den nächsten Tag zu schieben, dann überwinde ich diesen Impuls und erstelle schon mal eine Stichwortliste.« Das kann auch die Recherche nach einem geeigneten Interviewpartner sein oder ein anderer erster kleiner Schritt. In der Regel ist dann der zweite Schritt viel einfacher.

Probieren Sie es aus! Und wenn Sie Tools lieben: Die kostenlose *WOOP*-App unterstützt Sie bei der Umsetzung einer einzelnen Episode oder beim Start Ihres Podcasts.

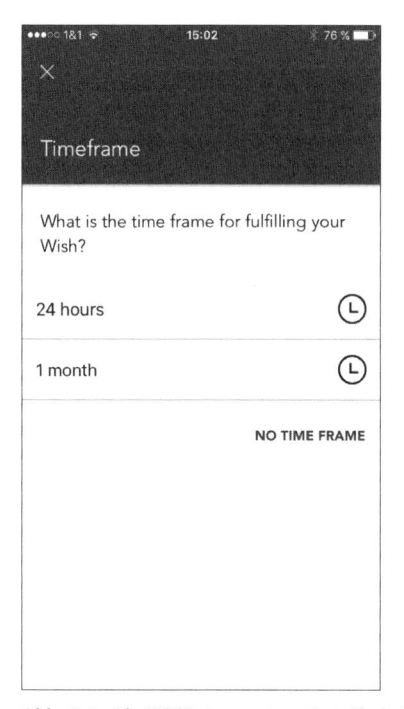

Abb. 8.1: Die WOOP-App unterstützt Sie beim Tun.

Redaktionsplan und Vorlagen

Hilfreich ist es, mit einem Redaktionsplan und einem Zeitplan zu arbeiten. So können Sie an einem Tag gleich mehrere kurze Episoden produzieren und Tätigkeiten bündeln. Das spart Zeit. Bei Ihren Einkäufen gehen Sie ja auch nicht für jedes Teil in den

Supermarkt, sondern versuchen, möglichst viel an einem Ort zu erledigen. Sie müssen sich nur einmal – für vielleicht zwei, drei oder auch vier Episoden – in »Stimmung« bringen und eventuell das technische Equipment aufbauen.

Oft dauern die Dinge so lange, wie man ihnen Zeit einräumt. Eine realistische Zeitplanung hilft dabei, sich nicht in Details zu verlieren.

Planen Sie schriftlich und detailliert. Checklisten helfen dabei, dass Sie alle nötige Informationen beisammen haben, dass Sie keinen Schritt vergessen, nicht lange nach Passworten für Zugänge suchen und nicht immer wieder schauen müssen, »wie habe ich es denn bei der letzten Episode gemacht«.

Für Manuskripte oder Stichwortlisten erstellen Sie eine Vorlage, in der Ihre Rubriken bereits notiert sind, Ihre Begrüßungsformel oder Ihre Verabschiedung. Speichern Sie die Vorlage als Textdatei unter »Vorlage-Podcast« und speichern Sie dann jede bearbeitete Vorlage unter der Episodennummer und einem Kürzel für Ihren Podcast. Beispielsweise wäre es beim Podcast übers Podcasten »PueP01«, »PueP02« usw.

Ich vermeide Umlaute ebenso wie lange Namen. Das ist für die eigene Ordnung auf dem Rechner übersichtlicher und manchmal gibt es doch Probleme mit den »äs« oder »ös«.

Beginnen Sie mit einer neuen Episode, dann öffnen Sie die Vorlage und formulieren hier Ihren Text oder gliedern Ihre Stichworte. Aus diesen Informationen lässt sich dann auch schnell der Text für die Shownotes formulieren, den Sie dann nur noch in Ihrem Blogtext mit Copy and Paste einfügen.

Überlegen Sie sich ein Schema für die Shownotes. Das ist nicht langweilig, sondern dient der Wiedererkennbarkeit Ihres Podcasts. Beispielsweise schreiben Sie immer »Heute spreche ich mit XY über ...« oder Sie ändern die Reihenfolge, damit das Schüsselwort noch weiter vorne steht und sofort signalisiert, worum es in Ihrer Episode geht. Soll man Ihren Podcast hören, weil der Interviewpartner bereits eine interessante Episode verspricht, dann gehört natürlich ihr oder sein Name an den Anfang. Auch eine Frage in den Informationen zur Sendung macht sich meistens gut oder die Nennung der wichtigsten Inhalte. »Effizient Podcasten mit Zielvorstellung, Planung und Auphonic« könnten die Shownotes zu einer Episode mit Inhalten dieses Kapitels heißen.

Sie sprechen frei anhand von Mindmaps? Auch dafür können Sie sich eine Vorlage erstellen. Entweder ganz analog auf einem Blatt Papier, auf dem Sie bereits die Hauptäste zeichnen, oder mit Hilfe eines Onlinetools für Mindmaps. Im ersten Fall erstellen Sie davon einige Kopien, im zweiten Fall speichern Sie ein Mindmap-Projekt mit den Ästen und Inhalten, die in jeder Episode gesagt werden sollen, sonst aber ohne weitere Inhalte. Für die Produktion einer neuen Episode öffnen Sie diese Vorlage, speichern Sie direkt unter dem Namen der jeweiligen neuen und ergänzen Sie mit den entsprechenden Inhalten.

Mit Ihrem Audioeditor können Sie ebenfalls eine Vorlage erstellen: Eine Projektdatei, in der bereits das Intro und Outro enthalten und die Metadaten bereits eingetragen sind.

Öffnen Sie eine alte Projektdatei oder starten Sie das erste Projekt. Entfernen Sie alle Tracks, die den Inhalt betreffen. Das Intro und Outro, den Jingle und akustische Trenner bleiben enthalten. Diese Datei speichern Sie als Vorlage und bei der nächsten Podcastproduktion öffnen Sie sie und speichern sie unter dem Namen der neuen Episode ab. So sparen Sie sich einige Arbeitsschritte, wie den Import – und gegebenenfalls die Suche – bestimmter Audiodateien für die Episode. Sie müssen Ihren Jingle nicht immer wieder neu ein- und ausfaden, sondern können die Tracks leicht an die richtige Stelle schieben.

Online-Tools für die Planung

Scombler

Scombler unterstützt Sie bei der Erstellung eines Redaktionsplanes und stellt jede Excel-Tabelle in den Schatten.

Scompler One eignet sich sehr gut für die Podcastplanung und ist kostenlos. Arbeiten Sie im Team oder gefällt Ihnen *Scombler* so gut, dass Sie noch mehr damit managen möchten, lässt sich das Paket erweitern.

Sie werden mit *Scombler* dazu motiviert, mit Ihrem Podcast als Instrument des Content-Marketings strategisch vorzugehen. In *Scombler* finden Sie Fragen nach den Zielen, die Sie mit Ihrem Podcast erreichen wollen, nach dem Nutzen, den Sie geben, und auch dazu, was Ihre Hörerinnen und Hörer konkret tun sollen. Sie werden angeregt, sich Gedanken zu machen, wie Sie Ihre Beiträge in Szene setzen und diese promoten.

Dabei bekommen Sie in der Regel zu den Fragen bereits Vorschläge und können eigene Optionen hinzufügen. Die Punkte sind sehr umfangreich. Sie werden angehalten, Ihre Kernbotschaften zu definieren, Schlagworte zu sammeln und mehr. Tolle Unterstützung bekommen Sie hier, wenn Sie Storytelling anwenden wollen, und es wird nicht darauf verzichtet, nach dem Organisatorischen zu fragen. Zum Beispiel, wer das bezahlt.

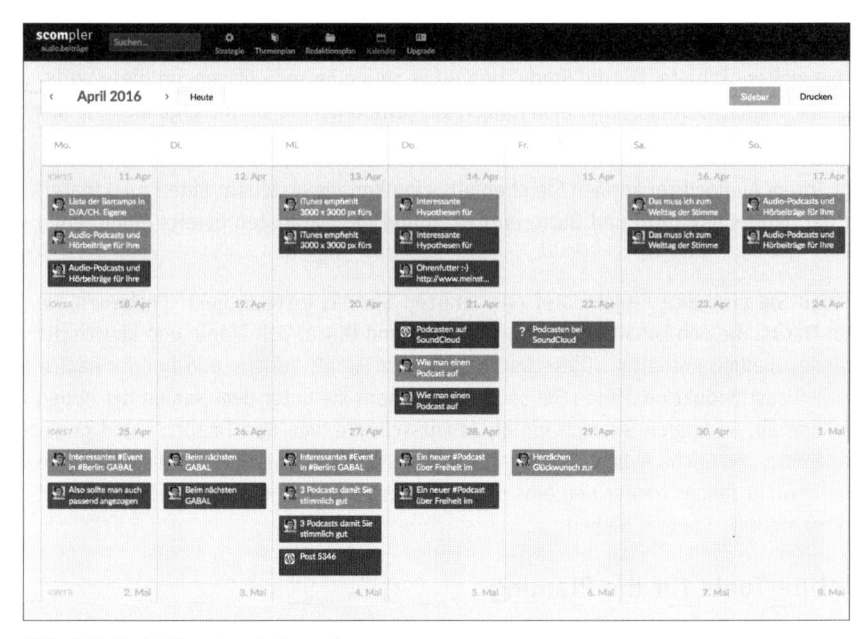

Abb. 8.2: Redaktionsplan in Scompler

Sie können in *Scombler* einen Redaktionsplan erstellen, das Ganze mit *WordPress* verbinden und vieles mehr. Auf den ersten Blick scheint *Scombler* »nur« für den Podcast zu umfangreich, doch erstens können Sie *Scombler* für Ihr ganzes Content-Marketing nutzen, und zweitens bringt die Auseinandersetzung mit den Fragen zur Strategie interessante Erkenntnisse.

Trello

Trello ersetzt die Post-its auf Ihrem Schreibtisch und bringt sie auf Projektboards. Die Post-its heißen hier »Karten« und lassen sich auf den Boards in unterschiedlichen Listen verschieben. Sie können hier Checklisten für Arbeitsabläufe anlegen, Fristen festlegen und Anhänge hinzufügen.

Ein deutlich schlankeres Tool als *Scompler*, doch für die Redaktionsplanung sehr geeignet. Und dank der Checklisten können Sie keinen Punkt beim Podcasten vergessen. Es bleibt Ihnen überlassen, wie ausführlich Sie die Checkliste gestalten oder mit wie vielen Listen Sie arbeiten.

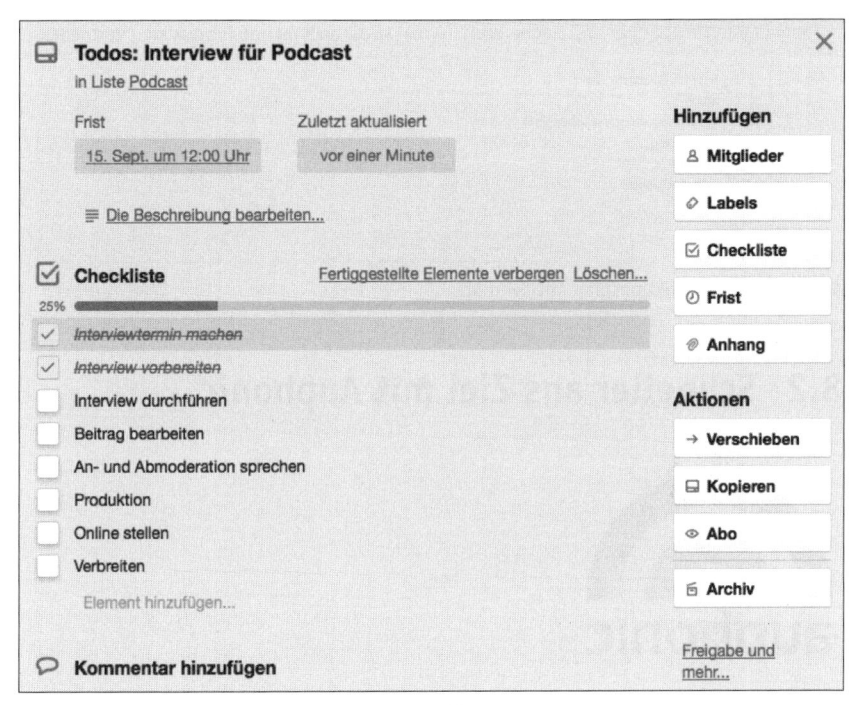

Abb. 8.3: Nichts vergessen mit Checklisten in Trello

Evernote

Evernote ist ein tolles Tool, um Webseiten zu speichern, Ideen zu sammeln, Notizen zu ordnen und vieles mehr. Sie können Checklisten und Tabellen anlegen, Erinnerungen aktivieren und es eignet sich gut für einen kleinen, feinen Redaktionsplan. Auch hier haben Sie, wie bei *Trello*, die Inhalte immer synchron und können sie auch auf Ihrem Smartphone oder Tablet bearbeiten.

Abb. 8.4: Mini-Redaktionsplan mit Evernote

8.2 Schneller ans Ziel mit Auphonic

Abb. 8.5: Webservice für die Postproduktion

Auphonic (*www.auphonic.com*) ist ein Webservice, der viele Schritte der Bearbeitung von Podcasts beschleunigt und außerdem für eine gleichbleibende Qualität Ihrer Dateien sorgt. Auch hier können Sie mit Vorlagen – »Presets« – arbeiten.

Um *Auphonic* zu nutzen, benötigen Sie einen Account. Sie können diesen für die Bearbeitung von zwei Stunden Audiomaterial kostenlos nutzen. Diese zwei Stunden stehen Ihnen – Sie haben das bereits bei den Hostingservices kennengelernt – jeden Monat zur Verfügung. Für längere Produktionen bietet Ihnen *Auphonic* faire und flexible Preismodelle.

Die »Production« mit Auphonic

Auphonic nimmt Ihnen viele Schritte der abschließenden Bearbeitung Ihrer Audiodatei ab. Es übernimmt sozusagen das Finetuning. Das hier übrigens immer »Production« heißt. Um dies zu »automatisieren«, legen Sie ein »Preset« für Ihren Podcast an. Hier nehmen Sie verschiedene Einstellungen vor, rufen später nur dieses Preset auf, laden Ihr Audio hoch und starten die »Production«.

Schneller ans Ziel mit Auphonic   8.2

Das Interface ist englischsprachig, jedoch sehr übersichtlich und selbsterklärend. Wenn Ihnen einmal ein Begriff nicht klar ist, dann fahren Sie mit der Maus über den Begriff, und am unteren Rand des Fensters öffnet sich eine kurze Erläuterung.

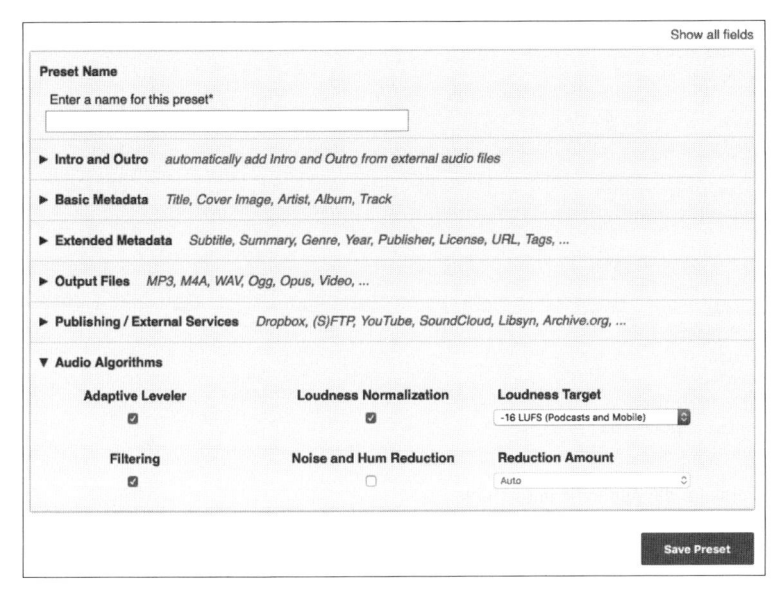

Abb. 8.6: Das Webinterface von Auphonic

Im ersten Schritt haben Sie hier die Möglichkeit, das Intro und Outro Ihres Podcasts einzufügen. Das wird dann entsprechend an den Anfang und das Ende Ihrer Audiodatei gesetzt und kann diese auch überlappen.

Dann geben Sie die Metadaten ein: den Namen Ihres Podcasts und bei Album den Namen des Künstlers, also Ihren Namen. Sie laden hier auch das Podcastcover hoch. Lassen Sie es frei, wenn Sie Episodenbilder nutzen möchten, denn diese fügen Sie erst ein, wenn Sie das Preset auf eine aktuelle Episode anwenden.

Lassen Sie eines der Felder leer, werden die Daten automatisch aus der Audiodatei importiert. Vorausgesetzt, Sie haben diese in Ihrem Audioeditor oder auf einem anderen Weg eingegeben. *Auphonic* unterstützt hier die Formate AAC, MP3, Opus sowie Ogg Vorbis.

Bei Extended Metadaten ergänzen Sie diese Angaben noch zum Inhalt des Podcasts, zum Genre und mehr.

Bei OUTPUT FILES müssen Sie sich entscheiden, in welchem Format Sie Ihre Datei wieder ausgeworfen haben möchten.

```
Lossy Audio Formats
✓ MP3
    MP3 Variable Bitrate
    AAC (M4A, MP4, M4B)
    Opus
    Ogg Vorbis
Lossless Audio Formats
    FLAC
    ALAC (M4A, MP4)
    WAV 16-bit PCM
Other Files
    Video (same format as input)
    Unprocessed Input File
    Chapters File
    Podlove Simple Chapters
    Cover Image
    Waveform Image
    Production Description
    Audio Processing Statistics
    Waveform Data File
```

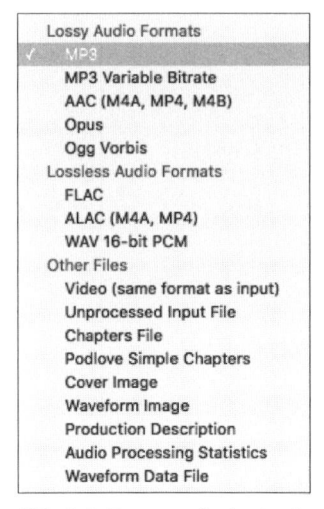

Abb. 8.7: Formate, die Auphonic unterstützt

MP3 mit 112 kbit/s sind hier vorgegeben, doch Sie können Ihr Audio in beliebig vielen Qualitäten ausgeben lassen. Grundsätzlich können Sie alle Einstellungen, die vorgegeben sind, so lassen, wie sie sind. Ist Musik in Ihrem Podcast, empfehle ich, die Bitrate etwas zu erhöhen, oder Sie wählen VARIABLE BITRATE. Dann wird die Datei, je nach Komplexität, unterschiedlich stark kodiert.

Kapitelmarken (»Chapter Marks«) lassen sich in Auphonic entweder händisch eintragen oder sie werden aus Ihrer hochgeladenen Datei gelesen. Auch hier werden die Formate AAC, MP3, Opus sowie Ogg Vorbis unterstützt. Kapitelmarken lassen sich außerdem als Textdatei bei »Import Chapter Marks« hochladen.

> **HINWEIS**
>
> Kapitelmarken können Sie mit dem Audioeditor *Audacity* anlegen. Öffnen Sie dazu eine Textspur und setzen Sie mit den Tasten [Strg] + [B] die Marker an die gewünschten Stellen. Bei jedem gesetzten Marker schreiben Sie direkt in dem Textfeld Ihren Kommentar. Im Menü über DATEI und TEXTMARKEN EXPORTIEREN erstellen Sie dann eine txt-Datei, welche die Marken enthält.

Schneller ans Ziel mit Auphonic 8.2

Sie arbeiten mit einem anderen Audioeditor? Dann schauen Sie, welche Optionen dieser Ihnen bietet, und exportieren Sie sie in ein Format, welches Auphonic unterstützt.

Unter PUBLISHING/EXTERNAL SERVICES bietet *Auphonic* eine Möglichkeit an, die Audiodatei direkt bei verschiedenen Services abzulegen. Hierzu müssen Sie als Erstes die Verbindung zum entsprechenden Service einrichten und dann landet Ihre Audiodatei via Mausklick direkt in Ihrer Dropbox, auf Ihrem *YouTube-* oder *SoundCloud-*Kanal oder einem anderen Server.

Spannend wird es bei AUDIO ALGORITHMS. Hier empfehle ich Ihnen, die Voreinstellungen zu lassen, wie sie sind. Die unterschiedlichen Algorithmen sind bereits gut ausgewählt, so dass die Qualität Ihrer Audiodatei keinen Schaden nimmt.

Trotzdem eine kurze Erläuterung, was sich hinter den einzelnen Punkten verbirgt:

Der ADAPTIVE LEVELER sorgt dafür, dass die unterschiedlichen Lautstärkenunterschiede von Sprache oder Musik aneinander angepasst werden. Bei Sprachaufnahmen ist das noch relativ einfach, bei Musik wird es schon komplizierter. Auch sollen Hintergrundgeräusche wie Tassenklappern oder Papiergeraschel nicht versehentlich verstärkt werden. Dafür wird die Datei genau analysiert und klassifiziert und die unterschiedlichen Teile werden dann unterschiedlichen Rechenoperationen ausgesetzt.

LOUDNESS NORMALISATION ist für die Lautstärke oder besser die Lautheit der gesamten Datei verantwortlich. Die Einheit für Lautheit ist LUFS, »Loudness Units relative to Full Scale«. Der gewünschte Wert wird bei LOUDNESS TARGET eingestellt und ist für Podcasts und andere »mobile Dateien« mit -16 LUFS voreingestellt. Das garantiert Ihren Hörerinnen und Hörer eine immer gleiche Lautstärke beim Hören Ihrer Sendungen.

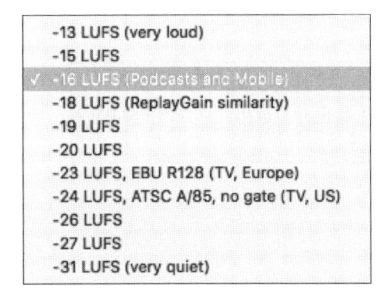

```
-13 LUFS (very loud)
-15 LUFS
✓ -16 LUFS (Podcasts and Mobile)
-18 LUFS (ReplayGain similarity)
-19 LUFS
-20 LUFS
-23 LUFS, EBU R128 (TV, Europe)
-24 LUFS, ATSC A/85, no gate (TV, US)
-26 LUFS
-27 LUFS
-31 LUFS (very quiet)
```

Abb. 8.8: Absolute Lautheit in LUFS einstellen

8 Effizient Podcasten

> **HINWEIS**
>
> -23 LUFS ist der Wert fürs Fernsehen in Europa, mit dem diese Standardisierung für Lautheit begonnen hat. Diese Standards sollen dem Trend, immer alles lauter zu machen, entgegenwirken. So ist standardmäßig jetzt Werbung im Fernsehen nicht mehr lauter als der Film selbst.

Beim FILTERING werden Störgeräusche, die oft in einer niedrigeren Frequenz als die menschliche Stimme auftreten, herausgefiltert. Auch hier werden die Dateien genau analysiert, damit wirklich nur die Frequenzen verschwinden, die überflüssig sind.

Die genannten Algorithmen sind standardmäßig alle aktiviert. Nicht aktiviert ist NOISE AND HUM REDUCTION, die Rauschunterdrückung und die Entfernung des sogenannten »Netzbrummens«. Zum einen, weil mit diesem Algorithmus eine hohe Rechenleistung verbunden ist, die Zeit kostet. Zum anderen, weil seine Anwendung auch nicht immer nötig ist.

Nach all diesen Angaben, von denen Sie die meisten in Ihr Preset übernehmen können, klicken Sie bei der Bearbeitung Ihrer Audiodatei auf den roten Button START PRODUCTION. Erst in diesem Moment wird die Audiodatei auf die Server von *Auphonic* geladen und die Bearbeitung startet. Ist der Prozess beendet, werden Sie per E-Mail benachrichtigt und bekommen einen Link zu Ihrer Datei. Auf der Plattform finden Sie sie in einem kleinen Player und können sie nochmal anhören und herunterladen.

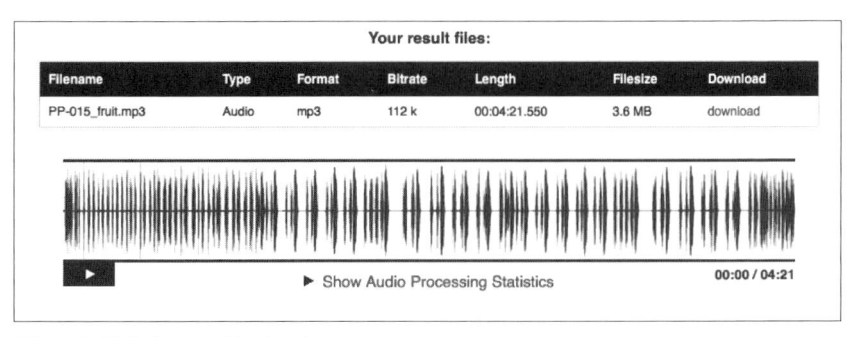

Filename	Type	Format	Bitrate	Length	Filesize	Download
PP-015_fruit.mp3	Audio	mp3	112 k	00:04:21.550	3.6 MB	download

Abb. 8.9: Webplayer auf Auphonic

Eine Statistik zeigt Ihnen außerdem an, wo und wie welcher Algorithmus angewendet wurde.

Dieser Webservice beschleunigt die Audioproduktion enorm und Sie kümmern sich wirklich nur noch um den Audioschnitt mit Ihrem Audioeditor.

8.3 Externe Dienstleister

Sie können die Produktion eines Podcasts natürlich auch abgeben an einen Dienstleister. Wenn es Ihnen nur um die Veröffentlichung von Inhalten geht und Sie sowieso nicht selbst ans Mikrofon wollen, können Sie die Erstellung Ihrer Podcastepisoden einer Agentur überlassen. Da ein Podcast grundsätzlich als Serie konzipiert ist, kann das jedoch teuer werden.

Aus den eingangs genannten Gründen ist es jedoch verständlich, wenn Sie nicht alle Schritte der Podcastproduktion selbst machen möchten. Vielleicht haben Sie auch einfach keinen Spaß am Audioschnitt oder an anderen Arbeitsschritten. Dann könnten Sie beispielsweise einzelne Schritte abgeben.

Arbeiten, die nicht unbedingt von Ihnen gemacht werden müssen, sind beispielsweise der Feinschnitt, das Hinzufügen von Intro und Outro oder das Veröffentlichen und Verbreiten im Netz. Sie nehmen also nur die Inhalte auf und den Rest lassen Sie machen. Und für die Aufnahme können Sie sich ebenfalls Unterstützung holen, beispielsweise eine Person, die Sie interviewt, so dass auch Sie nur noch auf Fragen antworten müssen. Etwas Vorbereitungszeit benötigt dieser Weg natürlich auch.

Einige Podcaster transkribieren ihre Inhalte, um einen zusätzlichen Mehrwert für ihre Hörer anzubieten und die Suchmaschinen zu beschäftigen. Auch das lässt sich gut an einen Dienstleister abgeben.

Im Studio aufnehmen

Sie hätten gerne einen Podcast, doch Sie wollen sich kein »Homestudio« einrichten? Dann gehen Sie doch in ein Studio! Dieser Weg hat gleich mehrere Vorteile:

1. Sie müssen sich nicht mit der Studiotechnik auseinandersetzen und Ihre Wohnung mit Wolldecken auskleiden.
2. Sie sind gezwungen, die Produktionen gut zu planen, da ja Termine mit den Studios abzustimmen sind.
3. Und mit einem Termin sind Sie auch besser vor Aufschieberitis geschützt.

Schauen Sie doch mal, ob es in Ihrer Nähe ein kleines Studio gibt, das über eine zusätzliche Einnahmequelle für die Nutzung seiner Aufnahmekabine erfreut ist.

8.4 Drei Fragen an …

Cordula Nussbaum ist Expertin für Motivation und Zeitmanagement. Sie schreibt, spricht und coacht sowohl für »kreativ-chaotische Querdenker« als auch für »systematisch-analytische Macher«. Auch in ihrem Podcast »Das Abenteuer Zeitmanagement« unter dem Dach von »Das Abenteuer Leben« motiviert sie, den eigenen Weg in Sachen Zeit zu gehen, und orientiert sich am »echten« Leben.

Was meinen Sie, ist die größte Herausforderung – in Sachen Motivation und Zeitmanagement – für Podcaster und Podcasterinnen?

Die größte Herausforderung für die meisten ist die komplette Unabhängigkeit. (lacht) Unabhängigkeit und Freiheit sind zwar schön und auch häufig ein Grund, warum so viele Experten heute einen Podcast starten: Wir können unabhängig von Zeit und Ort unsere Sendungen produzieren und einstellen. Aber genau darin liegt für viele die Krux: Weil wir so unabhängig sind, können wir uns oft schlecht motivieren, die Beiträge tatsächlich zu machen. Weil das Wetter heute zu schön ist, um im Studio zu sein … Weil die Kreativität heute nicht so da ist … Weil die Stimme belegt ist … und und und. Da braucht es viel Disziplin und Leidenschaft, regelmäßig die Sendungen zu produzieren und überall abrufbar zu machen.

Besonders wenn ich starte und vielleicht nur eine Handvoll Hörer habe, ist die Verlockung groß, mal Sendungen ausfallen zu lassen – und dann springen die Hörer auch gleich wieder ab. Hörer lieben eine gewisse Regelmäßigkeit – kann ich die nicht bieten, sind sie weg. Feste Termine, zu denen ich weiß, dass meine Hörer auf die neue Sendung warten, können hier helfen, meinen inneren Schweinehund zu überlisten.

Zudem unterschätzen viele Podcaster den Zeitaufwand für eine Sendung. Für meine Podcasts brauche ich im Schnitt einen halben Tag: das neue Thema überlegen, den Beitrag schreiben, einsprechen, schneiden, formatieren und mit Tags versehen, hochladen, verschlagworten, auf verschiedenen Portalen verlinken und Zusatzinfos hinterlegen, in den sozialen Medien darauf hinweisen etc.

Selbst wenn die Sendung nur zehn Minuten dauert – das Drumherum braucht einfach seine Zeit. Da ist es gut, wenn wir so gut wie möglich automatisieren oder Unterstützer ins Boot holen, die uns viel der nicht-kreativen Arbeit abnehmen.

Und noch länger brauche ich, wenn ich meinen Podcast als Teil meiner Marketing-Strategie sehe. Dann muss ich nämlich noch sehr viel mehr Zeit in strategische Überlegungen stecken: Was will ich mit diesem Podcast bewerben? Welches Produkt soll damit (langfristig) verkauft werden? Gerade für kreativ-chaotische Querdenker kann das eine echte Herausforderung sein.

Wie unterscheiden sich hier die »Querdenker« von den »Machern«?

Ich kenne sehr viele Podcaster, die sehr stark im systematisch-analytischen Talentfeld zuhause sind. Die haben die oben genannten Probleme nicht ganz so häufig wie die Kreativen Chaoten. Sie machen sich nämlich einen Redaktionsplan mindestens für ein halbes Jahr im Voraus, produzieren dann auch gleich mehrere Sendungen am Stück (was sehr effizient ist) und liefern mit der von den Hörern gewünschten Kontinuität. In Zeitdruck und Stress geraten sie allerdings, wenn etwas nicht nach Plan läuft: Wenn der Interviewpartner kurz vor Veröffentlichung den Interviewtermin platzen lässt, dann fehlt es ihnen manchmal an Kreativität für ein supergutes anderes Thema. Gut – viele Systematiker arbeiten dann mit Plan B, Plan C oder Plan D – das entzerrt. Aber es kostet eine Menge Planungsaufwand.

Kreative Chaoten hingegen lassen sich von der tagesaktuellen Befindlichkeit oder aktuellen Fragen von Mitmenschen zu den jeweils neuen Sendungen inspirieren – und hassen Routinen. Gerade für die ist es deshalb wichtig, systematische Macher als Unterstützer ins Boot zu holen und z.B. viele Routinetätigkeiten abzugeben.

Gelingt es Ihnen, die Sendungen jeweils stressfrei zu produzieren und pünktlich zu veröffentlichen – weiter so! Andernfalls suchen Sie sich eine Balance zwischen Spontanität und einem gewissen Vorlauf, der Ihnen Ruhe bringt.

Häufig schaffen Systematiker es auch, Inhalte mehrfach zu verwerten: Sie nehmen Teile eines bestehenden Hörbuches und veröffentlichen es als Podcast. Oder sie fassen zwölf Podcast-Folgen zu einem Hörbuch zusammen, das sie dann verkaufen. Das ist natürlich eine geniale Strategie. Und sehr zeitgünstig (lacht).

Den Kreativen Chaoten liegt es in der Regel weniger, vorhandene Inhalte zu Podcasts zu schneiden oder aus Podcasts wieder Verkaufsprodukte zu machen: Sie finden es langweilig, bestehende Inhalte immer wieder neu aufzugießen. Viel interessanter finden sie es, sich immer wieder etwas Neues auszudenken und komplett neu zu produzieren. Das kostet zwar mehr Zeit – aber viele Hörer goutieren das. Und dann hat es auch seinen Sinn.

Welche Tipps haben Sie jeweils?

Finden Sie also heraus, wie Sie ticken – beispielsweise mit dem Gratis-Selbstcheck »Chaot oder Systematiker« unter *Kreative-Chaoten.com* – und leiten Sie dann Ihre ganz individuellen Strategien ab. Lesen Sie sich die oben geschilderten Szenarien durch und nehmen Sie sie als Inspiration für Ihr persönliches Zeitmanagement.

8.5 Jetzt sind Sie an der Reihe

- Wenn Ihnen noch nicht klar ist, ob Sie eher ein Systematiker oder ein Chaot sind, dann checken Sie das bei Cordula Nussbaum.
- Als Systematiker wählen Sie dann ein Tool für einen Redaktionsplan, das kann auch eine Excel-Tabelle sein.
- Systematiker ebenso wie Chaoten sparen viel Zeit mit Vorlagen. Also erstellen Sie eine Textvorlage und ein (fast) leeres Projekt mit in Ihrem Audioeditor.
- Erstellen Sie eine Checkliste für die einzelnen Punkte Ihrer Audioproduktion. Notieren Sie hier Passwörter und Textbausteine. Und legen Sie eine Struktur für Dateinamen fest, die Sie hier ebenfalls notieren.

Kapitel 9

Extras

9.1	Kapitelmarken	184
9.2	Episodenbilder	188
9.3	Monetarisierung	189
9.4	Mehrfachverwertung oder Recycling	193
9.5	Drei Fragen an …	194
9.6	Jetzt sind Sie an der Reihe	195

9 Extras

Kleine Extras zeigen beim Podcasten oft eine große Wirkung. Zum Beispiel die bereits erwähnten Kapitelmarken und Episodenbilder.

Als »Extra« bezeichne ich hier auch die Monetarisierung Ihres Podcasts oder eine Mehrfachverwertung, also, noch eine andere Nutzung Ihrer Episoden anzubieten. Auch diese könnte übrigens gegen ein Bezahlung angeboten werden.

9.1 Kapitelmarken

Kapitelmarken anzubieten hat zwei große Vorteile. Zum einen können die Hörer leicht bestimmte Stellen in Ihren Beiträgen finden und beispielsweise nochmal nachhören. Zum anderen erhöhen Sie die Auffindbarkeit Ihrer Audios in den Suchmaschinen.

Besonders interessant sind Kapitelmarken bei längeren Episoden. So können die Hörer auch nur einzelne Kapitel auswählen und müssen nicht vielleicht ein, zwei oder auch mehr Stunden Audiomaterial hören. Und das, obwohl sie nur ein bestimmter Aspekt Ihrer Episode interessiert. Oder sie haben eine interessante Stelle eines Podcasts beim Autofahren gehört und möchten diese nochmal hören.

Problematisch ist, dass Kapitelmarken nicht von allen Podcast-Apps und Playern unterstützt werden. Sollten Sie sich also die Mühe machen, Kapitelmarken zu integrieren, weisen Sie Ihre Hörerinnen und Hörer darauf hin und nennen Sie ihnen Möglichkeiten, diese auch zu nutzen.

Welches Audioformat unterstützt Kapitelmarken?

Bei den Formaten, die Kapitelmarken unterstützen, hat sich einiges getan. Lange Zeit wurde das nur von dem Videocontainerformat MP4 unterstützt (mp4, m4a und m4b). Mittlerweile können Sie Kapitelmarken jedoch auch in MP3-Dateien und weitere Dateiformate einbinden.

Welche Player unterstützen Kapitelmarken?

Die Geräte von Apple haben hier wieder die Nase vorn. Kapitelmarken in MP4-Dateien werden auf den meisten Playern, die auf Mac OS X oder iOS laufen, angezeigt. Das ist der *iTunes Player* oder die App *Podcasts* für das iPad und iPhone. Kapitelmarken in MP3-Dateien werden auch von den Apps *Overcast* und *Downcast* unterstützt.

Auf Android können Sie diesen Vorteil in MP3- und MP4-Dateien nutzen, mit *uPod* und mit *AntennaPod* funktioniert das bei MP3s und Ogg-Vorbis-Dateien.

Kapitelmarken 9.1

Die meisten Player für Ihren Rechner unterstützen die Marken aus MP4-Dateien. *iTunes* und der *QuickTime Player*, doch auch der *VLC Media Player*, der *Windows Media Player* und im Open-Source-Bereich werden Sie sicherlich noch weitere finden.

Welche Webplayer unterstützen Kapitelmarken?

Natürlich sollen die Dateien auch auf Ihrem Blog abgespielt werden können. Auch hier gibt es wieder Unterschiede. Paradebeispiel und Vorreiter ist der *Podlove Web Player*, der im *Podlove Podcast Publisher* integriert ist, aber auch unabhängig davon genutzt werden kann.

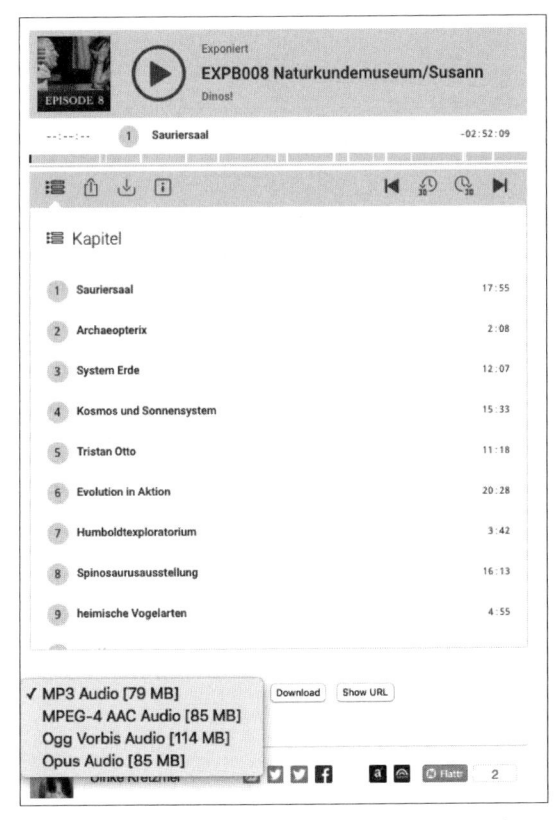

Abb. 9.1: Kapitelmarken des Museumspodcasts »Exponiert«

9 Extras

Der Player von *Podigee* kann ebenfalls Kapitelmarken anzeigen.

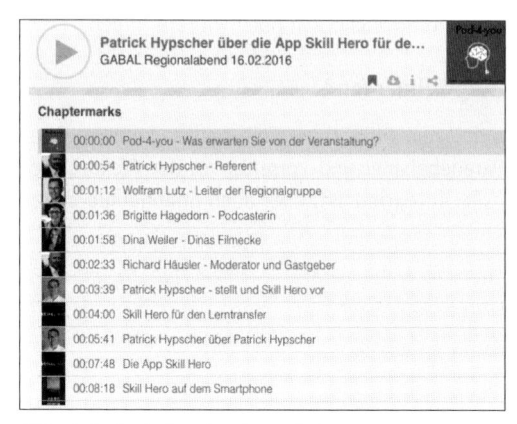

Abb. 9.2: Kapitelmarken im Webplayer von Podigee

Ihr Player unterstützt keine Kapitelmarken? Dann fügen Sie diese doch als Text hinzu. So können Ihre Hörer zwar nicht automatisch in die Kapitel springen, doch sie finden bestimmte Stellen schnell in der Audiodatei und Google bekommt auch noch etwas zum Auswerten.

Abb. 9.3: Kapitelmarken als Text auf dem Blog

Kapitelmarken 9.1

Wie bekomme ich Kapitelmarken in meine Audiodatei?

Die im letzten Beispiel erzeugten Kapitelmarken wurden mit Hilfe einer Textspur mit *Audacity* erstellt. Dafür wird eine Textspur mit [Strg] + [B] geöffnet und mit [Strg] + [M] (am Mac mit [cmd] + [M]) fügen Sie Textfelder ein, in die Sie direkt hineinschreiben können.

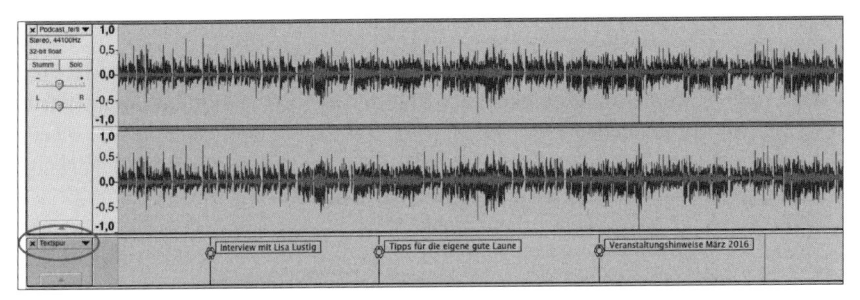

Abb. 9.4: Textspur in Audacity

Über das *Audacity*-Menü DATEI und TEXTMARKEN EXPORTIEREN bekommen Sie dann die Textdatei mit allen Zeitangaben.

```
59,684354    59,684354    Interview mit Lisa Lustig
169,296440   169,296440   Tipps für die eigene gute Laune
311,746287   311,746287   Veranstaltungshinweise März 2016
```

Abb. 9.5: Marker als Textdatei aus Audacity, Ziffern entsprechen Sekunden

Diese können Sie kopieren und wie in Abbildung 9.3 in die Shownotes auf Ihrem Blog einfügen. Um diese Kapitelmarken in Ihrer Audiodatei zu integrieren, müssen Sie den Weg über *Auphonic* machen (siehe Kapitel 8). Mit *Auphonic* können Sie außerdem URLs und Fotos den einzelnen Kapiteln hinzufügen.

Andere Audioschnittprogramme ermöglichen Ihnen, direkt bei der Audiobearbeitung Kapitelmarken so einzufügen, dass sie dann direkt in den Metadaten Ihrer Datei enthalten sind. Beispielsweise *Garageband* oder *Hindenburg Journalist*.

Wenn Sie Ihren Podcast starten und Sie bereits wissen, dass Sie zukünftig mit Kapitelmarken arbeiten wollen, ist der *Podlove Podcast Publisher* die geeignete Wahl zum Veröffentlichen Ihrer Episoden mit *WordPress*. Hier werden die Marken aus der Datei gelesen und im *Podlove Webplayer* angezeigt.

9 Extras

Wie sich die Unterstützung der Kapitelmarken weiter entwickelt, bleibt abzuwarten.

9.2 Episodenbilder

Ein weiteres Extra und ein kleiner Hingucker sind Episodenbilder. Episodenbild bedeutet, dass im Podcastverzeichnis oder im Podcatcher weiterhin das Podcastcover angezeigt wird, jedoch bei der einzelnen Episode ein individuelles Bild.

Ein schönes Beispiel hierfür ist der Podcast »Staatsbürgerkunde« von Martin Fischer. Dieser Podcast wurde übrigens ebenfalls 2016 für den Grimme Online Award nominiert. Martin Fischer bindet seit 2014 bei jeder Episode ein Episodenbild ein, welches im Player auf seinem Blog erscheint, in der App und im Podcatcher auf dem Rechner. Vorausgesetzt, die jeweilige Technik unterstützt das.

Abb. 9.6: Podlove Player mit Episodenbild

Abb. 9.7: Episodenbild in der App Podcasts

Diese Episodenbilder lassen sich auch gut für das Bild eines Interviewpartners nutzen oder als zusätzlicher Hinweis auf den Inhalt dieser Episode. Einige Podcasterinnen und Podcaster positionieren hier auch die Episodennummer nochmal deutlich.

Die Episodenbilder sollten nicht zu kleinteilig gestaltet sein, was ja auch für die Podcastcover gilt.

Wenn Sie in Ihrem Workflow keine Möglichkeit haben, ein Episodenbild hinzuzufügen, dann geht wieder der Umweg über *Auphonic* (hier bei Cover Image das entsprechende Bild hochladen) oder über *iTunes*.

Öffnen Sie Ihre Episode mit *iTunes*. Oben im Player erscheint Ihr Beitrag.

Abb. 9.8: Player in iTunes

Es öffnet sich ein Menü, in welchem Sie auf INFORMATIONEN klicken.

Im sich öffnenden Fenster finden Sie bei DATEI die Informationen zu Ihrer Sendung. Bei DETAILS können Sie, wenn noch nicht geschehen, Metadaten zu Ihrer Podcastepisode hinzufügen und das Episodenbild laden Sie bei COVER hoch.

Für die Episodenbilder trifft Ähnliches wie für die Kapitelmarken zu: ein Mehraufwand, den viele Podcasterhörer vermutlich gar nicht mitbekommen. Denn hier geht es nicht nur um das Design des Bildes, sondern auch rechtlich, hinsichtlich der Nutzungsrechte des Bildes, muss immer alles geklärt sein.

Allerdings sind Episodenbilder ein schöner Service und können, je nach Podcast, auch einen Mehrwert bieten. Sicherlich sind sie in den Apps und auf dem Blog ein »Eye Catcher«, der zum Reinhören motiviert.

9.3 Monetarisierung

Podcasten kostet Zeit und Geld. Da ist es naheliegend, dass Sie auch etwas Geld mit Ihren regelmäßigen Produktionen verdienen möchten. Für die Anschaffung einer besseren Technik oder die Deckung der Hostingkosten. Für sehr viel mehr werden die Einnahmen in der Regel nicht reichen.

Doch Sie verdienen indirekt. Sie gewinnen neue Kunden, das Vertrauen zu Ihnen wächst, Sie erreichen Sichtbarkeit, lernen interessante Menschen kennen und und und.

Werbung im Podcast zu schalten ist eine Möglichkeit, etwas Geld zu verdienen. Doch wenn Sie Ihren Podcast selbst als Werbemittel – als Marketinginstrument – nutzen, ist das meiner Meinung nach nicht geeignet. Es schadet Ihrer Glaubwürdigkeit. Außerdem wollen Sie die Hörer von Ihrem Produkt oder Ihrer Dienstleistung überzeugen. Nicht von dem Produkt oder der Dienstleistung anderer.

Podstars

Podstars unterstützt Sie bei der Vermarktung, indem sie Podcasterinnen und Podcaster mit potentiellen Werbekunden in Verbindung bringen. Sie starteten mit ihrem »Vermarktungsnetzwerk für Podcasts in Deutschland« im Sommer 2016.

Der Focus für das *Podstars*-Netzwerk liegt zurzeit auf dem Thema »Digital Business« und sie suchen nach »Partnern mit mindestens 4000 Plays in der Woche und spürbarem Wachstum oder einer extrem hochwertigen Zielgruppe«.

Wie Pre-Roll-Werbung im Podcast klingen kann, hören Sie auf der Website von *Podstars*: *www.podstars.de/podcaster*.

Sponsoring bietet sich da schon eher an, ist jedoch ebenfalls an eine ausreichend hohe Hörerzahl gebunden. Außerdem ist es nicht ganz einfach, einen Sponsor zu finden. Dafür muss sich Ihr Podcast schon gut etabliert haben oder eine besondere Nische bedienen. Außerdem müssen Sie natürlich eine aussagekräftige – und am besten unabhängige – Statistik vorzeigen.

Affiliates

Mit Ihrem Blog können Sie ein bisschen Geld einnehmen, indem Sie an Partnerprogrammen, Affiliate-Systemen, teilnehmen. Hierbei verweisen Sie von Ihrem Blog auf das Partnerunternehmen und gewinnt dieses dadurch einen neuen Kunden, erhalten Sie eine Provision.

Einige Partnerprogramme und weitere Informationen finden Sie bei *www.cash4webmaster.de*.

Amazon

Das Partnerprogramm von Amazon findet sich auf unzähligen Webseiten. Wird über diesen Link bei Amazon bestellt, erhalten Sie eine Provision. Und hier wird nicht nur auf Bücher hingewiesen, sondern auf alle möglichen Produkte.

Die Widgets sind schnell und einfach erstellt, das Design ausgewählt und auf der eigenen Seite eingebunden. Und im Fall von Amazon können Sie Ihre Hörer auf dieses

Programm aufmerksam machen. Denn viele Hörer unterstützen gerne ihre Podcaster und bestellen über den Link dann auch andere Titel.

Halten Sie die Augen auf nach anderen individuellen Partnerprogrammen und sprechen Sie doch auch Unternehmen direkt an, ob diese – wenn Sie ihre Produkte oder Dienstleistungen (regelmäßig) empfehlen – nicht eine Provision zahlen würden.

Google AdSense

Sehr verbreitet sind die kleinen Text- oder Image-Anzeigen von Google, *Google AdSense*. Diese Buttons führen Besucher auf andere Webseiten und Sie bekommen Geld für die Klicks. Google gibt an, die Anzeigen orientierten sich an dem Inhalt der jeweiligen Seite, doch wirklichen Einfluss haben Sie nicht darauf, wo Ihre Besucher hingeführt werden.

AdSense lohnen sich bei vielen Seitenbesuchern. Wie viele dann solche Banner oder Buttons tatsächlich klicken, ist von vielem anhängig. So klicken internetaffine Menschen weniger als Seitenbesucher, die eher selten im Netz unterwegs sind.

Da die Anmeldung kostenlos ist, können Sie es einfach mal ausprobieren.

> **WICHTIG**
>
> Sie dürfen nicht dazu aufrufen, auf die Anzeigen zu klicken, dann fliegen Sie aus dem Programm raus.

PayPal

Podcasterinnen und Podcaster bitten um Spenden. *PayPal* wird dann häufig als elektronisches Zahlungssystem genutzt, um den Geldfluss zu ermöglichen. Hierfür müssen Sie ein Konto bei PayPal anlegen und können dann einen Spenden-Button auf der Homepage integrieren.

In dem Online-Magazin »t3n« finden Sie Alternativen zu *PayPal*: http://bit.ly/2b2SZvb

Flattr

Flattr ist ein Mikro-Bezahldienst, den man häufig auf Blogs findet und der auch von der »taz« bzw. von *taz.de* genutzt wird. Möchten Nutzer eine Zahlung anweisen, müssen sie bei *Flattr* ein Guthabenkonto führen. Mit jedem Klick auf einen *Flattr*-Button wird dann eine Spende an den Blogger, Autor oder Podcaster registriert. Am Monatsende wird der Betrag des Nutzers gemäß seiner Klicks an die Medienanbieter verteilt.

9 Extras

Flattr wird auch von einigen Podcast-Apps unterstützt, so dass Hörer Ihnen auch direkt über das Mobiltelefon oder Tablet eine Spende zukommen lassen können.

LaterPay

LaterPay ist davon überzeugt, dass Leser und Hörer bereit sind, für wertigen Inhalt zu bezahlen. *LaterPay* lohnt sich durch das »Bierdeckelprinzip« auch für Kleinstbeträge.

Unterschiedliche Modelle werden angeboten: »Sofort nutzen und später zahlen« für Beträge ab 5 Cent, »sofort nutzen und sofort zahlen« ab 1,49 Euro oder Zeitpässe, die einen einmaligen Kauf ab 5 Cent ermöglichen und dann die Nutzung für eine gewisse Dauer zulassen.

Patreon

Patreon ist eine Crowdfunding-Plattform speziell für Kreative wie Musiker, Autoren, Maler oder Podcaster. Hier geht es nicht um einmalige Spenden, sondern um die Gewinnung von Förderern.

Hier müssen Sie Ihr Projekt ausführlich vorstellen und eine Summe nennen, die Sie monatlich erreichen möchten. Die Förderer bekommen dann, wie im Crowdfunding üblich, unterschiedliche Belohnungen je nach Höhe der Zusage für einen monatlichen Beitrag.

> **HINWEIS**
>
> Bedenken Sie besonders bei der Nutzung von Affiliates und Werbebannern, dass Ihre Hörerinnen und Hörer nicht zwangsläufig auf Ihre Webseite kommen, um Ihren Podcast zu nutzen. Es sei denn, Sie bieten dort noch etwas Besonderes an. Einen Download, weiterführende Informationen …
>
> Nutzen Sie Musik in Ihrem Podcast, dann denken Sie daran, dass Sie durch eine Werbepartnerschaft eine Gewinnerzielungsabsicht haben und dadurch eventuell andere Lizenzen für die Nutzung benötigen.
>
> Die Betreuung einer Crowdfunding-Plattform wird den zeitlichen Aufwand betreffend häufig unterschätzt. Eine treue und spendenfreudige Community zu bilden und zu halten, ist nicht ohne persönlichen Einsatz zu haben.

9.4 Mehrfachverwertung oder Recycling

Ein Podcast ist wertvoller Inhalt und es ist schade, wenn der »nur« auf Ihrem Blog hörbar ist. Natürlich ist er, vorausgesetzt Sie melden ihn dort an, auch in den Podcastverzeichnissen vertreten.

Doch für manche Inhalte bietet es sich an, sie auch außerhalb des Internets oder einfach in einem anderen Rahmen zu Gehör zu bringen.

Episoden, die Übungen enthalten, können Sie auf CD brennen und beispielsweise auf Seminaren den Teilnehmern kostenlos oder auch für einen kleinen Obolus zum Verkauf anbieten. Das Gleiche gilt für eine bestimmte Auswahl Ihrer Episoden. »Die zehn spannendsten Gespräche zum Thema XY« oder »die ersten 50 Episoden des Podcasts ...«. Auf CD sind sie ein tolles Give-Away, auf Ihrer Homepage als Download ein etwas anderes Freebie. Wobei – je nach Inhalt und Qualität – Sie diese auch verkaufen können. Besonders wenn Sie diese »Best offs« verkaufen, empfehle ich Ihnen, die Intros und Outros zu entfernen. (Da das nicht immer möglich ist, sollten Sie auch eine Mehrfachverwertung schon bei Ihrem Podcastkonzept bedenken und entsprechend Ihre Podcastprojekte aufbewahren.)

Begutachten Sie Ihre Podcastbeiträge hinsichtlich einer Nutzung als Video oder besser gesagt als Audio-Slideshow. Dafür binden Sie Kapitelbilder ein und über *Auphonic* erstellen Sie daraus ein Video, das direkt auf *YouTube* veröffentlicht werden kann. Als Kapitelbilder bieten sich Fotos oder Grafiken an, die die Inhalte ergänzen.

Solche Filmchen lassen sich auch mit einem Videoschnittprogramm erstellen oder einem Präsentationsprogramm wie *PowerPoint* oder *Keynote*. Hier steckt noch mal etwas Arbeit drin, doch die Tonspur gibt es schon!

Transkribieren Sie Ihre Episoden und erstellen Sie daraus ein E-Book oder bieten Sie es als Book on demand an. Die Tatsache, dass viele Menschen lieber lesen und Inhalte gerne kompakt präsentiert bekommen, nutzt auch das Portal »smartes businesswissen«. Nachdem zehn Podcastepisoden veröffentlicht wurden, werden diese Inhalte jeweils als E-Book und als Audio-Book zum Kauf angeboten. Auch das ist dann eine Möglichkeit, etwas Geld mit dem Podcast zu verdienen und gleichzeitig auf anderen Plattformen sichtbar zu werden.

Oder könnten Ihre Inhalte eine Ausstellung ergänzen? Die Geschichten zum Fall der Berliner Mauer beispielsweise (Podcast »Der Mauerfall, Geschichten zur Öffnung der Berliner Mauer«) ergänzten die Fotoausstellung »Bitte wenden« zum 20-jährigen Jubiläum der Wiedervereinigung in Chemnitz. Die Ausstellungsbesucher hatten diese »zweite Ebene« sehr positiv aufgenommen und nutzten den Rückzug in die Hörstation, die in diesem Fall ein Hörsessel war, für eine Erholung.

Je nach Inhalt Ihrer Beiträge fallen Ihnen bestimmt interessante Möglichkeiten für eine weitere Verwendung Ihres Podcasts ein.

9.5 Drei Fragen an …

Hendrik Efert hat 2016 das erste deutsche Podcastlabel »Viertausendhertz« mitgegründet und betreut dort Fremd- und Eigenproduktionen. In seinem seriellen Selbstversuchs-Format »Nur ein Versuch« dokumentiert er den Versuch, das luzide Träumen zu lernen. Zuvor arbeitete er viele Jahre als freier Reporter, Autor und Produzent für den Westdeutschen Rundfunk, das Deutschlandradio und andere öffentlich-rechtliche Radiosender.

Wie schätzen Sie die Chancen für »Einzelkämpfer« ein, die ihren Podcast monetarisieren möchten?

Tatsächlich gering, aber nicht unmöglich. Einzelkämpfer können mit einer guten, regelmäßigen Produktion sicher ein Zubrot verdienen. Ich glaube allerdings nicht, dass sie mit der Produktion eines einzigen Podcasts ein ausreichendes Auskommen generieren können. Dennoch wird es in Zukunft sicherlich Ausnahmen geben.

Welche Möglichkeiten sehen Sie da?

Zunächst natürlich Native Advertising – also der Host unterbricht sein reguläres Programm und bespricht ein Produkt. Dabei muss aber immer bedacht werden, dass dies ein sehr sensibles Thema ist: Zum einen gibt es hierzulande strenge Regeln, was eine deutliche Trennung von Werbung und Inhalt vorschreibt, und zum anderen sollte ein Podcaster niemals mit dieser Form der Werbung seine Glaubwürdigkeit gefährden, indem er zum Beispiel ein offensichtlich unpassendes oder sogar unseriöses Produkt bespricht.

Aber auch normale, vorgeschaltete Spotwerbung ist denkbar. So wie man es aus dem Radio oder von YouTube kennt. Der Vorteil: Der Podcaster muss nicht sich selbst als Werbefigur nutzen, die Spots grenzen sich schon von ihrer Form her deutlich vom eigentlichen Podcast ab. Das ist aber auch gleich der Nachteil bei dieser Form der Werbung: Klassische Audiospots besitzen für viele Hörer ein größeres »Nerv-Potential«.

Weiterhin kann der Podcaster natürlich über Affiliate-Links versuchen, Einnahmen zu generieren, sowohl gesprochene als auch als klickbare Links auf der Seite zum Podcast.

Haben Sie einen besonderen Tipp oder Hinweis für Podcasterinnen und Podcaster, was das Thema Geld verdienen mit dem eigenen Podcast betrifft?

Leider ist es wie überall: Nur wer viele Hörer hat, verdient auch Geld mit seinem Podcast. Dafür sind meiner Meinung nach drei Faktoren ausschlaggebend: Persönlichkeit (sehr oft wird ein Podcast wegen des Podcasters selbst, nicht wegen des Themas gehört), Regelmäßigkeit und Verlässlichkeit, formal wie inhaltlich.

9.6 Jetzt sind Sie an der Reihe

- Schauen Sie, was Ihre Ressourcen hergeben, verzichten Sie lieber auf bestimmte »nice to haves« und setzen Sie auf gute Produktionen, interessante Inhalte und eine regelmäßige Veröffentlichung.
- Ihre Podcastepisoden sind länger als 45 Minuten? Dann sollten Sie über Kapitelmarken nachdenken.
- Für Episodenbilder bietet es sich ebenfalls an, mit Vorlagen zu arbeiten. Entscheiden Sie sich für ähnlich gestaltete Bilder, die auch die Wiedererkennung Ihres Podcasts unterstützen.

Kapitel 10
Es bleibt spannend

10.1 Zahlen, Daten, Fakten 198

10.2 Drei Fragen an 203

10.3 Jetzt sind Sie an der Reihe 208

2016 ist bereits sehr viel rund ums Podcasting passiert. Verbesserte Tools für die Aufnahme und die Wiedergabe, erhöhte Aufmerksamkeit (drei Podcasts waren für den Grimme Online Award nominiert), das erste deutsche Podcastlabel wurde gegründet (»Viertausendhertz«) und die Möglichkeit, dass Podcasts auch bei *Google Play Musik* zu hören sind (bisher noch nicht in Deutschland), zeigt, dass Podcasts immer »gesellschaftsfähiger« werden.

Dazu beitragen hat sicherlich der Podcast »Serial«, in dem die Journalistin Sarah Koenig einen Mordfall von 1999 wieder aufrollt. Der Podcast stand lange in den USA, Großbritannien und Australien an der Spitze der *iTunes*-Charts und erregte auch die Aufmerksamkeit der Medien in Deutschland. Ebenfalls ging der Wechsel von Oli Schulz und Jan Böhmermann von *ZDFneo* zu dem Musik-Streamingdienst *Spotify* durch die Medien. (Was jedoch nicht bedeutet, dass *Spotify* ein weiteres offenes Podcastverzeichnis wie *iTunes* ist.)

Die ARD/ZDF-Onlinestudie hatte den Trend zum Hören bereits in ihrer Erhebung 2015 festgestellt. Die aktuelle Studie von 2016 bestätigt diese positive Entwicklung, die sogar noch zugelegt habe. Die genauen Ergebnisse finden Sie auf *ard-zdf-onlinestudie.de*.

10.1 Zahlen, Daten, Fakten

ARD/ZDF-Onlinestudie

Die Onlinenutzung in Deutschland ist in den vergangenen Jahren kontinuierlich gestiegen. Ein Fakt, den sicherlich viele selbst spüren und der auch in der ARD/ZDF-Onlinestudie 2015 festgestellt wurde.

Doch neben den gelegentlichen Nutzern, bei denen es nur einen leichten Anstieg von 2014 auf 2015 auf 79,5 Prozent gab, stieg die Anzahl der Onliner, die das Internet täglich nutzen, um 8,5 Prozent an. Auf 63 Prozent oder 44,5 Millionen Personen über 14 Jahre. Insgesamt haben die Frauen hier jeweils noch etwas mehr zugelegt.

Fast alle 14- bis 29-Jährigen Onliner nutzen das Internet. Wenn nicht täglich, so doch gelegentlich. So dass diese Zuwächse vorwiegend der Gruppen der ab 30-Jährigen zu verdanken ist. Hier gab es die größten Zuwächse bei den 40- bis 59-Jährigen, und zwar im Bereich der täglichen Nutzung. Wobei die gelegentliche Nutzung nur in den Altersgruppen der 50- bis 59-Jährigen leicht und in der Gruppe der ab 60-Jährigen um 5 Prozentpunkte gestiegen ist.

Zahlen, Daten, Fakten 10.1

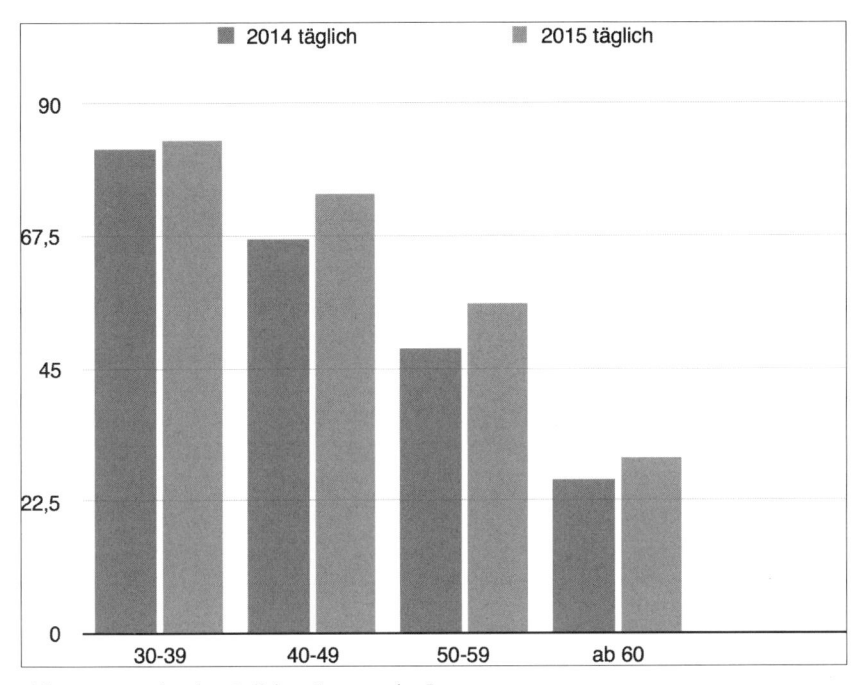

Abb. 10.1: Anstieg der täglichen Nutzung des Internets

Den Podcasts hat die starke Vereinfachung des Hörens, Verwaltens und Abonnieren durch das Smartphone einen großen Schub gegeben. Mobil wird das Internet immerhin von mehr als 50 Prozent der Onliner genutzt und die Frauen liegen nur noch einen Prozentpunkt hinter den Männern.

Hier gab es bei den 30- bis 49-Jährigen die größten Zuwächse, von 52 auf 63 Prozent.

Doch was machen diese Menschen im Internet? Die meisten senden und empfangen E-Mails, suchen Informationen und lesen Berichte im Internet.

Und sie nutzen Audio- und Videoinhalte. Bei den Audios gab es 2015 besonders gute Nachrichten:

Bei der Onlinestudie 2014 wurde betont, dass Bewegtbilder im Mittelpunkt der Onlinenutzung stehen. Diesmal stellte man fest, dass Audio, Radio und Streaming von Musik an Bedeutung gewinnt. Besonders die mobile Nutzung fördere die Nachfrage nach Audioinhalten.

10 Es bleibt spannend

Die Studie erfasste Audio- und Video-Nettowerte. Hierbei wurden Personen, die sowohl beispielsweise Radio live im Internet hören als auch zeitversetzt, nur einmal gezählt. Bei diesem Wert lag die Audionutzung bis 2006 sogar noch vor der Videonutzung. Dann boomte *YouTube* ...

2015 legte die Audionutzung im Internet jedoch stark zu.

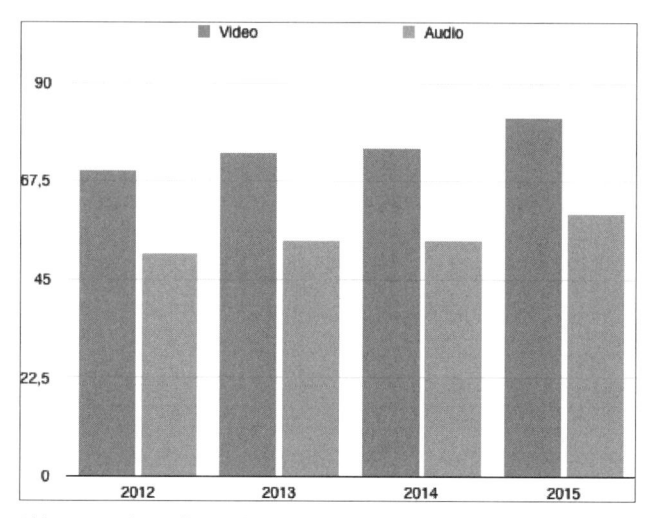

Abb. 10.2: Die Audio- und Videonutzung steigt kontinuierlich an.

Ein Audio-Nettowert von 60 Prozent ist der höchste Wert, den die Audionutzung online laut der ARD/ZDF-Onlinestudie jemals erreicht hat!

Diese 60 Prozent addieren sich aus:

- 31 % Musikdateien aus dem Internet
- 28 % Radioprogrammen live im Internet
- 15 % Musik-Streamingdiensten
- 15 % Audios von Radiosendungen zeitversetzt
- 13 % Audio-Podcasts aus dem Internet
- 10 % Musikportalen
- 15 % anderer Audiodateien.

13 Prozent Audio-Podcasts sind eine Steigerung zum Vorjahr von 6 Prozentpunkten, fast 50 Prozent! Allerdings wurde im Vorjahr nach den *abonnierten* Podcasts gefragt, so dass diese Zahlen nicht unbedingt vergleichbar sind. Doch auf jeden Fall kann man sagen, dass in Deutschland **7,3 Millionen** Menschen Podcasts hören.

BITKOM

Die BITKOM, der Bundesverband Informationswirtschaft, Telekommunikation und neue Medien e.V. veröffentlichte im August 2016 ganz ähnliche Zahlen. »Jeder siebte Deutsche hört Podcasts« und »das Audio-Medium ist vor allem beim jungen Publikum beliebt«.

14 Prozent der Deutschen hören zumindest hin und wieder Podcasts. Die Gruppe der 14- bis 29-Jährigen liegt hier vorn.

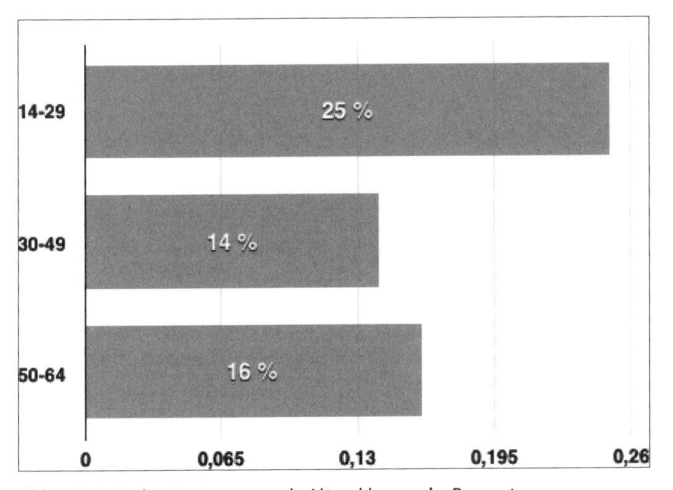

Abb. 10.3: Podcastnutzung nach Altersklassen in Prozent

Timm Lutter, Bereichsleiter Consumer Electronics & Digital Media Bitkom e.V., sieht die einfache Nutzung von Podcasts durch Smartphones ebenfalls als eine Ursache für diese Zahlen. Doch ebenso resultierten sie auch aus dem wachsenden Angebot deutschsprachiger Inhalte.

Und noch ein schönes Ergebnis dieser Umfrage: 39 Prozent der Deutschen wissen, dass sich das Kunstwort »Podcast« aus »iPod« und »Broadcasting« gebildet hat.

Hören ist nicht gleich abonnieren

Nur 2 Prozent der Podcasthörer abonnierten ihre Sendungen laut ARD/ZDF-Onlinestudie. 10 Prozent gaben »nicht abonniert« und ein Prozent gab hier »teils/teils« an. Interessant ist, dass die Onliner von 14 bis 29 Jahren, die 20 Prozent der Podcasthörer ausmachen, noch weniger abonnieren. Nämlich auch nur 2 Prozent.

	Onliner ab 14 Jahre	Onliner 14-29 Jahre
zumindest seltene Nutzung von Audio-Podcasts	13	20
davon		
abonniert	2	2
nicht abonniert	10	16
teils/teils	1	2

Warum so selten abonniert wird, ist Spekulation. Mögliche Gründe können sein:

- Unwissenheit darüber, wie und dass das geht. Aus diesem Grund ist es auch möglich, dass Hörer bereits Abonnenten sind, das aber nicht wissen.
- die Sorge, dass der Speicher auf dem Smartphone/Rechner nicht ausreicht
- dass Abos allgemein keinen guten Ruf haben (Kosten, Knebelverträge …).

TIPP

Aufgrund der Zahlen zu den Abonnenten sollten Podcasterinnen und Podcaster ihre Hörerschaft noch mehr auf diese Möglichkeit und den damit verbundenen Nutzen hinweisen. Und ihnen das Abonnieren erleichtern.

Alle bisher genannten Zahlen beziehen sich auf die »zumindest seltene Nutzung«. Doch 5 Prozent aller Onliner (das sind alle Onlinenutzer ab 14 Jahren) nutzen Audio-Podcasts mindestens einmal pro Woche. 9 Prozent sind es in der Gruppe der 14- bis 29-Jährigen.

Eine tägliche Nutzung von Audio-Podcasts findet nur bei 2 Prozent der Onliner statt. Hier ist auch die Gruppe der 14- bis 29-Jährigen wieder mit 6 Prozent aktiver.

Ausblick

Die Autoren Koch und Schroeter weisen in ihrem Artikel »Audio, Musik und Radio bei Onlinern im Aufwind« darauf hin, dass besonders die »vielfältigen und einfachen Zugänge ins Internet« den Audios zugutekommen. Allerdings wachse durch den Anstieg der Angebote auch der »Bedarf nach Sortierung und Orientierung«. (Quelle: *http://ard-zdf-onlinestudie.de/fileadmin/Onlinestudie_2015/0915_Koch_Schroeter.pdf*)

Die Podcastszene sieht das ebenfalls so. Hörfunksender wollen – und tun dies zum Teil auch schon – ihr Podcastangebot besser kuratieren. Plattformen wie »Fytt« entstehen und themenbezogene Verzeichnisse wie »wissenschaftspodcast.de« oder »kulturpodcasts.de«.

Da auch die Musik-Streamingdienste mit 15 Prozent einen hohen Anteil bei den Hörern haben, bietet es sich an, Podcasts auch, wenn möglich, bei diesen Diensten einzutragen. Das Angebot dafür wächst, denn neben dem bestehenden Angebot an Hörbüchern und Hörspielen, werden zunehmend auch Podcasts aufgenommen. Für deutschsprachige Sendungen können Sie Ihren Podcast bereits bei *radio.de*, einem Streamingdienst für Musik und Sprachbeiträge, eintragen.

Die Nutzung von Podcasts ist noch nicht alltäglich, doch es bleibt spannend. Welche neuen Technologien – beispielsweise die Möglichkeit, Podcasts im Auto zu hören – werden die Nutzung befördern und welche werden auch die Produktion erleichtern?

10.2 Drei Fragen an ...

Nele Heise ist Medienforscherin und beschäftigt sich mit den Bedingungen und Folgen des digitalen Medienwandels. Nele Heise ist es dabei ein wichtiges Anliegen, die Erkenntnisse der Medienforschung in die Gesellschaft zu tragen. Dafür gibt sie Interviews, tritt auf öffentlichen Veranstaltungen oder in Workshops von Medienanbietern auf.

In Ihrer Doktorarbeit untersuchen Sie – am Beispiel von Podcasting – die technisch-sozialen Rahmenbedingungen medialer Teilhabe unserer Zeit. Warum Podcasts?

Podcasting ist ja im Vergleich zu anderen Medien noch relativ neu – wenn auch schon über 10 Jahre alt – und leider wenig erforscht. Das ist immer der eine Beweggrund, sich ein bestimmtes Thema auszusuchen, gerade für eine Doktorarbeit. Etwas, wo man noch viel erkunden kann, wo zum Beispiel Theoriebildung notwendig ist oder vielleicht eine etwas andere Perspektive. Denn das Funktionale, wie zum Beispiel der Einsatz von Podcasts in Erziehungskontexten, in der Bildung oder zum Lernen von

Sprachen – dazu weiß man schon etwas mehr. Was aber Podcasting als Medium und Kommunikationsform ausmacht, vor allem auch als kulturelle und soziale Praxis, das stand bis jetzt kaum im Fokus.

Daher weiß man bisher auch in der Forschung noch wenig darüber, wie die Community ausschaut, die darum herum entstanden ist: Was bewegt eigentlich Podcasterinnen und Podcaster? Was macht das Medium technisch aus? Welche sozialen Strukturen haben sich darum herum gebildet? Gerade im deutschsprachigen Raum ist die Forschung zu Podcasts marginal, also da gibt es kaum Informationen und wenig Literatur. In der Anfangszeit wurde hier vor allem immer wieder der Vergleich zum Radio gezogen – sind Podcasts Radio oder gefährden sie den klassischen Rundfunk? Solche Fragen. Ich glaube, das liegt daran, dass in Deutschland die öffentlich-rechtlichen Anbieter sehr dominant sind in diesem Bereich und ihre Podcasts – nicht in Konkurrenz – doch immer neben der freien Community stehen. Diese Dynamik finde ich extrem interessant aus Forschungsperspektive.

Außerdem ist für mich dabei noch spannend, dass Podcasting quasi aus der Open-Source-Bewegung entstanden ist. Was die technische Umsetzung angeht zum Beispiel, da gibt es neben großen Plattformen und Anbietern wie Apple eben auch kleinere, unabhängige Communitys, die ganz eigene, individuelle Lösungen finden.

Podcasting ist offen für jeden, der sich damit auseinandersetzen möchte, der etwas zu erzählen hat, das als Hobby macht oder auch als Teil seiner selbstständigen Arbeit betreibt. Diese Offenheit, die da drin steckt, und die Vielfalt der Akteure, die Vielfalt ihrer Beweggründe und auch der technischen Lösungen finde ich extrem spannend.

Und dann interessieren mich vor allem Prozesse digitaler Teilhabe. Was bedeutet es, wenn wir sagen, digitale Medien sind eine Möglichkeit für Laien, eigentlich für jedermann, erstmals am öffentlichen Diskurs oder an gesellschaftlichen Themen teilzuhaben? Oder dass man, wie bei Blogs eigentlich auch, mit Podcasts die Möglichkeit hat, sich relativ günstig und unkompliziert in der Öffentlichkeit zu äußern. Das heißt, wir haben jetzt potentiell alle die Möglichkeit, Dinge zu publizieren, zumindest ist es heute viel einfacher als vor dreißig oder vierzig Jahren. Doch es gibt immer noch Ungleichheiten und Barrieren für Teilhabe. Es ist eben doch nicht so leicht, das zu machen, und das hat sicher einmal technische Gründe, hat aber vielleicht auch damit zu tun, wer sich denn überhaupt dazu angeregt fühlt, die Potenziale von so einem Medium zu nutzen.

Und diese Frage, was sind eigentlich Faktoren, die digitale Teilhabe auch beeinträchtigen oder behindern können – das ist eine weitere Perspektive, die ich dabei habe. Und da finde ich Podcasting ein sehr gutes Beispiel, weil es doch mehr voraussetzt als zum Beispiel das Bloggen oder andere Formen der Teilhabe, einfach eine Online-

Drei Fragen an ... 10.2

Petition zu unterschreiben etwa, Beiträge zu teilen oder zu liken, Kommentare zu schreiben. Hinter Podcasting steckt, glaube ich, immer noch so ein größerer Aufwand. Und weil es ein Audiomedium ist, ist es vielleicht auch nur für kleinere, ganz bestimmte Zielgruppen interessanter als zum Beispiel Videoformate, YouTube oder so.

Ich selbst komme aus der Szene der freien Radiosender. So um 2000 herum, mit 14, habe ich angefangen bei Radio LOTTE in Weimar, einem nicht-kommerziellen Lokalradio. Das waren einfach Enthusiasten, die gesagt haben, wir wollen jetzt unser eigenes Radio machen. Und daher kenne ich diese Prozesse, dieses ständige Aushandeln, wer sorgt für welche Dinge, wer besorgt das Studio, Technik usw. Oder der ewige Kampf um die Rundfunklizenzen, der erstmal wenig mit digitalem, sondern dem klassischen FM-basierten Radio zu tun hat. Wo es um Deutungshoheiten geht und auch immer so ein bisschen um die Frage, wie grenzen wir uns eigentlich ab vom Privathörfunk. Ich glaube, da spiegeln sich viele Dinge wieder, die auch in der freien Podcasting-Community zu beobachten sind.

In dieser Zeit beim freien Radio habe ich gemerkt, wie positiv das einen beeinflussen kann, wenn man die Möglichkeit hat, seine eigene Sendung zu machen. Als jemand, der nicht ausgebildeter Journalist ist, nicht bei der ARD oder irgendeinem offiziellen Sender arbeitet. Darin sehe ich zum Beispiel auch viel Potenzial für jüngere Menschen, dass sie merken, sie haben eine Stimme und einen Platz in der Gesellschaft und finden nicht *nicht* statt in der Öffentlichkeit.

Und dann kann Bürgerfunk auch etwas sein, wo Menschen zusammenkommen und Dinge mitgestalten. Radio F.R.E.I. zum Beispiel, ein zweiter Sender, bei dem ich war, die machen in Erfurt viele Formate und Veranstaltungen, die wichtig sind für die alternative Gegenkultur und den Diskurs in der Stadt. Sie greifen politische Debatten auf und veranstalten zum Beispiel Podiumsdiskussionen zur Flüchtlingssituation. Es ist also immer ein bisschen mehr als nur »da macht halt jemand Radio«, sondern es bringt auch Leute mit bestimmten Mindsets zusammen, die teilhaben wollen. Da gab es zum Beispiel die feministische Frauengruppe, die einmal in der Woche eine Sendung macht und dabei für sie wichtige Themen aufgreift und auch mal hitzig debattiert. Solche Formate, die es ja auch bei Podcasts gibt, können ein Gefäß sein für gesellschaftliche Debatten und Themen, die in den gängigen großen Medien häufig nicht abgebildet werden. Vor diesem Hintergrund, auch nischigen Themen Raum zu geben, finde ich Podcasts total wichtig.

Und nicht zuletzt bin ich seit ungefähr fünf Jahren, also auch noch nicht so lange, natürlich selber leidenschaftliche, geradezu süchtige Hörerin von Podcasts. Und einfach Fan dieses Mediums und fasziniert von der großen Vielfalt an Themen und Formaten, die angeboten wird.

Der öffentlich-rechtliche Rundfunk bewirbt seine Podcast zunehmend stärker, rückt sie mehr in die Wahrnehmung der Menschen. Sind diese Sendungen eine Konkurrenz für die freie Szene oder kann beides nebeneinander stehen?

Grundsätzlich kann natürlich beides nebeneinander stehen, denn am Ende entscheiden die Hörerinnen und Hörer, was ihnen gefällt. Ich finde es gut, dass der öffentlich-rechtliche Rundfunk sich mittlerweile mehr mit Podcasts auseinandersetzt.

Denn ich glaube, die Öffentlich-Rechtlichen haben Podcasting lange nur als Vertriebskanal gesehen, als etwas sehr Technisches. Also stark mit dem Fokus: Inhalte weiterzuverbreiten, mit Inhalten präsent zu sein im Netz. Sie haben sich aber beispielsweise weniger damit auseinandergesetzt, was es bedeutet, Podcasts zu hören. Warum machen das die Menschen, was gefällt ihnen daran? Dieses souveräne Nutzen von Medieninhalten, dieses selbstbestimmte Herauspicken von Inhalten und auch mal auf »Pause« drücken zu können, das ist ja auch Teil des Zeitgeists, und da, glaube ich, haben sie eben lange geschlafen und nicht verstanden, dass Podcasts ein besonderes Potenzial haben.

Öffentlich-rechtliche Sender vertrauen – auch völlig zu Recht – auf die Qualität ihrer Inhalte, aber diese ganze Infrastruktur, das Gefäß für die Inhalte, das haben sie lange vernachlässigt. Und da können sie, glaube ich, von der freien Community einiges lernen. Denn die setzt sich schon lange damit auseinander: Wie erreichen wir eigentlich unsere Hörerinnen und Hörer, wie können wir eine Community aufbauen bzw. eine Fanbase? Sie haben sich damit auseinandersetzen müssen, wie sie mit ihren Inhalten an die Leute kommen. Eben weil sie nicht wie der öffentlich-rechtliche Rundfunk per se schon über eine gewisse Reichweite und Infrastruktur verfügen. Von daher finde ich es schade, dass sich der öffentlich-rechtliche Rundfunk lange immer ein wenig von den Podcastern und der freien Community auf die Füße getreten gefühlt hat. Beziehungsweise dass da immer so eine Art Konkurrenz von außen beschworen wurde.

Eine im Moment sehr präsente Diskussion wurde unter anderem dadurch angestoßen, dass Böhmermann und Schulz von Spotify quasi »aufgekauft« wurden. Darin sehen, glaube ich, die Radios für sich eher ein Problem. Sie bauen Talente, erfolgreiche Sendungen auf, und nun besteht die Gefahr, dass die kommerziellen Anbieter, die momentan in das Feld reinstoßen, ihnen die Leute wegschnappen. Denn die haben erkannt: »Oh, man könnte ja mal was mit Podcasts anfangen«, und nun suchen sie nach Leuten, die möglichst viele Hörerinnen und Hörer mitziehen.

Dort sehe ich eher ein Konfliktfeld: zwischen den neuen, kommerziellen Anbietern und den »klassischen« Hörfunkanbietern, die sich nun mehr Gedanken um ihre Netzpräsenz und ihren öffentlichen Auftrag in der digitalen Welt machen müssen.

Für die öffentlich-rechtlichen Sender wäre die freie Szene deshalb vielleicht eher ein Partner als größere Plattformen wie *Spotify* oder *Google Play*. Denn viele Dinge, die die freie Szene an dem Medium begeistert oder die sie auch im Hinterkopf haben, nämlich Nischenthemen zu bearbeiten, Öffentlichkeit für Dinge zu schaffen und auch Austausch zu fördern, das sind Aspekte, die bei kommerziellen Plattformen vielleicht eher weniger eine Rolle spielen. Die haben eben andere Motive. Von daher ist es gut, dass jetzt der Austausch zwischen den öffentlich-rechtlichen und der freien Szene an manchen Stellen, zum Beispiel auf der Subscribe, vorangetrieben wird. Man kann und sollte da voneinander lernen – nicht in Konkurrenz, sondern im Interesse der Hörerschaft auf beiden Seiten.

Wagen Sie einen Blick in die Glaskugel? Wie wird sich dieses Medium Ihrer Meinung nach entwickeln und was würden Sie sich wünschen?

Wir müssen schauen, wie sich die Nutzung von Podcasts in Deutschland generell entwickelt. Das lässt sich im Moment noch nicht genau sagen. Das heißt, erst einmal die nächste ARD/ZDF-Onlinestudie abwarten und schauen: Wie hat sich denn die Entwicklung der letzten zwei Jahre auf die Hörerzahlen niedergeschlagen? Natürlich gibt es gerade eine größere Aufmerksamkeit für Podcasts, gerade auch im englischsprachigen Raum. Diejenigen, die jetzt ins Medium neu einsteigen, denken meist: »Ah, das ist gerade dieser Trend, da scheint sich was zu bewegen, und vielleicht machen wir das jetzt auch mal mit.« Sie sehen da ein gewisses Potenzial, und wenn sich das nicht in dauerhaft wachsenden Hörerzahlen niederschlägt, dann werden sie da vielleicht auch schnell wieder von abrücken. Denn an der Stelle, wo sie Inhalte produzieren müssen, entstehen eben auch Kosten. Für das Radio ist es ein ganz natürlicher Schritt, die vorhandenen Inhalte online weiterzuverbreiten. Aber andere Anbieter müssen erst einmal investieren – Geld, aber auch die ganzen Kenntnisse, die es braucht – und Content produzieren. Gerade bei kommerziell orientierten Anbietern hängt das stark davon ab, ob man am Ende finanziell etwas davon hat, wie sich die Hörerschaft entwickelt. Da bin ich mir nicht ganz so sicher, ob der aktuelle Hype anhalten wird. Denn gesprochene Audioinhalte sind sicher nicht jedermanns Sache.

Ich glaube, dass das auch für manche Kleinere zutrifft, die »Podcast-Entrepreneure«. Es gibt ja gerade einige Selbstständige, die anfangen, neben ihrem Blog auch Podcasts zu machen, oder andere Akteure, die sich ganz dem Podcasten verschreiben. Sobald du das nicht nur als Hobby machst, versprichst du dir was davon, Vermarktung deiner Expertise oder Geld. Da wird im Moment viel mit verschiedensten Bezahlmodellen experimentiert. Und ich bin mir noch nicht sicher, ob sich Kosten und Nutzen für diese neuen Anbieter tatsächlich rechnen und sie dabei bleiben.

Ich würde es mir eigentlich wünschen. Denn meine Überzeugung ist, je mehr die Vielfalt auf der Anbieterseite steigt, desto größer kann das Publikum werden. Daten aus den USA zeigen, dass mehr Frauen als früher Podcasts hören. Oder bestimmte Communitys, wie People of Color oder die LGBTQ-Community. Denn für diese Gruppen gibt es mittlerweile mehr Formate und dadurch wachsen entsprechend auch die Hörerzahlen. Und das ist nicht zuletzt auch aus kommerzieller Sicht interessant, da man mit Podcasts sehr spezielle Nischen und Hörerkreise erreichen kann.

In Deutschland ist diese Vielfalt noch nicht so stark gegeben. Frauen zum Beispiel machen und hören (viel) weniger Podcasts. Warum das so ist, das ist eine wichtige Frage meiner Forschung. Und nicht zuletzt ist die Entwicklung des Mediums neben den Anbietern und Inhalten auch ganz stark davon abhängig, wie viele Leute Podcasts kennen und wissen, wie man sie nutzt. Das ist gar nicht so intuitiv, wie viele Podcast-Kenner oft denken, und hier kann man sicher noch einiges verbessern.

10.3 Jetzt sind Sie an der Reihe

- Jetzt sind wir am Ende der Reise durch die Welt der Podcasts und des Podcastens angekommen. Dieses Kapitel sollte einen Ausblick in die Zukunft und einen Einblick in die Bedeutung dieses Mediums geben.

- Ich hoffe, die Lektüre konnte Ihnen, die Sie bisher noch nicht viel vom Podcasten gehört haben, dieses Medium schmackhaft machen. Dann sollten Sie sich spätestens jetzt hörend in die Welt der Podcasts begeben. Und wenn Sie entschlossen sind, das Audioangebot zu erweitern, dann legen Sie los!

- Und die, für die Podcasts schon lange kein Neuland mehr sind, haben hoffentlich ein paar Anregungen sowohl fürs Hören als auch fürs Tun bekommen. Und für tiefergehende Informationen schauen Sie in die Linkliste und die Literaturliste im Anhang.

Kapitel 11

Audacity®

11.1 Erste Schritte 210

11.2 Behalten Sie den Überblick 229

11.3 Drei Fragen an 232

11.4 Jetzt sind Sie an der Reihe 233

11 Audacity®

Audacity ist ein Audio-Editor, mit dem Sie aufnehmen und digitale Tondateien bearbeiten können. Die Open-Source-Software können Sie kostenlos herunterladen und unter Windows, Mac OS und Linux verwenden.

Entwickelt wurde das Programm 1999 von Dominic Mazzoni an einer amerikanischen Universität und sollte eigentlich nur einem Projekt dienen. Doch die Software wird seitdem von einem engagierten Team Freiwilliger weiterentwickelt. Mittlerweile gilt Audacity als ernstzunehmende Software, die den Vergleich mit kostenpflichtigen Programmen durchaus aufnehmen kann.

Während dieses Buch entsteht, ist die aktuellste Version die 2.1.2. Die Screenshots im Folgenden beziehen sich also auf diese Version. Gibt es deutliche Unterschiede zwischen Mac OS und Windows, werde ich das erwähnen.

11.1 Erste Schritte

Schnellstart

Laden Sie *Audacity* von *www.audacityteam.org* herunter und installieren Sie die Datei auf Ihrem Rechner. Ein Installationsassistent wird Sie begleiten.

Eine Übersicht des Programmes und seiner Werkzeuge finden Sie am Ende dieses Kapitels auf Seite 231. Da man ein Programm am besten kennenlernt, wenn man mit ihm arbeitet, lade ich Sie ein, direkt mit der Aufnahme zu starten und die wichtigsten Bearbeitungsschritte auszuprobieren.

Verbinden Sie Ihr Mikrofon und Ihren Kopfhörer oder ein Headset mit Ihrem Rechner und öffnen Sie *Audacity*. Am besten in dieser Reihenfolge, damit *Audacity* die Aufnahmetechnik erkennt.

Nachhelfen können Sie sonst bei den Geräteeinstellungen am oberen Rand der Programmoberfläche.

Abb. 11.1: Geräte auswählen

Unter Windows können Sie bei der ersten Option zwischen MME und WINDOWS DIRECTSOUND auswählen. MME wird hier empfohlen. Auf dem Mac können Sie nur CORE AUDIO wählen. Die Wahl der Aufnahmekanäle – STEREO oder MONO – richtet sich nach Ihrem Mikrofon.

Erste Schritte 11.1

Die Aussteuerungsanzeige

Klicken Sie am oberen Rand der Programmoberfläche mit der Maus in die Aussteuerungsanzeige neben dem Mikrofon-Symbol.

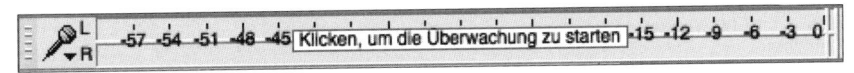

Abb. 11.2: Aussteuerungsanzeige in Ruhe

Sie schlägt farbig aus, sobald Sie in das Mikrofon sprechen.

Abb. 11.3: Aussteuerungsanzeige aktiv

Färbt sich die Pegelanzeige rot, ist die Aussteuerung des Eingangssignals zu hoch. Ab 0 db (dezibel) ist die Aufnahme übersteuert. Bleiben Sie im Bereich von -9 dB bis -3 dB. Im gelben und orangefarbenen Bereich. Dann haben Sie noch ein wenig Spielraum (sogenannten Headroom) bis 0 dB.

Die Stärke des Eingangssignals können Sie mit dem Pegelregler neben dem Mikrofon-Symbol einstellen.

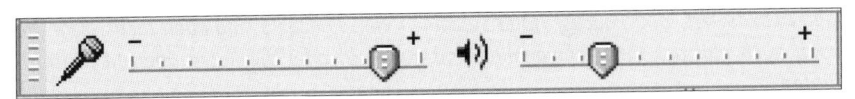

Abb. 11.4: Pegelregler für das Ein- und Ausgangssignal

> **TIPP**
>
> Fassen Sie die Aussteuerungsanzeige mit der Maus links am schraffierten Rand an und ziehen Sie sie aus der Symbolleiste heraus. Rechts unten, an der schraffierten Ecke, können Sie sich nun die Anzeige größer anzeigen lassen. Über die Menüleiste Ansicht - Werkzeugleiste - Werkzeugleiste zurücksetzen verschwindet die Anzeige wieder an ihren alten Platz.

Achtung Aufnahme!

Abb. 11.5: Die Transportwerkzeuge

Sobald Sie auf die rote Aufnahmetaste in der Werkzeugleiste klicken, öffnet sich eine Tonspur und die Aufnahme beginnt. Löschen können Sie die Spur, indem Sie auf das kleine »x« oben links im Tonspurkopf klicken.

Lesen Sie den folgenden Text von Annik Rubens:

Loslegen!

Natürlich sollte man sich über grundlegende Dinge Gedanken machen. Über die Länge, das Format, die generelle Richtung des Podcasts. Dennoch: Nicht zu lange überlegen, sondern einfach mal probieren! Es gibt zu viele Fast-Podcaster da draußen. Menschen, die eine Podcast-Idee seit Wochen oder sogar Monaten mit sich herumtragen und sich noch nie vor das Mikro gesetzt haben. [...] Also – ran ans Mikro. Nur so kann man langsam aus Erfahrung lernen und besser werden.

Podcasting ist experimentell, Podcasting ist Learning-by-Doing. Hier kann man ausprobieren, was funktioniert und was nicht und so nach und nach zum eigenen Stil finden. Da muss nicht alles von Anfang an perfekt sein ⊠ im Gegenteil. Versprecher oder Fehler sind liebenswert, und Podcast-Hörer verzeihen viel. Podcasts sind eben nicht steril, da kann auch mal das Kind reinkommen und quengeln oder die Katze über die Tastatur laufen.

Aus: Annik Rubens. Podcasting. Das Buch zum Audiobloggen. O'Reilly Verlag, 2006.

Beenden Sie die Aufnahme mit der Stopp-Taste und speichern Sie Ihre Aufnahme. Dafür wählen Sie in der Menüleiste Datei und im sich öffnenden Dropdown-Menü Projekt speichern.

> **WICHTIG**
>
> Auf diese Art speichern Sie ein Audacity-Projekt. Dies kann nur mit Audacity geöffnet werden und **nicht** mit einem Audio-Player abgespielt werden.
>
> Gespeichert wird in diesem Fall eine aup-Datei und ein Ordner _ data. Diese beiden Dateien müssen **immer** zusammen bleiben, um das Projekt zu öffnen.

Erste Schritte 11.1

Achten Sie darauf, wenn Sie zum Beispiel das Projekt auf einen anderen Datenträger verschieben wollen, dass immer die aup-Datei plus der _ data Ordner zusammen sind!

TIPP

Legen Sie sich einen Ordner an, in dem Sie das Projekt speichern. Jetzt können Sie diesen Ordner problemlos verschieben – auch zippen –, ohne dass Teile verloren gehen.

Projekt als Audioformat exportieren

Um eine Audiodatei, also ein Format, welches Sie mit einem Audio-Player abspielen können, zu erzeugen, wählen Sie unter DATEI im Menü TON EXPORTIEREN. Mit diesem Befehl werden alle Spuren Ihres Projektes zu einer Audiodatei zusammengemischt.

Sie haben hier eine Reihe von Möglichkeiten.

```
AIFF (Apple) signed 16-bit PCM
WAV (Microsoft) signed 16-bit PCM
WAV (Microsoft) 32-bit float PCM
Andere unkomprimierte Dateien
✓ MP3-Dateien
Ogg-Vorbis-Dateien
FLAC-Dateien
MP2-Dateien
(externes Programm)
M4A (AAC) Files (FFmpeg)
AC3 Files (FFmpeg)
AMR (narrow band) Files (FFmpeg)
WMA (version 2) Files (FFmpeg)
Custom FFmpeg Export
```

Abb. 11.6: Hier wählen Sie das Dateiformat.

In der Regel werden Sie die Datei als MP3-Datei exportieren. Auch wenn das nicht immer das Format mit der besten Qualität ist, ist es doch eine Art Standard und kann von den meisten Playern abgespielt werden.

Auf jeden Fall wählen Sie hier ein komprimiertes Format (AAC-Dateien werden von *iTunes* favorisiert), da diese Formate etwa zehnmal kleiner sind als unkomprimierte

11 Audacity®

Dateien. Im Netz muss es mit dem Hoch- und Herunterladen schließlich schnell gehen und die Dateien sollen außerdem nicht viel Speicherplatz brauchen.

Um aus einem *Audacity*-Projekt eine MP3-Datei zu erstellen, benötigen Sie den LAME MP3 Encoder. Aus lizenzrechtlichen Gründen kann Audacity diesen Encoder nicht in die Software integrieren, so dass vor dem Export ein weiterer Schritt notwendig ist.

Wählen Sie in der Menüleiste BEARBEITEN und im sich öffnenden Dropdown-Menü EINSTELLUNGEN. Mac-Nutzer finden die Einstellungen unter AUDACITY im Menü. In der linken Spalte des sich öffnenden Fensters wählen Sie BIBLIOTHEKEN. Rechts sehen Sie, dass Sie per Mausklick die MP3-Exportbibliothek sowie die FFmpeg-Import/Export-Bibliothek herunterladen können.

MP3-Export-Bibliothek	
Version:	LAME 3.98.2
MP3-Bibliothek:	Suchen …
LAME MP3-Bibliothek:	Herunterladen
FFmpeg-Import/Export-Bibliothek	
Version:	F(55.33.100),C(55.52.102),U(52.66.100)
FFmpeg-Bibliothek:	Suchen …
FFmpeg-Bibliothek:	Herunterladen

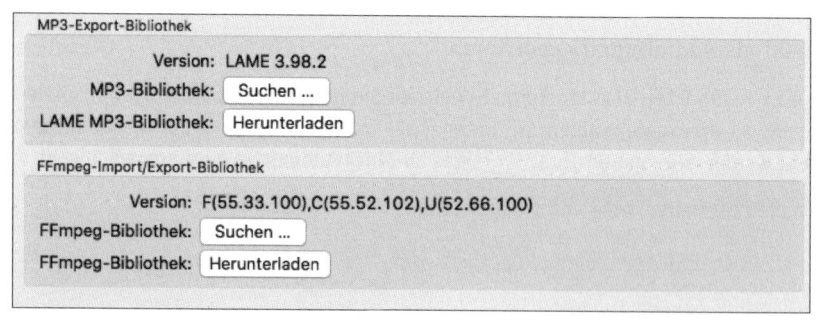

Abb. 11.7: LAME und FFmpeg-Bibliothek laden

Die FFmpeg-Bibliothek benötigen Sie für den Export als AAC-Datei und Sie können damit weitere Audioformate importieren und exportieren. Beispielsweise MP4-Dateien von Videos und WMA-Dateien, das von Microsoft unterstütze Format.

Um den LAME-Encoder zu installieren, klicken Sie auf HERUNTERLADEN. Ihr Browser öffnet sich und auf der geöffneten Seite scrollen Sie, wenn nötig, zu dem Download für Windows bzw. für Mac OS.

Klicken Sie hier mit der linken Maustaste auf LAME DOWNLOAD PAGE. Im nächsten Fenster dann wieder mit der rechten Maustaste auf LAME V3.99.3_FOR WINDOWS.EXE oder auf die entsprechende dmg-Datei. Erst jetzt wird die Datei heruntergeladen.

Nun können Sie die `LAME v3.99.3 for Windows.exe` herunterladen. (Entsprechend die dmg-Datei für Mac OS.) Wählen Sie entsprechend Ihres Betriebssystems und der Audacity-Version.

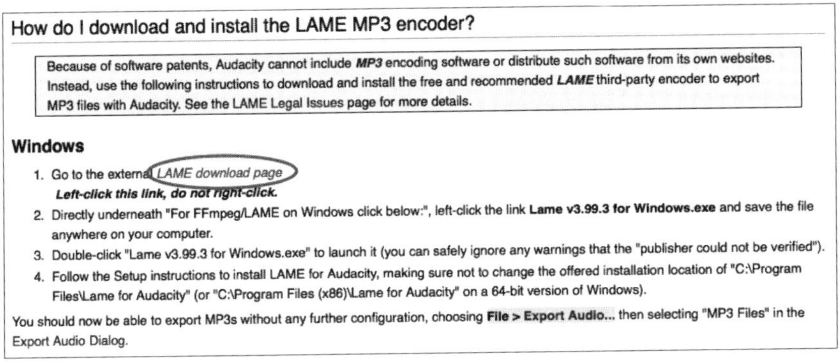

11.1 Erste Schritte

> **How do I download and install the LAME MP3 encoder?**
>
> Because of software patents, Audacity cannot include **MP3** encoding software or distribute such software from its own websites. Instead, use the following instructions to download and install the free and recommended **LAME** third-party encoder to export MP3 files with Audacity. See the LAME Legal Issues page for more details.
>
> **Windows**
>
> 1. Go to the external *LAME download page*.
>   *Left-click this link, do not right-click.*
> 2. Directly underneath "For FFmpeg/LAME on Windows click below:", left-click the link **Lame v3.99.3 for Windows.exe** and save the file anywhere on your computer.
> 3. Double-click "Lame v3.99.3 for Windows.exe" to launch it (you can safely ignore any warnings that the "publisher could not be verified").
> 4. Follow the Setup instructions to install LAME for Audacity, making sure not to change the offered installation location of "C:\Program Files\Lame for Audacity" (or "C:\Program Files (x86)\Lame for Audacity" on a 64-bit version of Windows).
>
> You should now be able to export MP3s without any further configuration, choosing **File > Export Audio...** then selecting "MP3 Files" in the Export Audio Dialog.

Abb. 11.8: LAME-Encoder herunterladen

Gehen Sie nun wieder zu *Audacity*, klicken Sie auf SUCHEN in den BIBLIOTHEKEN (siehe Screenshot oben). Hier sollte nun schon der richtige Pfad stehen. Zum Beispiel: `C:/Program Files/LAME for Audacity/lame_enc.dll2`.

Wenn Sie nun Ihr Projekt als MP3-Datei exportieren möchten, wählen Sie wieder in der Menüleiste DATEI und TON EXPORTIEREN. Es öffnet sich der Dateimanager und Sie können den Speicherort auswählen. Geben Sie einen Dateinamen ein und wählen Sie unter DATEITYP das Format MP3 aus. Rechts unter OPTIONEN bestimmen Sie die Stärke der Kompression.

128 kbit/s als Festwert sind eine gute Qualität und auch geeignet, wenn Sie beispielsweise Musik in Ihrem Audiobeitrag verwenden. Verringern Sie den Wert, dann verstärken Sie die Kompression und die Datei wird kleiner – und die Qualität schlechter.

> **VORSICHT**
>
> Komprimieren Sie zu stark, klingt die Aufnahme blechern durch entstandene Artefakte.

Wenn mangelnder Platz bei Ihrem Hoster kein Thema, eine gute Qualität aber wichtig ist, dann markieren Sie statt des Festwertes VOREINSTELLUNG. Hier legen Sie einen Bereich fest, in dem die Bitraten liegen. So werden komplexe Stellen, wie Musik, und weniger komplexe Stellen, wie Pausen, unterschiedlich stark komprimiert und reduziert. ABGEFAHREN ist für Downloads im Netz ein wenig groß, mit STANDARD oder MITTEL sind Sie gut beraten. Natürlich kommt es auch immer auf die Länge Ihrer Aufnahme an. Je länger diese ist, umso größer (in Byte) wird diese auch im komprimierten Format sein.

Mit einem Klick auf SPEICHERN oder OK werden alle Tonspuren zu einer Spur zusammengemischt. Vorher bekommen Sie wieder die Möglichkeit, Ihrer Audiodatei ein paar Informationen hinzuzufügen: Die Metadaten, die man in diesem Fall »ID3-Tags« nennt. ID3 steht für Identify an MP3 (identifiziere eine MP3-Datei), und sie sind in der MP3-Datei enthalten. »Tag« bedeutet Schildchen oder Etikett.

Hier geben Sie Informationen zu der Audio-Datei und dem Urheber, also Ihnen, ein. Schwirrt Ihre Datei nun bald durch das Internet, kann jeder sehen, woher sie eigentlich kommt.

> **TIPP**
>
> Möchten Sie nicht, das alle Tonspuren exportiert werden, dann wählen Sie die entsprechenden Spuren aus, indem Sie mit gehaltener Shift-Taste in den jeweiligen Tonspurkopf klicken – die ganze Spur wird markiert –, und wählen Sie dann in der Menüleiste DATEI und AUSGEWÄHLTEN TON EXPORTIEREN.

Aufnahme bearbeiten

Markieren und ausschneiden

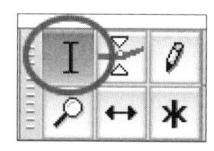

Abb. 11.9: Die Kontrollwerkzeuge: Auswahlwerkzeug

Wählen Sie das Auswahlwerkzeug aus den *Audacity*-Kontrollwerkzeugen aus oder mit F1 auf Ihrer Tastatur. Klicken Sie in die Tonspur und bewegen Sie den Cursor mit gehaltener Maustaste nach links oder rechts, um einen Bereich zu markieren. Der ausgewählte Bereich wird dunkel markiert.

Wenn Sie jetzt den grünen Play-Button der Transportwerkzeuge anklicken, wird nur der markierte Bereich abgespielt, und Sie können überprüfen, ob Sie die richtige Auswahl getroffen haben. Mit C auf Ihrer Tastatur können Sie den Schnitt vorhören und genau erkennen, ob er perfekt sitzt.

Abb. 11.10: Zoomen und Projekt ins Fenster einpassen

Zoomen Sie mit Hilfe der »Lupen-Buttons« in die Tonspur, damit Sie genauer arbeiten können. Schnell geht das mit einem Shortcut: [Strg] + [1] zum Einzoomen und [Strg] + [3] zum Auszoomen. Mac-Nutzer klicken auf [cmd] statt auf [Strg]. Die Breite der Tonspur lässt sich verändern, indem Sie sie mit gehaltener Maus am unteren Rand aufziehen.

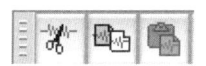

Abb. 11.11: Ausschneiden, kopieren, einfügen

Mit dem Bearbeitungswerkzeug AUSSCHNEIDEN oder in der Menüleiste BEARBEITEN und im sich öffnendes Dropdown-Menü AUSSCHNEIDEN entfernen Sie Ihre »ähhs«, Versprecher oder zu lange Pausen. Das geht auch mit [Entf] auf der Tastatur.

Sie sehen: Die Befehle in Audacity lassen sich jeweils auf unterschiedlichen Wegen ausführen. Wählen Sie den, der für Sie der beste ist.

Probieren Sie es aus! Alle Schritte können in *Audacity* wieder rückgängig gemacht werden! Über die Menüleiste BEARBEITEN und RÜCKGÄNGIG oder [Strg]+[Z].

> **HINWEIS**
>
> Wenn Sie mit der Maus über ein Icon fahren, wird am unteren Rand der Programmoberfläche der Name des Werkzeuges angezeigt. Ganz links am unteren Rand sehen Sie außerdem, welcher Befehl aktiv ist.

Tonstücke kopieren, einfügen und verschieben

Wenn Ihre Aufnahme von Pausen, groben Versprechern usw. bereinigt ist, bauen Sie einen neuen Beitrag aus dem vorhandenen Tonmaterial. Der zweite Textabsatz soll jetzt an den Anfang gestellt werden und der Titel »Loslegen!« soll sich zum Abschluss noch einmal wiederholen.

11 Audacity®

- Dafür öffnen Sie eine neue Tonspur: Gehen Sie in der Menüleiste auf SPUREN und dann auf NEUE SPUR ERZEUGEN. Hier wählen Sie eine Mono- oder Stereospur aus, je nach der bereits erzeugten. Es öffnet sich eine zweite leere Spur, in meinem Beispiel eine Stereospur.

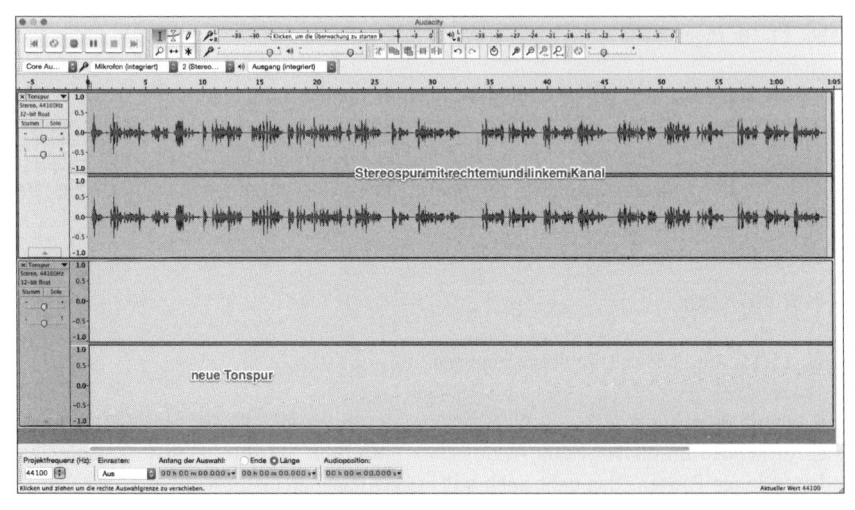

Abb. 11.12: Zwei Stereospuren in Audacity

- Jetzt setzen Sie Ihren Cursor in die Pause zwischen »[...] und besser werden« und »Podcasting ist experimentell«. Klicken Sie dazu einfach in die Tonspur hinein. Mit `Strg` + `I` trennen Sie das Tonstück an der Position, an der Ihr Cursor platziert ist. Es entsteht ein kleiner Spalt, den Sie mit einem Mausklick auf den Spalt wieder schließen könnten.
- Trennen Sie das Tonstück ein weiteres Mal hinter dem Titel »loslegen«.

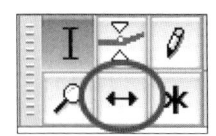

Abb. 11.13: Die Kontrollwerkzeuge: Verschiebewerkzeug

- Wechseln Sie das Kontrollwerkzeug vom Auswahlwerkzeug zum Verschiebewerkzeug, indem Sie auf das entsprechende Symbol klicken. Alternativ können Sie das Kontrollwerkzeug auch mit den Tasten `F1` und `F5` wählen.

Erste Schritte 11.1

- Ziehen Sie nun mit gehaltener Maustaste das Tonstück, das mit »Natürlich sollte man ...« beginnt, in die neue zweite Spur. Dann bewegen Sie beide Tonstücke so, dass sie zeitlich vertauscht sind. Also das eine wird nach rechts bewegt und das andere nach links.
- Markieren Sie nun in der oberen Spur das Tonstück mit dem Titel »Loslegen!« mit dem Auswahlwerkzeug. Dazu wechseln Sie wieder das Kontrollwerkzeug zum Auswahlwerkzeug und markieren den Titel mit gehaltener Maustaste.
- Wählen Sie in der Menüleiste BEARBEITEN und KOPIEREN oder nutzen Sie eines der Bearbeitungswerkzeugen aus der Werkzeugleiste. (Auch die bekannten Tastaturkürzel aus der Textverarbeitung funktionieren.)
- Klicken Sie in die zweite neue Spur hinter das letzte Tonstück und wählen Sie in der Menüleiste BEARBEITEN und EINFÜGEN. Alternativ können Sie natürlich auch wieder ein Bearbeitungswerkzeug aus der Werkzeugleiste benutzen.
- Mit dem Verschiebewerkzeug lassen sich die einzelnen Tonstücke nun genau an die gewünschte Stelle verschieben. Einfach mit der Maus in das Tonstück klicken und mit gehaltener Maustaste das Tonstück verschieben.

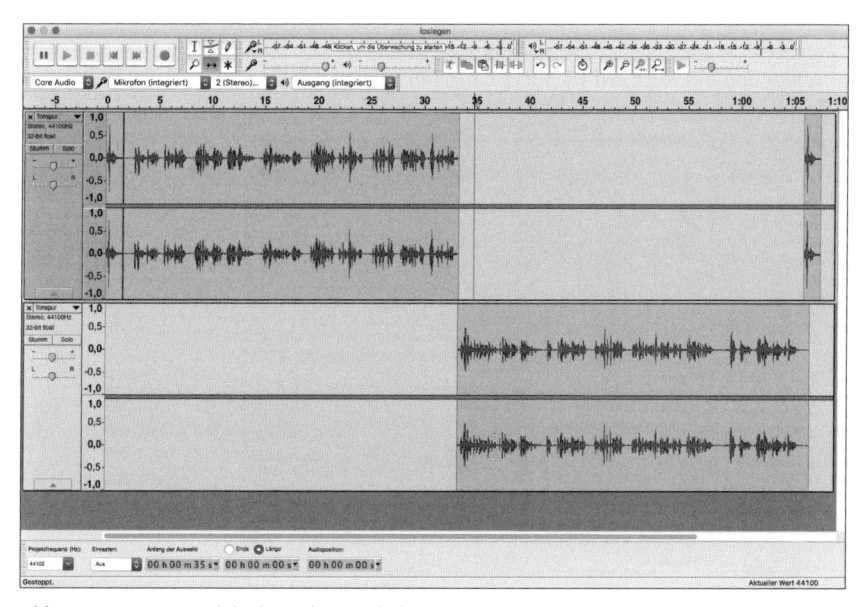

Abb. 11.14: Etwa so sieht jetzt das Ergebnis aus.

11 Audacity®

> **TIPP**
>
> Sollte irgendwo eine Pause zu *kurz* sein, dann kopieren Sie eine andere Pause und fügen Sie diese dort ein. Lassen Sie nur eine Lücke, entsteht dort »digitales Nichts«, und das hört sich nicht gut an.
>
> Und »Projekt speichern« zwischendurch nicht vergessen.

Effekte anwenden

Um den kleinen Beitrag noch zu optimieren – und natürlich, um das Effekt-Menü kennenzulernen –, markieren Sie die gesamte Spur (dafür klicken Sie einfach in den Tonspurkopf) und wählen in der Menüleiste Effekt aus. Wenn Sie Zeit und Lust haben, probieren Sie alle Effekte mal aus. Ich beschränke mich hier nur auf die für Sprachaufnahmen relevanten.

Normalisieren: Diesen Effekt sollten Sie, wenn nötig, gleich nach der Aufnahme anwenden. Er entfernt vorhandene Gleichspannungsanteile, die durch schlechte Soundkarten entstehen können. Sie erkennen das, wenn sich die Nulllinie Ihrer Tonspuren ober- oder unterhalb der Markierung »0« befindet. Ein Häkchen bei Gleichspannung entfernen und ein Klick auf OK rückt das dann wieder zurecht.

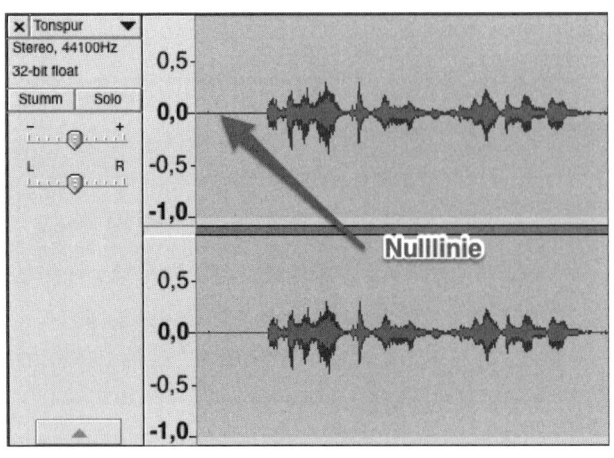

Abb. 11.15: Nulllinie dort, wo sie hingehört

Kompressor: Mit dem Dynamikkompressor verändern Sie die Kompression Ihrer Aufnahme. Das lässt sie »satter«, »näher« klingen.

Erste Schritte 11.1

> **HINWEIS**
>
> Diese Kompression hat nichts mit der Kompression und der Verkleinerung Ihrer MP3-Datei zu tun! Es betrifft die Dynamik einer Audioaufnahme.

Wählen Sie bei den Effekten KOMPRESSOR aus. Es öffnet sich ein Fenster mit verschiedenen Einstellungen.

Probieren Sie zuerst die vorgegebenen aus und klicken Sie auf VORHÖREN, um ein paar Sekunden das Ergebnis zu prüfen. Die Dauer des »Vorhörens« beträgt standardmäßig 15 Sekunden.

Erst wenn Sie OK klicken, wird die Änderung auf die markierten Stellen angewandt.

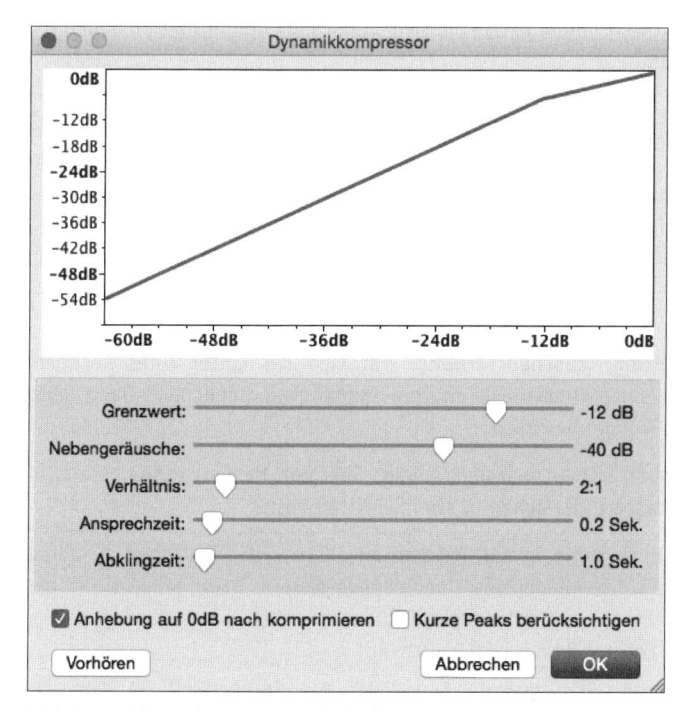

Abb. 11.16: Dynamikkompressor in Audacity

Ein Kompressor ist quasi ein Lautstärkeregler. Er reduziert den Lautstärkenunterschied zwischen den leisen und den lauten Stellen, macht also laute Stellen etwas leiser, leise etwas lauter.

Mit dem GRENZWERT bestimmen Sie den Bereich, in dem dieser Pegel verändert wird. Der mögliche Bereich ist -60 dB bis -1 dB.

Auch störende NEBENGERÄUSCHE lassen sich hier eindämmen.

Das VERHÄLTNIS gibt an, um wie viel der Kompressor die Signale reduziert. 2:1 bedeutet eine Reduzierung des Signals um den Faktor 2.

ANSPRECHZEIT ist die Zeit, die der Kompressor benötigt, um den Pegel zu senken, und die ABKLINGZEIT gibt an, wie lange er braucht, um wieder lauter »zu drehen«.

Aktivieren Sie das Kästchen ANHEBUNG AUF 0 DB NACH KOMPRIMIEREN, falls Ihre Aufnahme jetzt zu leise geworden ist.

Probieren Sie es aus – feste Werte gibt es hier nicht –, doch hören Sie genau hin. Leicht klingt Ihr Beitrag danach nicht besser, sondern blechern. Beginnen Sie mit den voreingestellten Werten und tasten Sie sich langsam an den optimalen Sound für Ihre Aufnahme heran.

> **WICHTIG**
>
> Sowohl hier als auch bei dem Effekt NORMALISIEREN müssen Sie bedenken, dass, wenn Sie Ihre Aufnahme »anheben«, also verstärken, auch alle Nebengeräusche lauter werden. Daher ist es so wichtig, bereits bei der Aufnahme auf eine gute Aussteuerung des Eingangssignals zu achten.

Rauschenverminderung/Rauschentfernung: Hat sich der Lüfter Ihres Rechners oder das Brummen einer Klimaanlage in Ihre Aufnahme geschlichen? Dann kann dieser Effekt wahre Wunder bewirken.

Dieser Effekt (offenbar ist man sich noch uneins über den Namen) wurde bereits in der Version 2.0 verbessert. Sie gehen in zwei Schritten vor:

1. Markieren Sie eine Stelle in der Tonspur, in der nur das Rauschen zu hören ist. Diese Stelle sollte mindestens eine Sekunde dauern. Dann gehen Sie in der Menüleiste auf EFFEKTE und wählen hier RAUSCHENVERMINDERUNG aus. Klicken Sie im sich öffnenden Fenster RAUSCHPROFIL ERMITTELN.
2. Markieren Sie dann die gesamte Spur oder den Spurbereich, in dem das Rauschen entfernt werden soll. Dann wählen Sie in der Menüleiste wieder EFFEKT und RAUSCHENVERMINDERUNG. In diesem zweiten Schritt können Sie mehrere Filtereinstellungen vornehmen und mit VORHÖREN die Einstellung prüfen. Angewendet wird der Effekt erst, wenn Sie auf OK klicken.

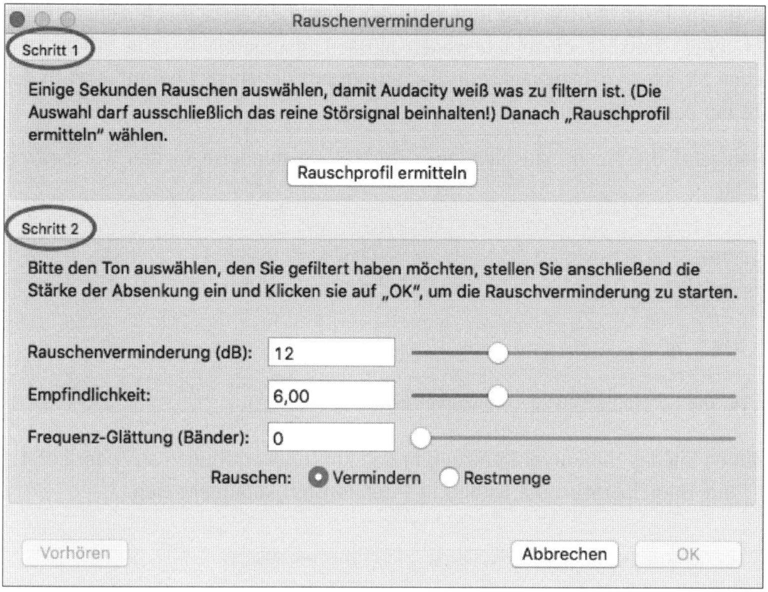

Erste Schritte 11.1

Abb. 11.17: Rauschen vermindern oder entfernen

> **VORSICHT**
>
> Auch hier hören Sie bitte genau hin, damit sich Ihre Aufnahme nicht verschlimmbessert!

Musik einfügen

Arbeiten mit dem Hüllkurvenwerkzeug

Damit sich die Übungsaufnahme nicht so »trocken« anhört, spielen wir noch etwas Musik ein. Woher Sie Musik bekommen, haben Sie in Kapitel 5 erfahren. Jetzt, zum reinen Üben, müssen Sie auch keine Lizenz dafür erwerben.

Um die Songs in Ihr Audacity-Projekt zu bekommen, »importieren« Sie sie. Dafür gehen Sie in der Menüleiste auf DATEI, im Dropdown-Menü auf IMPORTIEREN und dann auf TON. Oder wahlweise `Strg` + `Shift` + `I`. Wählen Sie die entsprechende Datei aus und es öffnet sich eine neue Tonspur mit dem ausgewählten Tonstück. Den Namen der Datei finden Sie oben links im Tonspurkopf, neben dem kleinen x.

Verschieben Sie Ihren Wortbeitrag innerhalb der Tonspuren etwas nach rechts. Damit Sie nicht jedes Tonstück einzeln bewegen müssen, markieren Sie alle Stücke und verschieben Sie sie so gemeinsam. Nur die Tonspur mit der Musik beginnt jetzt in der Zeitleiste bei der »0.0«.

Wir wollen jetzt die Musik »ausblenden«, so dass sie nur leise in den Wortbeitrag hineinspielt.

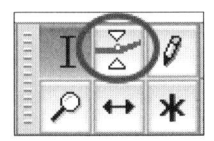

Abb. 11.18: Die Kontrollwerkzeuge: Hüllkurvenwerkzeug

Dafür wählen Sie das Hüllkurvenwerkzeug in den Kontrollwerkzeugen aus oder betätigen F2 auf Ihrer Tastatur. Die Farben in Ihrer Tonspur verändern sich.

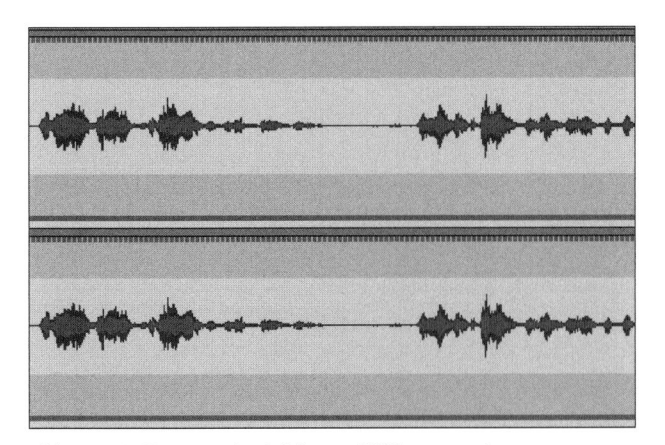

Abb. 11.19: Tonspur mit aktiviertem Hüllkurvenwerkzeug

Wenn Sie nun mit der Maus in die Tonspur klicken – und zwar an dem Übergang zwischen dem hell- und dem dunkelgrauen Bereich –, entsteht dort ein weißer Bearbeitungspunkt. Halten Sie die Maus gedrückt, können Sie den Punkt auf und ab bewegen, und Sie sehen, wie sich die Lautstärke verändert. Klicken Sie an mehreren Stellen in der Tonspur, dann werden die entstehenden weißen Punkte mit einer unsichtbaren Hüllkurvenlinie verbunden.

Erste Schritte 11.1

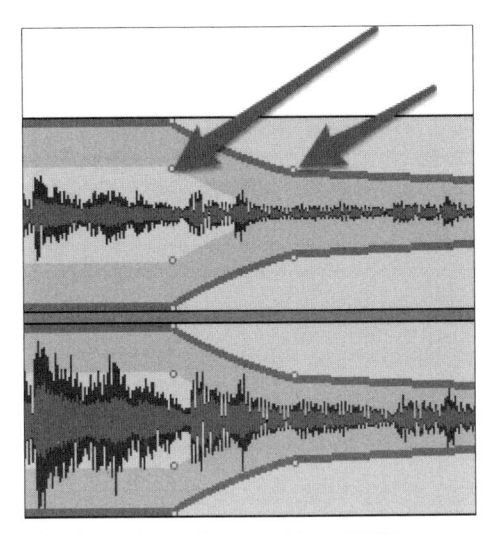

Abb. 11.20: Bearbeitungspunkte auf Hüllkurve

Wenn Sie diese Bearbeitungspunkte verschieben, verändert sich die Hüllkurve und entsprechend die Lautstärke. Sie können die Punkte wieder löschen, indem Sie sie nach oben oder unten mit gehaltener Maustaste aus der Spur herausziehen und »loslassen«.

Lassen Sie Ihre Audiodatei nun mit Musik beginnen. Kurz vor der Überschrift »Loslegen!« blenden Sie die Musik langsam aus. Das heißt, Sie bewegen die Punkte der Hüllkurve nach unten, um die Musik leiser zu machen. Am Ende Ihres Textes wird die Musik wieder eingeblendet – also lauter gemacht.

Die Musik ist zu lang? Dann entfernen Sie einfach einen Teil, indem Sie ihn mit dem Auswahlwerkzeug markieren und mit `Entf` auf Ihrer Tastatur löschen. Das Ende blenden Sie mit Hilfe der Bearbeitungspunkte langsam aus, so dass die Musik nicht so abrupt endet.

> **TIPP**
>
> Zoomen Sie in die Tonspur hinein, um besser arbeiten zu können. Gut ein- oder ausgeblendet ist eine Musik, wenn man nicht hört, wann sie endet oder beginnt. Setzen Sie viele Punkte, um die Musik ganz fein ausklingen zu lassen.

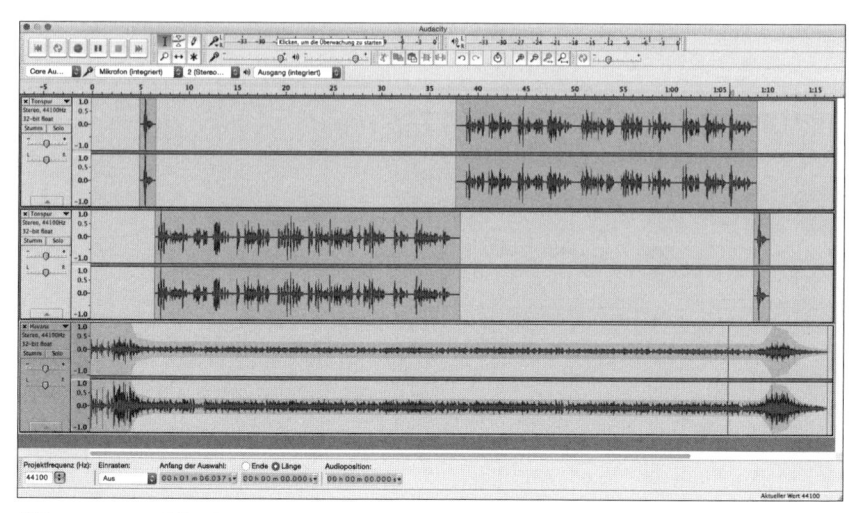

Abb. 11.21: Ansicht Ihres Projektes

Nun können Sie Ihr Projekt als MP3-Datei – wie oben beschrieben – exportieren.

Einblenden/Ausblenden und Autoduck

Es gibt noch zwei weitere Methoden, um Ihrem Audioprojekt Musik hinzuzufügen. Das sind einmal die Effekte EINBLENDEN und AUSBLENDEN sowie der Effekt AUTODUCK. Wollen Sie mit EINBLENDEN oder AUSBLENDEN arbeiten, markieren Sie den Bereich, in dem die Musik ein- beziehungsweise ausgeblendet werden soll. Dann wählen Sie EFFEKT in der Menüleiste und klicken auf den entsprechenden Effekt. Jetzt wird je nach Länge des markierten Bereichs bestimmt, wie schnell oder langsam die Musik leiser oder lauter wird. Also wie steil die Absenkung bzw. die Anhebung erfolgt. Mit dem Hüllkurvenwerkzeug können Sie das allerdings sehr viel genauer bestimmen.

Der Effekt AUTODUCK bietet sich an, wenn Sie Ihren ganzen Beitrag mit Musik unterlegen wollen. Dies funktioniert nur, wenn Sie eine Musikspur und eine Sprachspur haben. Die Sprachspur dient als Steuerspur. Denn Sie wollen die Musik so absenken, dass man Ihre Stimme noch gut hört. Gehen Sie wie folgt vor:

- Ordnen Sie die Spuren in *Audacity* so an, dass die Sprachspur (Steuerspur) direkt unter der Musikspur liegt. Wenn Sie in den Tonspurkopf klicken, können Sie die Spur mit gehaltener Maustaste nach oben oder unten verschieben.
- Dann markieren Sie die gesamte Musikspur, klicken in der Menüleiste auf EFFEKT und wählen in der Dropdown-Liste AUTO-DUCK aus.

Erste Schritte 11.1

- Es öffnet sich ein neues Fenster, in dem bereits Werte vorgegeben sind. Sie geben sowohl die Absenkung der Lautstärke in Dezibel (dB) an als auch die Geschwindigkeit (Sekunden) der Absenkung. Also wie steil (d.h. schnell) der An- oder Abstieg der Lautstärke sein soll.

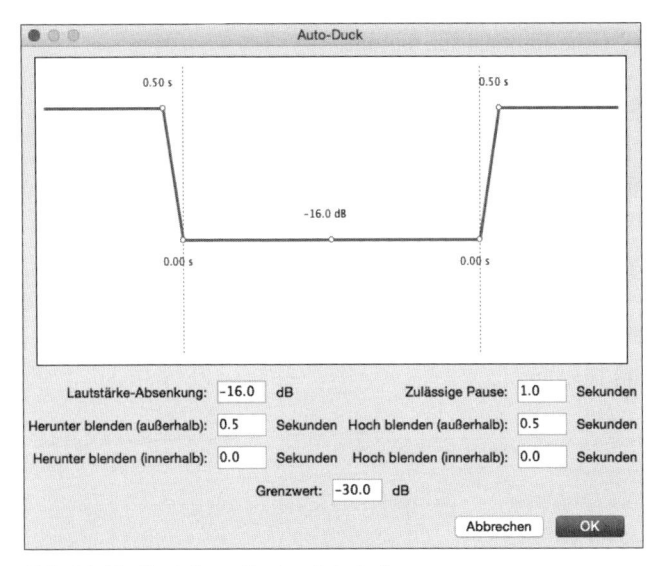

Abb. 11.22: Einstellung für den Autoduck

- Auch können Sie hier einen Wert bei ZULÄSSIGE PAUSE angeben. Und zwar würde, wenn hier 0 Sekunden steht, bei jeder kleinsten Pause die Musik wieder lauter werden. Und das ist vermutlich nur bei längeren Pausen im Sprechertext gewünscht. Die vorgegebene Sekunde sollten Sie also besser drin lassen, evtl. sogar erhöhen.

Abb. 11.23: Die Musik »duckt« sich unter der Stimme weg.

11 Audacity®

In längeren Sprechpausen wird die Musik wieder lauter, wodurch eine schöne Wirkung erzielt werden kann. Probieren Sie aus, wie es sich gut anhört, und passen Sie die Zahlenwerte im Auto-Duck-Fenster eventuell noch an!

Schauen Sie sich *Audacity* in Ruhe an und lernen Sie die Möglichkeiten kennen, die hinter den einzelnen Menüpunkten stecken. Sie finden Unterstützung auf der Seite von *Audacity* sowie hilfreiche Tutorials auf YouTube.

Einstellungssache

Die Voreinstellungen in *Audacity* sind bereits gut ausgewählt. Doch haben Sie die Möglichkeit, an der einen oder anderen Schraube noch zu drehen und *Audacity* Ihren Wünschen anzupassen.

Wie bereits erwähnt, gelangen Sie in die Einstellungen über die Menüleiste. Windows-User klicken auf BEARBEITEN und im Dropdown-Menü auf EINSTELLUNGEN. Mac-Freunde finden die Einstellungen, wenn sie AUDACITY in der Menüleiste wählen.

Es öffnet sich ein neues Fenster:

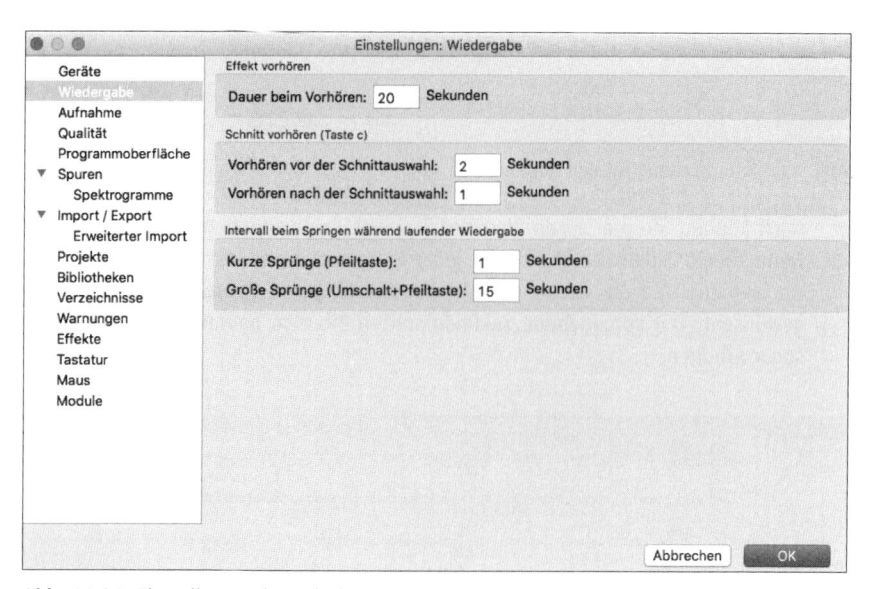

Abb. 11.24: Einstellungen in Audacity

Unter dem zweiten Punkt rechts, WIEDERGABE, können Sie die Dauer des Vorhörens verändern. Will man einen Effekt vorhören und prüfen, ob das Ergebnis den Beitrag wirklich verbessert, sind die vorgegebenen 20 Sekunden manchmal etwas kurz. Und das Vorhören früher abzubrechen, ist immer möglich. Auch die Sekundenangabe beim Vorhören eines Schnittes mit ⌈C⌉ kann etwas knapp ausfallen. Besonders wenn vor oder hinter dem Schnitt eine Pause ist.

Mit den Pfeiltasten Ihrer Tastatur können Sie schnell durch die Tonspur springen. Auch die Länge der Sprünge lässt sich hier einstellen.

Bei QUALITÄT können Sie das Standard-Sampleformat ändern, falls Ihr Rechner nicht über ausreichend Ressourcen verfügt und die Schnitte nur mit einer zeitlichen Verzögerung umgesetzt werden.

32-bit float ist vorausgewählt und benötigt den meisten Speicherplatz auf Ihrem Rechner. 16 bit ist CD-Qualität, also durchaus ausreichend.

Wenn Sie den Bereich TASTATUR auswählen, können Sie alle Tastaturkürzel sehen sowie eigene Kürzel bestimmen. Das ist hilfreich, wenn Ihnen von einem anderen Programm das eine oder andere Tastaturkürzel sehr geläufig ist.

Und welchen Einfluss Sie mit Ihrer Maus auf die Programmoberfläche (siehe Abbildung 11.25) von *Audacity* nehmen können, sehen Sie bei MAUS.

11.2 Behalten Sie den Überblick

Besonders wenn die Projekte umfangreicher werden, ist es gut, schnell wieder den Überblick zu bekommen. Zum Beispiel mit diesen Befehlen:

- ⌈Strg⌉ + ⌈F⌉ passt die Spuren horizontal ins Fenster ein.
- ⌈Shift⌉ + ⌈Strg⌉ + ⌈F⌉ zeigt alle Spuren im Fenster.
- ⌈Strg⌉ + ⌈2⌉ zeigt die normale Ansicht ohne Zoom.
- ⌈Strg⌉ + ⌈E⌉ passt den ausgewählten Bereich im Fenster ein.

Textspuren für Notizen und um den Inhalt „sichtbar" zu machen

Einer Audiospur sieht man den genauen Inhalt leider nicht an. Doch mit Textspuren können Sie im Prinzip kleine Zettel an Ihre Tonspur hängen.

Wählen Sie in der Menüleiste SPUREN, dann NEUE SPUR ERZEUGEN und TEXTSPUR. Die neue Spur erscheint unterhalb aller Tonspuren. Nun können Sie in diese Spur mit der Maus hineinklicken und sofort losschreiben. Alternativ dazu können Sie auch, während die Aufnahme abspielt, Textspuren und Textfelder bzw. Textmarker erzeugen. Auf einem Windows-Rechner geht das mit ⌈Strg⌉ + ⌈M⌉ und bei einem Mac mit ⌈cmd⌉ + ⌈.⌉.

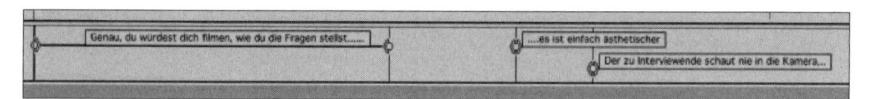

Abb. 11.25: Textspur mit Originalworten aus der Aufnahme

Textmarker und Textspuren verschieben und positionieren

Die Textmarker lassen sich in der Textspur verschieben oder aufziehen, so dass Sie ganze Bereiche Ihrer Tonspur markieren können. Dazu klicken Sie mit der Maus in den »Marker« – »Bereichsgrenze« wird der hier genannt – und ziehen ihn mit gehaltener Maustaste nach links oder rechts auf oder bewegen ihn an eine andere Position.

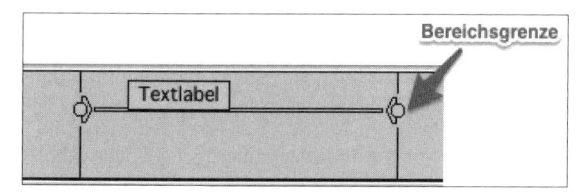

Abb. 11.26: Bereiche markieren in der Textspur

Textspuren lassen sich wie die Tonspuren verschieben. Klicken Sie dazu mit der Maus in den Spurkopf und ziehen Sie die Spur einfach mit gehaltener Maustaste an die gewünschte Stelle nach oben oder unten auf Ihrer Programmoberfläche. Das geht auch über das Dropdown-Menü, welches sich im Spurkopf hinter dem kleinen, schwarzen Dreieck neben TEXTSPUR befindet. Hier können Sie der Spur auch einen Namen geben, was ebenfalls sinnvoll ist, um den Überblick zu behalten.

> **VORSICHT**
>
> Wenn Sie nun in einer Ihrer Tonspuren einen Bereich entfernen, dann verändern sich die Positionen der Marker nicht mit! Also müssen Sie den Bereich in der Textspur ebenfalls markieren und entfernen. Wenn Sie die Textspur unter der zu bearbeitenden Tonspur platziert haben, ist das kein Problem, da Sie gleichzeitig beide Spuren markieren können.

Behalten Sie den Überblick 11.2

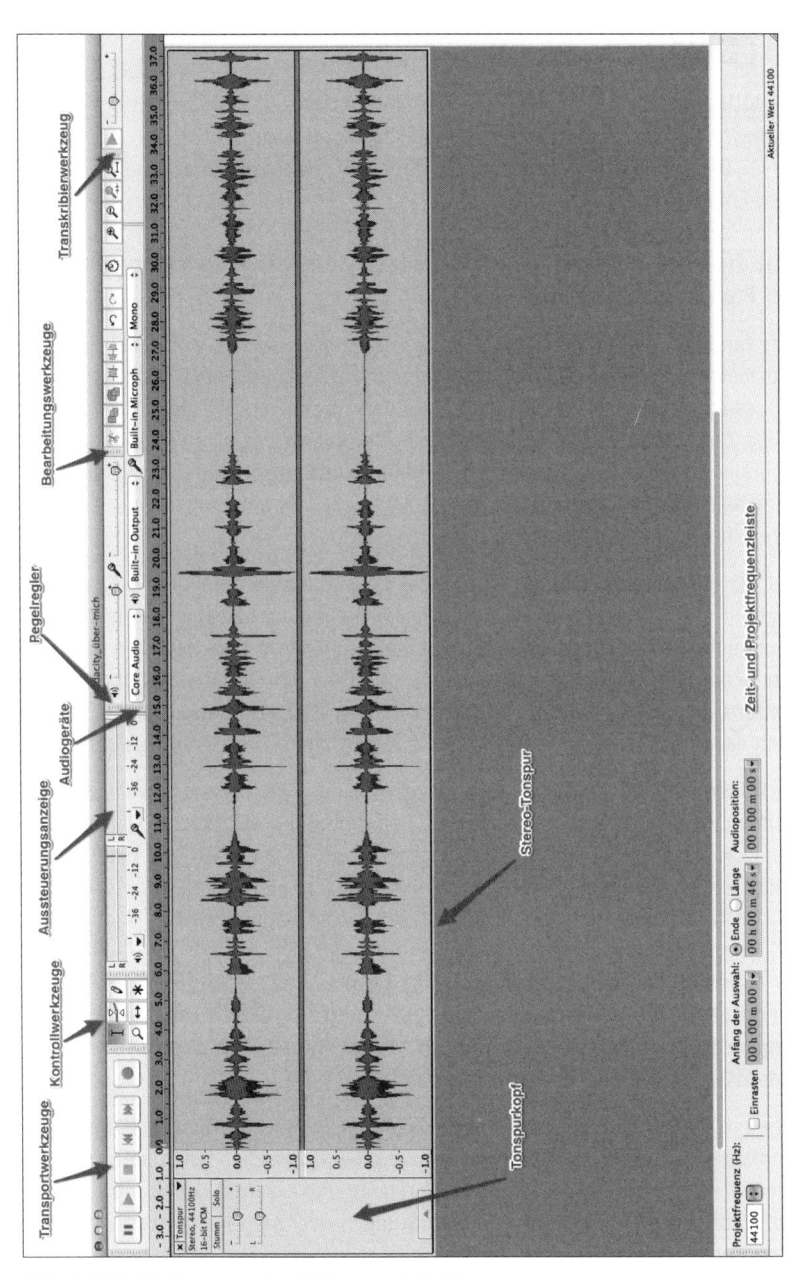

Abb. 11.27: Die Programmoberfläche von Audacity

11.3 Drei Fragen an ...

Markus Ellinger hat über sieben Jahre (ca. 2003 bis 2010) aktiv im Entwicklerteam von *Audacity* mitgearbeitet, davon mehrere Jahre als Hauptentwickler (»Lead Developer«). Der Informatiker ist heute Inhaber und Geschäftsführer einer Firma zur Software-Entwicklung in Nürnberg.

Was hat die Arbeit in dem Team von Audacity und die Entwicklung an diesem Projekt ausgemacht?

Audacity fand ich, als ich im Internet nach Programmen suchte, mit denen ich Aufnahmen meiner Jazzband bearbeiten konnte. Ich war damals noch Student und da fand ich es natürlich erst einmal klasse, dass das Programm kostenlos war. Nachdem ich einige Zeit mit der Software gearbeitet hatte, kamen mir bald einige Ideen, wie das Programm verbessert und erweitert werden könnte. Also nahm ich mit dem Entwicklungsteam Kontakt auf und wurde nach kurzer Zeit in den »offiziellen« Kreis der *Audacity* -Entwickler aufgenommen.

Von der ersten Kontaktaufnahme an war die Kommunikation mit dem u.a. aus US-Amerikanern und Europäern unterschiedlicher Abstammung bestehenden Team überaus freundlich, aber doch zielgerichtet. Die Kommunikation fand natürlich aufgrund der räumlichen und zeitlichen Entfernungen großteils per E-Mail statt, aber es gab auch seltene persönliche Treffen. Im Rahmen eines » *Audacity*-Hackathon« in Seattle hatte ich das erste Mal in meinem Leben die Möglichkeit, die USA zu bereisen.

Alle wichtigen Fragen wurden im Team diskutiert und entschieden. Obwohl es keine klare Hierarchie gab, hatte ich das Gefühl, dass sich jeder selbst nach seiner Erfahrung und seinen Stärken einordnete. Als junger Mensch habe ich von dem Projekt nicht nur fachlich profitiert, sondern vor allem auch sehr viel über den wertschätzenden und professionellen Umgang miteinander in einem Team gelernt.

Nutzer – besonders die, die vor Audacity bereits andere Audioeditoren kennengelernt haben – bedauern, dass die ursprünglichen Inhalte bei der Bearbeitung nicht erhalten bleiben. Audacity ist eine destruktive Schnittsoftware. Welche Vorteile hat das?

Audacity entstand ursprünglich als Projekt im Rahmen eines Universitätsprojekts des US-amerikanischen Entwicklers Dominic Mazzoni, der inzwischen bei Google arbeitet. Ein primäres Forschungsziel war es, die performante und exakte Bearbeitung sehr langer Audio-Aufnahmen (bspw. von mehreren Stunden oder gar Tagen) zu ermöglichen. In diesen Bereichen hat *Audacity* klare Vorteile.

Um nicht-destruktive Funktionen umsetzen zu können, wie man sie von professionellen Radioschnittsystemen kennt, wäre es notwendig, *Audacity* intern weitreichend umzuprogrammieren. Hier wäre *Audacity* als Open-Source-Software auf externe Mitwirkung angewiesen. Hinzu kommt, dass *Audacity* von ganz unterschiedlichen Nutzerkreisen verwendet wird, wie z.b. auch von Musikern und Forschern. Hier beobachte ich, dass der Wunsch nach einer nicht-destruktiven Bearbeitung vor allem bei Podcastern und Radioleuten stark ist, während Nutzer, die *Audacity* für andere Zwecke verwenden, diese Funktion kaum vermissen.

Auch wenn Sie nicht mehr aktiv an der Entwicklung beteiligt sind: Wissen Sie, wo es hingehen soll und was wir in der Zukunft von Audacity erwarten können?

Mein Eindruck ist, dass der Fokus des *Audacity* -Entwicklungsteams derzeit auf der Verbesserung der Stabilität und der Anpassung an neue Betriebssysteme wie z.b. Windows 10 liegt. Zudem enthält jede neue Version auch kleinere Funktionserweiterungen. Größere Umbauten sind aus meiner Sicht in naher Zukunft eher unwahrscheinlich, zumindest, falls nicht ein Anschub durch ein z.b. von extern finanziertes Projekt erfolgt. Dennoch wird *Audacity* schon durch seinen bereits vorhandenen Funktionsumfang und seine unkomplizierte Bedienung in Zukunft eine relevante Audiobearbeitungssoftware für einen breiten Nutzerkreis bleiben.

11.4 Jetzt sind Sie an der Reihe

- Vielleicht haben Sie beim Lesen dieses Kapitels bereits die einzelnen Schritte parallel mitgemacht. Wenn nicht, dann empfehle ich Ihnen:»loslegen!«. Lernen Sie *Audacity* kennen und schauen Sie, was sich noch hinter den einzelnen Menüpunkten verbirgt. Auf den Seiten von *Audacity* finden Sie weitere Tutorials sowie ein deutschsprachiges Forum und auch auf YouTube finden Sie hilfreiche Screencasts.

Viel Spaß und viel Erfolg beim Podcasten!

Anhang

A.1 Unterstützende Angebote

- Sendegate – Die Podcastingcommunity: *sendegate.de*
- Das Sendezentrum: *das-sendezentrum.de*
- Podcastpat_innen: *das-sendezentrum.de/projekt/podcastpat_innen*
- Podcast-Verein: *www.podcastverein.de*
- Make my Podcast: *www.makemypodcast.de*
- Blog und Podcast der Autorin, audio:beiträge: *www.audiobeitraege.de/schongehoert*
- Auphonic für die Postproduktion: *auphonic.com*
- Podseed für schnelle und sichere Downloads: *podseed.org*
- Podcamp in Essen: *www.podcamp.de*
- Deutschsprachige Konferenz: *das-sendezentrum.de/subscribe*

A.2 Literaturliste

- Margarete Bloom-Schinnerl, Der gebaute Beitrag. Ein Leitfaden für Radiojournalisten, Konstanz 2002.
- Hans Jörg Friedrich, Tontechnik für Mediengestalter. Töne hören – Technik verstehen – Medien gestalten. Berlin/Heidelberg 2008.
- Joachim Gerloff, Erfolgreich auf YouTube. Social-Media-Marketing mit Online-Videos. 2. Auflage, Frechen 2015.
- Brigitte Hagedorn, Audiobearbeitung mit Audacity für Kids. Frechen 2015.
- Kerstin Hoffmann, Prinzip kostenlos. Wissen verschenken – Aufmerksamkeit steigern – Kunden gewinnen. Weinheim 2012.
- Dennis Krugmann, Darius P. Pallus, Podcasting – Marketing für die Ohren. Mit Podcasts innovativ werben, die Marke stärken und Kunden rund um die Uhr erreichen. Wiesbaden 2008.
- Walther von La Roche, Axel Buchholz (Hrsg.), Radio-Journalismus. Ein Handbuch für Ausbildung und Praxis im Hörfunk, 6. Auflage, Leipzig 1997.

Anhang

- Volker Lilienthal, Recherchieren (Wegweiser Journalismus). Konstanz 2014.
- Doris Märtin, Smart Talk. Sag es richtig! 2. erweiterte Auflage, Frankfurt am Main 2013.
- Holger Reibold, Audacity 2.0 kompakt. Professionelle Soundbearbeitung mit dem besten freien Audioeditor. Saarbrücken 2013.
- Markus Reiter, Sag's einfach! In Gehirn und Geist. Rätsel Mensch 1_2014. S 88-93.
- Michael Rossié, Frei sprechen in Radio, Fernsehen und vor Publikum. Ein Training für Moderatoren und Redner. 5. überarbeitete Auflage, Wiesbaden 2014.
- Ders., Sprechertraining. Texte präsentieren in Radio, Fernsehen und vor Publikum. 5. bearbeitete Auflage, Berlin 2009.
- Annik Rubens, Podcasting. Das Buch zum Audiobloggen. Köln 2006.
- Miriam Rupp, Storytelling für Unternehmen. Mit Geschichten zum Erfolg in Content Marketing, PR, Social Media, Employer Branding und Leadership. Frechen 2016.
- Moritz »mo.« Sauer, Weblogs, Podcasting und Videojournalismus, Köln 2007.
- Martina Schäfer, Das schlagfertige Unternehmen. Schnell und offen kommunizieren. Konstanz 2010.
- Ulrich Schmitz, Einführung in die Medienlinguistik. Darmstadt 2015.
- Martin Krengel, Golden Rules. Erfolgreich lernen und arbeiten: Alles was man braucht. Selbstcoaching, Motivation, Konzentration, Zeitmanagement, Organisation. 4. Auflage, Zürich 2013.
- Lawrence Lessing, Freie Kultur. Wesen und Zukunft der Kreativität. Aus dem Englischen übersetzt von Annegret Claushes und Hartmut Pilch. München 2006.
- Stefan Wachtel, Schreiben fürs Hören. Trainingstexte, Regeln und Methoden. 5. überarb. Aufl., Konstanz 2015.
- Edith Wolf, Egon Aderhold, Sprecherzieherisches Übungsbuch. 2. Auflage 2001, Berlin.
- Udo Zindel, Wolfgang Hein (Hrsg.), Das Radiofeature. Ein Werkstattbuch inklusive CD mit Hörbeispielen, Konstanz 1997.

Index

A

AAC 54
Abtastrate 52
Affiliates 190
AIFF 54
Aktiv 66
Amazon 190
ARD/ZDF-Onlinestudie 198
Artikulation 76
Atmung 74
Audacity 56, 210
   ausblenden 224
   ausschneiden 216
   Aussteuerungsanzeige 211
   Autoduck 226
   bearbeiten 216
   Bitrate 229
   Effekte 220
   einblenden 224
   einfügen 216
   Einstellungen 228
   entfernen 216
   exportieren 213
   Hüllkurvenwerkzeug 223
   importieren 223
   Kompressor 220
   kopieren 216
   markieren 216
   Markierungen 229
   Metadaten 216
   Musik einfügen 223
   Normalisieren 220
   Pegelanzeige 211
   Rauschentfernung 222
   Sampleformat 229
   speichern 212
   Textspur 229
   Transportwerkzeuge 212
   Überblick behalten 229
   verschieben 217
   zoomen 216

Audio-Bloggen 12
Audioformat 54
Audiointerface 50
Audioschnittsoftware 56
Aufnahme 77
Aufnahmegeräte 51
Auphonic 174
Auszeichnungen 158

B

Beyer, Frederik 87
BITKOM 201
Bürgerfunk 205

C

C3S 96
Canva 148
CC-Lizenz 105
Checkliste 170, 172
Clammr 161
Contentmarketing 23
Creative Commons 97
Crowdfunding 192

D

Darstellungsformen 37, 78
Destruktiv 232
Digitalisierung 52
dynamisches Mikrofon 45

E

Echo 58
Efert, Hendrik 194
Eigenrauschen 47
Eigenton 73
Elektret-Mikrofone 47
Ellinger, Markus 232
Episodenbild 117, 149
   Auphonic 189
   iTunes 189

237

Index

European Podcast Award 159
Expander 59
Explosivlaut 49
Externe Dienstleister 179

F

FFmpeg-Bibliothek 214
FLAC 55
Flattr 115, 191
Flyer 163
Foren 162
Format 54
Fragearten 81
freie Podcastszene 206
Frei sprechen 64, 70
Frequenz 35
Frequenzgang 49
Fyyd 144

G

Gebauter Beitrag 85
Gehirn 71
Geld verdienen 189, 194
GEMA 95
Gendern 72
Gesprächsrunde 64
Google AdSense 191
Google Play Store 19
Grimme Online Award 158
Gruppen 162

H

Hall 58
Headset 49
Heise, Nele 203
Hindenburg Journalist 56
Hochpassfilter 59
Hörerbindung 163
Hörertreffen 163
Hör-Sprech-Garnitur 49
Hosting 107
Hostingservice 119

I

Impressumspflicht 92
Indifferenzlage 73

Inhalt 33
Interview 78
Interview-Verlauf 81
Interviewvorbereitung 82
Intro 86
iTunes 13, 145
iTunes Connect 141
iTunes ID 36, 115
iTunes Store 13, 141

J

Juice 17

K

Kapitelmarken 116, 117, 184
 Audacity 187
Klinken-Stecker 50
Kommentare auf Blogs 162
Kondensatormikrofon 45
Konzept 28
Kooperationen 149
Kopfhörer 55
Kopfkino 71
Kugel 48
Kunden binden 29
Kunden gewinnen 29
Kuratieren 203

L

LAME MP3 Encoder 214
Länge 35
LaterPay 192
Lautheit 177
Lautstärke 177
Leveler 177

M

Manuskript 64
Marketingsinstrument 23
Mediale Teilhabe 203
Mehrfachverwertung 193
Metadaten 175, 189
Mikrobezahlsystem 191
Mikrofon 44
Mindmap 170

Index

Miro 15
Mobiles Podcasten 57
Monetarisierung 189, 194
Motivation 168, 180
MP3 54
Musik 100

N

Netzbrummen 178
Netzwerk 151
Nicht-destruktiv 233
Niere 47
Normalisation 177
Nussbaum, Cordula 180
Nutzungsrecht 104

O

Öffentlich-rechtlicher Rundfunk 206
Ogg Vorbis 54
Opus 55
Outro 86

P

Panoramafreiheit 104
Partnerprogramm 190
Passiv 66
Patreon 192
PayPal 191
PCM 54
Persönlichkeitsrecht 93
Phantomspeisung 46
Plosivlaut 49
Podcast abonnieren 13
Podcast-App 17
Podcast.at 144
Podcastcover 146, 148
podcast.de 142, 145
Podcaster-Plugin 121
Podcasthosting 107
Podcasthostingservice 109
Podcastkonzept 27
    Checkliste 41
Podcastplattformen 151
Podcastpromotion 139
Podcastverzeichnis 15, 140
Podcastziel 28

Podcatcher 13
Podigee 130
Podlist.de 144
Podsafe Music 100
Podstars 190
podster.de 143
Popschutz 49
Pressemitteilung 163
Presse- und Öffentlichkeitsarbeit 164

Q

Qualität 28
Quantisierung 52

R

radio.de 153
Ranking 36
Rauschen 178
Recycling 193
Redaktionsplan 169, 171
Rekorder 51
Resonanzräume 75
Richtcharakteristik 47
Richtrohr 48
RSS-Feed 108, 140

S

Sampleformat 53
Sampling 52
Samplingfrequenz 52
Samplingtiefe 53
Satzbau 67
Schäfer, Martina 164
Schreiben fürs Hören 65
Schürmann, Kathrin 103
Shownotes 170
Skype 84
Smartphone 57
Social-Media-Kanäle 160
Sorgfaltspflicht 92
SoundCloud 132, 154
Spenden 191
Spiegel-URL 142
Sponsoring 190
Spotify 154
Sprache 72

239

Index

Spracherkennungssoftware	71
Sprechübungen	73
Stitcher	152
Störgeräusche	178
Struktur	37
Studioaufnahme	179
Substantiv	66

T

Telefoninterview	83
Telemediengesetz	92
Textaufbau	68
Transkript	65
Trennungsgebot	92

U

Urheberpersönlichkeitsrecht	94, 104
Urheberrecht	94, 104

V

Verb	66
Verständlichkeit	65, 69
Verwertungsgesellschaften	94
Verwertungsrecht	94
Vorlagen	170

W

Wandlerprinzip	44
WAV	54
Wenzel, Jens	58
Werbung	190
Werbung für den Podcast	140
Wettbewerbsrecht	93
Wiedererkennungsmerkmal	35, 37
WMA	54
Wohlfühlstimmlage	73
WordPress	120
Wunschel, Alexander	39

X

XLR-Stecker	50
XML-Datei	108

Y

YouTube	156

Z

Zeitmanagement	33, 180
Zielgruppe	32
Zimmer, Benjamin	136
Zwerchfell	76

Mehr Bücher und E-Books aus den Bereichen Audio, Business und Marketing finden Sie in unserem Online-Shop unter

www.mitp.de